中国物流与采购联合会指定
“十一五”现代物流精品规划系列教材

物流成本管理

（第二版）

傅桂林　袁水林　编　著

中　国　物　资　出　版　社

图书在版编目（CIP）数据

物流成本管理/傅桂林、袁水林主编.2版. —北京：中国物资出版社，2007.1（2015.7重印）

（“十一五”现代物流管理精品规划系列教材）

ISBN 978-7-5047-2603-2

Ⅰ.物… Ⅱ.①傅…②袁… Ⅲ.物流—成本管理—高等学校—教材 Ⅳ.F253.7

中国版本图书馆GIP数据核字（2006）第156566号

责任编辑　沈兴龙
责任印制　方朋远
责任校对　孙会香

中国物资出版社出版发行
网址：http://www.clph.cn
社址：北京市西城区月坛北街25号
电话：(010) 68589540　邮政编码：100834
全国新华书店经销
三河市西华印务有限公司印刷

开本：710mm×1000mm　1/16　印张：19　字数：307千字
2007年1月第2版　2015年7月第8次印刷
书号：ISBN 978-7-5047-2603-2/F·1063
印数：23001—24000册
定价：30.00元

“十一五”现代物流精品规划系列教材编审委员会

序　言

《中华人民共和国国民经济和社会发展第十一个五年规划纲要》指出“推广现代物流管理技术，促进企业内部物流社会化，实现企业物流采购，积极发展产品销售和再生资源回收的系列化定作。培育专业化物流企业，积极发展第三方物流，建立物流标准化体系，加强物流技术开发利用、推进物流信息化。加强物流基础设施整合，建设大型物流枢纽，发展区域物流中心。”实现‘十一五’规划确定的宏伟目标，人才是关键。抓住机遇，迎接挑战，走人才强国之路，是增强我国综合国力和国际竞争力、实现中华民族伟大复兴的战略选择。

面对世界经济一体化的进程加快，许多大型跨国集团的进入，我国各级政府部门和许多市场意识敏锐的企业已把物流作为提高竞争能力和提升企业核心竞争力的重要手段，把现代物流理念、先进的物流技术和现代经营与管理模式引入国家、地区经济建设和企业经营与管理之中。但是，我国的物流教育仍十分滞后，造成现代物流综合性人才、企业尤其是流通企业改造传统物流与加强物流管理、城市规划与物流系统运筹、第三方物流企业的运作技术操作等现代物流人才严重匮乏，阻碍了经济的发展和经济效益的提高。据各地人才预测，物流人才是全国 12 种紧缺人才之一，物流工程规划人员、物流管理人员、物流科研人员、物流师资全面紧缺。到 2010 年全国大专（高职、高专）以上物流人才的需求量为 30 万～40 万人，国际物流、物流管理、仓储与配送、物流运输、企业物流、物流营销、物流信息处理等技能型操作人才每年需要近 10 万人。不仅如此。根据我国加入 WTO 的承诺，物流和分销服务业是全面开放的行业之一，国内市场将会出现高层次、高起点的激烈竞争的局面，这势必会使本身就匮乏的人才竞争加剧。如果我们不从现在做起，加快我国物流管理与技术人才的培养，终将成为我国物流产业发展的瓶颈，物流产业化和成为 21 世纪新的经济增长点就成了一句空话。因此，加速推动现代物流产业的人才培养工程，实施多层次、多样化的物流教育，是21世纪物流产业化发展中保证物流产业形成合理的人才结构，提高我国物流管理水平和经济效益的决定因素。为此，中国物流与采购联合会为了适应物流人才的培养先后已组织大批著名物流专家、教授组织编写出版了四套现代物流系列教材，引起了物流学术界和企业界的普遍关注，取得了较大的社会效益和经济效益。为了进一步满足物流高等教育、高等职业技术教育和各层次人员培训教育的需求，我们根据教育部关于高等院校教育培养规格要求，结合中国物资出版社出版发行的已取得较大经济和社会效益的部份物流管理教材组织大批物流专家、教授重新进行了更新和修订，整合成新一套“十一五”现代物流精品规划系列教材，使之满足各地培养高质量物流人才教学需求。经审定本套现代物流精品规划系列教材和相关课程教学丛书，既可作为普通高等院校、高职高专院校的物流及其相关课程的选用教材和教学参考资料，亦可作为各层次成人教育和企业培训教学参考用书，也适合作为广大物流从业人员的自学读物。同时，对参加物流职业资格认证考试的人员具有较高的参考价值。

“十一五”规划物流精品规划系列教材，在整合和更新修订过程中得到了许多院校和研究机构的专家、教授以及物流企业领导的大力支持，在此一并致谢。由于编写时间仓促加上编者水平有限，书中有不足之处在所难免，恳请广大读者提出宝贵意见，以日臻完善。

“十一五”现代物流精品规划系列教材编审委员会

序

傅桂林、袁水林两位老师编著的《物流成本管理》一书即将出版，在此，我谨表示祝贺。

傅桂林和袁水林两位老师长期从事会计、物流的教学和科研工作，一直关注着物流企业的会计理论和实践，尤其对物流成本管理方面很有研究，成果颇丰。他俩合作出版的这本《物流成本管理》著作，既是两位老师辛勤研究的成果的反映，也是国内物流成本管理研究的一个重要成果。

众所周知，现代物流管理对于企业降低成本，提高利润和提升企业核心竞争力具有不可替代的作用。要实现物流管理的经济效益，物流成本管理可以说是现代物流管理中不可或缺的部分。物流成本管理是以成本管理为手段的物流管理方法，虽然我国在 20 世纪的 80 年代就引入现代物流管理的概念和方法，但是，物流成本管理研究潜在的理论意义和经济意义，未能得到充分地认识，对企业物流成本管理方面的研究还是相对落后。

从我国物流活动实践的现状来看，虽然也有海尔物流等成功例子，但是，更多的中国企业存在着物流设施落后，物流作业的技术含量低，物流标准化和信息化程度不足，物流管理方式落伍，水平偏低等诸多问题。与发达国家相比，中国企业的物流成本在整个生产活动的过程中，要高得多。因此，物流要真正成为中国企业的“第三利润源”，必须加强物流成本管理的研究和实践。而物流成本管理研究水平的高低，最终将在我国的企业物流管理能力上体现出来。

好在《物流成本管理》的作者注意到了这些问题。书中运用了现代企业成本管理的理论和方法，分析了企业物流成本管理问题，建立了物流成本核算体系并将作业成本法引入了企业物流成本核算之中，更加有利于准确地计算各成本核算对象的物流成本。作者还试图通过物流成本的横向和纵向管理研究，提出建立我国物流成本管理的理论与方法框架，以期实现企业物流成本管理的目标。这种尝试无疑是有益的。为了加强实践性，作者还采用了理论分析和典型案例相结合的方法，使研究成果更具有实际应用价值。值得我们关注的是，作者把现代成本管理方法与物流成本管理方法相结合，提供了物流成本管理研究的新思路。

总之，《物流成本管理》一书对于物流成本管理的教学和实践都是十分有益的著作，希望本书能取得实际的效用，并引起业界的关注。

教育部高等学校物流类专业教学指导委员会主任，上海海事大学副校长

黄有方

2007年1月12日

再版修订说明

《物流成本管理》自2004年由中国物资出版社出版发行以来，得到了广大读者的厚爱和支持，借此机会表示衷心的感谢！2006年7月经中国物流与采购联合会研究决定，将《物流成本管理》列入中国物流与采购联合会“十一五”规划现代物流系列精品教材，并重新进行规划和修订。再版修订过程中，我们根据读者的反馈信息并查阅了大量的资料文献作为参考，同时深入到相关企业进行调研，在此基础上完成了再版修订稿。

这次修订的基本思路是：在充分继承原有教材良好的编写风格的基础上，尽可能吸收近年来国内外物流研究的新成果和实践中的新创造，力争处理好会计学与物流学的关系，努力编写出一套既体现现代物流特色又符合成本管理原理的理论性、操作性并重的新教材。

在内容编写上，作者尽可能吸取了国内外最新物流研究和实践成果，对原有的内容重新进行了梳理、调整、增删，使教材内容具有更强的规范性、先进性、适应性和可操作性。

1. 进一步完善了企业物流成本核算的体系和构架。我们在本书第一版所提出的思路与方法的基础上，进一步完善了我国企业物流成本的构成内容、条理，了解我国企业物流成本计算的基本思路，较好地解决了其与现行财务会计体系的衔接问题。

2. 调整了物流成本预测与决策的内容和方法。在这次修订中，运用了现代企业成本管理和运筹学的理论与方法进行物流成本预测与决策，如运用线性规划的方法制定企业的最优运输计划、运用存储论确定经济合理的库存量、运用价值工程分析法和成本计划评审法安排企业的物流活动方式和物流作业环节等，以期真正实现“通过成本管理物流”这一物流成本管理目标。

3. 转换了物流成本控制的思路。在物流成本控制中运用现代企业成本控制的先进方法，如标准成本控制、目标成本控制、责任成本控制、预算成本控制等，使物流成本管理方法与物流管理技术有机结合，以充分发挥物流成本控制的作用。

4. 规范了企业物流作业成本管理的内容与方法。在修订过程中，我们将作业成本法在物流成本管理中的应用进行了梳理、删简，使之更具有简洁、实用和可操作性等特点。有利于更加准确地计算各成本核算对象的物流成本，加强物流作业管理，改善和优化物流作业流程。

在案例选材上，本书力争采用第一线的调查材料，追踪实践中出现的新问题，使案例真正成为联系理论与实践的纽带。

在结构安排上，本书各章均采取了学习目的、案例展示和思考题的方式，以方便教、学双方的使用。

在本书付梓之际，感谢中国物流与采购联合会和有关专家的关心及支持，感谢中国物资出版社领导及编辑同志的精心策划、辛勤工作，使本书能在短时间内奉献给读者，我们诚恳希望读者继续对本书提出宝贵意见。

编　者

前　言

随着经济全球化的发展，物流活动的社会化、专业化、信息化和网络化成为现代物流发展的总体趋势。在这种发展趋势的推动下，人们对物流成本的关心程度不断提高，降低物流成本已经成为物流管理的一项重要任务。而物流成本的研究不只是为了降低物流成本，更重要的是通过成本研究来发现物流系统中存在的问题和缺陷，从而对物流系统进行改善，提高物流系统的性能。但是，目前我国企业的财务会计人员不了解物流知识，而物流管理人员又不熟悉成本管理方法，不能真正做到从成本的角度对企业的物流活动进行管理。本书试图从会计学与物流学相结合的角度，对物流成本管理进行探索。

1. 站在企业物流的角度来分析和研究物流成本管理问题。从广义上看，物流成本管理的研究可以是针对一般企业的物流活动，也可以是针对专业物流企业的经营活动，其专业物流企业成本管理的内容和方法与其他类型企业之间无大的差异。目前我国物流成本管理中所存在的问题大部分都是在一般企业的物流活动管理中所产生的，构成了物流成本管理研究的主要内容。

2. 构建了我国企业物流成本核算的方法体系。建立一套符合我国国情的适用于生产流通企业的物流成本核算体系，使我国企业切实掌握自身用于物流环节的实际费用，帮助企业开源节流，降低物流成本，提升企业的核心竞争能力，是本书的特色之一。同时，企业物流成本数据也为行业及社会物流成本分析提供了基础，对促进我国现代物流的发展具有重要的意义。

3. 探索我国企业物流成本管理的内容与方法。在企业的物流成本管理中，进行物流成本核算仅仅是一项基础工作。运用物流成本数据资料进行物流成本管理才是我们的最终目的与归宿。物流成本管理是一项复杂的系统工程，涉及企业生产经营全过程的每一个环节。本书试图从成本管理理论与方法的角度出发，分别从成本预测、成本决策、成本预算、成本控制、成本分析和成本考核等方面构建物流成本管理的框架体系，以期最终实现企业物流成本管理的目标。

4. 研究作业成本法在企业物流成本管理中的应用。作业成本法是目前被广泛推崇的一种成本核算与管理方法。将作业成本法引入企业物流成本核算之中、并运用其基本原理开展物流作业成本管理这也是本书的特色之一。

本书在编写过程中力求体现基础性、系统性、实用性和前瞻性等特点，将基础理论、基本方法与现代企业物流管理的要求有机地结合起来，在内容和方法上有一定的突破。

本书由傅桂林、袁水林编著。全书共有八章，其中第一、二、四、八章由傅桂林编写，第三、五、七章由袁水林编写，第六章由张利云编写。在编写过程中，我们参阅了国内外大量文献资料及同行、专家的学术研究成果，并得到了中国物流与采购联合会和中国物资出版社的大力支持，在此一并表示衷心的感谢！

本书可作为高等院校、高职高专院校、自学考试物流管理专业、物流工程专业和相关专业的本科生、研究生、MBA作为“物流成本管理”的教材或教学参考书使用，亦可作为各层次物流学历教育和物流岗位培训的教材，也可供物流教学科研人员和物流专业人士及物流管理咨询人士使用。同时，对于参加物流师职业资格认证考试人员具有较高的参考价值。

由于现代物流在我国正处于成长发展阶段，物流成本管理的理论与方法及其实践的总结，还处在发展与不断探索中；同时，鉴于时间仓促和作者能力所限，书中难免存在一些疏漏和不足之处，恳请专家、读者批评指正，以日臻完善。

编　者

目　录

第一章　物流成本管理总论

学习目的

物流成本管理是企业物流管理的核心内容，通过本章的学习，掌握企业物流成本的含义与构成；了解物流成本几种重要学说及企业物流成本的影响因素；掌握企业物流成本管理的实质、内容和基本方法；熟悉物流成本管理产生与发展的历史；了解物流成本管理中应注意的各种问题。

第一节　物流成本

一、物流成本的概念

物流成本是指伴随企业的物流活动而发生的各种费用，是物流活动中耗用的物化劳动和活劳动的货币表现，是物品在实物运动过程中，如运输、仓储、装卸搬运、包装、流通加工、配送、物流信息处理等各个环节支出的人力、财力、物力的总和。

物流成本有广义和狭义之分。狭义的物流成本仅指由于物品移动而产生的运输、包装、装卸等费用。广义的物流成本是指生产、流通、消费全过程的物品实体与价值变化而发生的全部费用。它具体包括了从生产企业内部原材料的采购、供应开始，经过生产制造中的半成品、产成品的仓储、搬运、装卸、包装、运输以及在消费领域发生的验收、分类、仓储、保管、配送、废品回收等环节发生的所有成本。

随着生产的日益社会化，物流作为一种广泛存在的经济活动，普遍存在于企业内部。从原材料采购开始，到顺利加工成零部件，把零部件组装成产成品，最后产成品出厂投入消费领域，自始至终都离不开物流活动。企业物流过程，是创造时间价值、使用价值的过程。保证企业物流活动有秩序、高效率、低耗用地进行，需要耗费一定的人力和物力、投入一定的劳动。在商品经济中，一方面，物流劳动同其他生产劳动一样，也创造价值，物流成本在一定程度上，即在社会需要的限度内会增加商品价值，扩大生产耗费数量，成为生产一定种类及数量产品的社会必要劳动时间的一项内容，其总额必须在产品销售收入中得到补偿；另一方面，它又不完全等同于其他生产劳动，它并不增加产品使用价值总量，相反，产品总量往往在物流过程中因损坏、丢失而减少。同时，为进行物流活动，还要投入大量的人力、物力和财力。因此，企业物流成本是“使商品变贵而不追加商品使用价值的费用”。科学地管理物流成本，成为现代企业提高经济效益的重要途径。

二、物流成本的构成及分类

物流成本是企业的物流系统为实现商品在空间、时间上的转移而发生的各种耗费的货币表现。物流成本从其所处的领域看，可分为流通企业物流成本和生产企业物流成本。领域不同，其物流成本的构成也不同。

（一）按物品流通的环节分类

物流成本按流通环节可分为运输成本、流通加工成本、配送成本、包装成本、装卸搬运成本和仓储成本。

1. 运输成本

在现代企业物流中，运输在其经营业务中占有主导地位，物流运输费用在整个物流业务中占有较大比例。因此，物流合理化在很大程度上依赖于运输合理化，而运输合理与否直接影响着物流运输费用的高低，进而影响物流成本的高低。物流运输成本主要包括：

（1）人工费用。如工资、福利费、奖金、津贴和补贴等。

（2）营运费用。如营运车辆的燃料费、轮胎费、折旧费、维修费、租赁费、车辆牌照检查费、车辆清理费、养路费、过路费、保险费、公路运输管理费等。

（3）其他费用。如差旅费、事故损失、相关税金等。

2. 流通加工成本

流通加工是物流中具有一定特殊意义的活动，即在商品从生产者向消费者流动的过程中，为了促进销售、维护商品质量、实现物流的高效率所采用的使商品发生形状和性质变化的方式，这就是流通加工，比如剪板加工、冷冻加工、分装加工、组装加工、精致加工等。流通加工成本主要有：

（1）流通加工设备费用。在流通加工过程中，由于流通加工设备的使用而发生的实体损耗和价值转移。流通加工设备因流通加工形式不同而不同，如木材加工需要电锯、剪板加工需要剪板机等，购置这些设备所支出的费用，以流通加工费的形式转移到被加工的产品中去。

（2）流通加工材料费用。在流通加工过程中，投入到加工过程中的一些材料耗用的费用。

（3）流通加工劳务费用。在流通加工过程中，支付给从事加工活动的工人及有关人员的工资、奖金等费用。

（4）流通加工其他费用。除上述费用外，在流通加工中耗用的电力、燃料、油料以及管理费用等。

3. 配送成本

配送是与市场经济相适应的一种先进的物流方式，是指企业物流按用户订单或配送协议进行配货，选择经济合理的运输路线与运输方式，在用户指定的时间内，将符合要求的货物送达指定地点的一种商品供应方式。

配送是一种小范围内的物流活动。一般的配送集装卸、包装、保管、运输于一身，特殊的配送还包括加工在内。根据配送流程及配送环节，配送成本应由以下费用构成：

（1）配送运输费用。主要包括配送运输过程中发生的车辆费用和营运间接费用。

（2）分拣费用。主要包括配送分拣过程中发生的分拣人工费用及分拣设备费用。

（3）配装费用。主要包括配装环节发生的材料费用、人工费用。

（4）流通加工费用。主要包括流通加工环节发生的设备使用费、折旧费、材料费及人工费用。

4. 包装成本

包装是生产的终点和物流的起点，其所发生的耗费占流通费用的10%，有的商品包装费用甚至高达50%。因此，加强包装费用的管理与核算，可以降低物流成本，提高企业的经济效益。包装成本构成一般包括以下几个方面：

(1) 包装材料费用。常见的包装材料有多种，由于包装材料功能不同，成本差异也较大。

(2) 包装机械费用。包装机械不仅可以极大地提高包装的劳动效率，也可以大幅度提高包装水平。包装机械费用主要包括设备折旧费、低值易耗品摊销、维修费等。

(3) 包装技术费用。为了使包装的功能能够充分发挥其作用，达到最佳的包装效果，需要采用一定的包装技术，如实施缓冲包装、防潮包装、防伪包装等。这些技术的设计、实施所支出的费用就是包装技术费用。

(4) 包装辅助费用。这些费用包括包装标记、标志的设计费用、印刷费用、辅助材料费用、赠品费用以及相关的能源耗用费用等。

(5) 包装的人工费用。指从事包装工作的工人与其他有关人员的工资、奖金、福利费等。

5. 装卸与搬运成本

装卸搬运是指在指定的地点以人力或机械设备装入或卸下货物。一般发生在同一地域范围内（如车站、工厂、仓库等），以改变“物”的存放、支撑状态的活动称为装卸；以改变“物”的空间位置的活动称为搬运。装卸搬运成本的主要内容包括：

(1) 人工费用。如工人工资、福利费、奖金、津贴、补贴等。

(2) 营运费用。如固定资产折旧费、维修费、能源耗用费、材料费等。

(3) 装卸搬运合理损耗费用。如装卸搬运中发生的货物破损、散失、损耗、混合等费用。

(4) 其他费用。如办公费、差旅费、保险费、相关税金等。

6. 仓储成本

仓储管理的主要任务是用最低的费用在适当的时间和适当的地点取得适当数量的存货。在许多企业中，仓储成本是物流总成本的一个重要组成部分，物流成本的高低常常取决于仓储管理成本的大小。而且，企业物流系统所保持的库存水平对于企业为客户提供的物流服务水平起着重要作用。仓储成本主要包括以下几个方面：

（1）仓储持有成本。是指企业为保持适当的库存而发生的成本，如仓储设备的折旧费、维修费、仓库职工工资、仓库的挑选整理费、仓储商品的毁损和变质损失等。

（2）缺货成本。是指由于库存供应中断而造成的损失，包括原材料供应中断造成的停工损失、产成品库存缺货造成的延迟发货损失和丧失销售机会损失等。

（3）在途库存持有成本。如果企业以目的地交货价销售商品，就意味着企业要负责将商品运达客户，当客户收到订购的商品时，商品的所有权才转移。从理财的角度来看，商品仍是销售方的库存。因为这种在途商品在交给客户之前仍然属于企业所有，运货方式及所需的时间是储存成本的一部分，企业应该对运输成本与在途存货持有成本进行分析。在途库存持有成本一般包括库存的资金占用成本、保险费用、仓储风险成本等。

（二）按物流成本的性态分类

按物流成本的性态分类，可将物流成本分为变动成本和固定成本。

在企业的物流活动中，企业发生的资源耗费与物流业务量之间的关系可以分为两类：一是随物流业务量的变化而近似成比例变化的成本，如包装材料的耗用、工人的工资、能源耗用等。二是在一定业务量范围内，与业务量的增减变化无关的成本，例如物流设备折旧费、管理部门的办公费等。对于这两类不同性质的成本，我们将前者称为变动成本，而将后者称为固定成本。

在企业的物流活动中，还存在一些既不与物流业务量的变化成止比变化也非保持不变，而是随着物流业务量的增减变动而适当变动的成本，这种成本被称为混合成本，例如物流设备的日常维修费、辅助费用等。对于混合成本，可按一定方法将其分解成变动和固定两部分，并分别划归到变动成本与固定成本。

（三）按物流成本是否具有可控性分类

按物流成本是否具有可控性，可将物流成本分为可控成本与不可控成本。

可控成本是指考核对象能够控制的成本。例如，包装部门的经营管理水平与包装材料的耗用量相关，而与包装设备的折旧费无关，所以，包装材料费是包装部门的可控成本，而包装设备折旧费则是不可控成本。由于可控成本对各责任中心来说是可以控制的，因而必须对其负责。

不可控成本是指考核对象对成本的发生不能予以控制，因而也不予负责的成本。例如上述的包装设备的折旧费。

可控成本与不可控成本都是相对的，而不是绝对的。对于一个部门来说是可控的，对另一部门来说是不可控的。但从整个企业来考察，一切费用都是可控的，只是这种可控性需分解落实到相应的责任部门。

除此之外，物流成本还存在其他一些分类方式。如按物流成本支付形态可分为材料费、人工费、公益费、维护费、一般经费、特殊经费和委托物流费用；按物流活动范围可分为供应物流费、企业内物流费、销售物流费、退货物流费和废弃物流费，等等。

三、物流成本的几种重要理论学说

（一）“黑大陆”学说

在财务会计中把企业的生产费用划分为生产成本、管理费用、营业费用、财务费用和营业外费用，再把营业费用按各种支付形态分类。这样，在损益表中所能看到的物流成本在整个销售额中只占很小的比重，因此物流的重要性当然不会被认识到，这就是物流被称为“黑大陆”的一个原因。

由于物流成本管理存在的问题以及有效管理对企业盈利、发展的重要作用，1962 年世界著名管理学家彼得·得鲁克在《财富》杂志上发表了题为《经济的黑色大陆》一文，他将物流比作“一块未开垦的处女地”，强调应高度重视流通以及流通过程中的物流管理。彼得·得鲁克曾经指出：“流通是经济领域里的黑暗大陆。”这里彼得·得鲁克虽然泛指的是流通，但是由于流通领域中的物流活动的模糊性特别突出，是流通领域中人们认识不清的领域，所以“黑大陆”学说主要是针对物流而言的。

“黑大陆”的含义主要是指尚未认识、尚未了解。如果理论研究和实践探索照亮了这块黑大陆，那么摆在人们面前的可能是一片不毛之地，也可能是一片宝藏之地。"黑大陆"学说是对20世纪经济学界存在的愚昧认识的一种批驳和反对，指出在市场经济繁荣和发达的情况下，科学技术也好，经济发展也好，都没有止境。"黑大陆"学说也是对物流本身的正确评价：这个领域未知的东西还很多，理论与实践都不成熟。

从某种意义上看，"黑大陆"学说是一种未来学的研究结论，是战略分析的结论，带有较强的哲学抽象性，这一学说对于研究物流成本领域起到了启迪和动员作用。

（二）物流成本冰山理论

"物流冰山"学说是日本早稻田大学西泽修教授提出来的。他在研究物流成本时发现，现行的财务会计制度和会计核算方法都不能掌握物流费用的实际情况，因而人们对物流费用的了解是一片空白，甚至有很大的虚伪性。他把这种情况比做"物流冰山"。冰山的特点是大部分沉在水面之下，而露出水面的仅仅是冰山的一角。物流便是一座冰山，其中沉在水面以下的是我们看不到的黑色区域，而我们看到的不过是物流成本的一部分。

西泽修教授用物流成本具体分析了彼得·得鲁克的"黑大陆"学说。事实证明，物流领域的方方面面对于我们而言还是不清楚的，在"黑大陆"中和"冰山"的水下部分正是物流尚待开发的领域，也正是物流的潜力所在。

如果把决算表中记载的物流费用只认为是公司外部支付的部分，把它误解为"冰山全貌"，忽略物流成本管理，企业就会面临险境。只有对物流成本进行全面计算，才能够解释清楚混在有关费用中的物流部分成本。具体来讲，工厂生产的产品从工厂运到商业部门的物流成本，是计算在成本中的；购买原材料所支付的物流费用是计算在原材料成本中的；自营运输费和自营保管费是计入营业费用中的；另外与物流有关的利息和其他利息一起是计入财务费用中的。如果把这些来自生产成本、原材料、营业费用和财务费用之中的有关物流部分费用划分出来，并单独加以汇总计算，就会对物流费用的全部有进一步的了解，并会为其巨大的金额而感到惊讶。

根据物流冰山理论，要把隐藏在水面下的物流成本全部核算出来是不可能的。传统的会计体系不仅不能提供足够的物流成本分摊数据，而且也没有这个必要。

理论研究与实际管理毕竟是有所区别的。在企业物流管理中，不可能为了建立物流独立核算体系而破坏其他若干成熟的财务会计核算体系，实际上真正需要纳入管理的是有影响的数据。在现实工作中，仍然只应把“冰山浮出水面的一角”作为物流成本核算的对象。主要的核算范围是：运输成本、仓储成本、保管成本、搬运装卸成本、包装成本、流通加工成本、配送成本、信息管理成本等。在许多企业中，包装成本仍然单独核算，没有进入物流成本核算体系中。

（三）“第三利润源”说

第三利润源的说法是日本早稻田大学教授、日本物流成本学说的权威学者西泽修先生在1970年提出的。

从历史发展来看，人类历史上曾经有过两个大量提供利润的领域。在生产力相对落后、社会产品处于供不应求的历史阶段，由于市场商品匮乏，制造企业无论生产多少产品都能销售出去，于是就大力进行设备更新改造、扩大生产能力、增加产品数量、降低生产成本，以此来创造企业的剩余价值，即第一利润。当产品充斥市场，转为供大于求，销售产生困难时，也就是第一利润达到一定极限，很难持续发展时，便采取扩大销售的办法寻求新的利润源泉。人力领域最初是廉价劳动，其后则是依靠科技进步提高劳动生产率，降低人力耗用或采用机械化、自动化来降低劳动耗用，从而降低成本，增加利润，我们称之为“第二利润源”。然而，在前两个利润源潜力越来越小，利润开拓越来越困难的情况下，物流领域的潜力被人们所重视，于是出现了西泽修教授的“第三利润源”说。

第三利润源，是对物流潜力及效益的描述。经过半个世纪的探索，人们已肯定这“黑大陆”虽不清楚，但绝不是不毛之地，而是一片富饶之地。尤其是经历了1973年石油危机考验，物流已牢牢树立了自己的发展地位。

这三个利润源着重开发生产力的三个不同要素：第一个利润源挖掘对象是生产力中的劳动对象；第二个利润源挖掘对象是生产力中的劳动者；第三个利润源挖掘对象则是生产力中劳动工具的潜力，同时注重劳动对象与劳动者的潜力，因而更具有全面性。

第三利润源的理论最初认识是基于以下几个方面：

1. 物流可以完全从流通中分化出来，自成体系，有目标，有管理，因而能进行独立的总体判断。

2. 物流和其他独立的经济活动一样，它不是总体的成本构成因素，而是单独盈利因素，物流可以成为“利润中心”。

3. 从物流服务角度来说，通过有效的物流服务，可以给接受物流服务的生产企业创造更好的盈利机会，成为生产企业的“第三利润源”。

4. 通过有效的物流服务，可以优化社会经济系统和整个国民经济的运行，降低整个社会的运行成本，提高国民经济总效益。

经济界的一般理解，是从物流可以创造微观经济效益来看待“第三利润源”的。

（四）效益背反理论

“效益背反”指的是物流的若干功能要素之间存在着损益矛盾，即某一功能要素的优化和利益发生的同时，必然会存在另一个或几个功能要素的利益损失，反之也如此。这是一个此消彼长、此盈彼亏的现象，虽然在许多领域中这种现象都是存在的，但在物流领域中，这个问题似乎尤为严重。

物流系统的效益背反包括物流成本与服务水平的效益背反和物流各功能活动的效益背反。

1. 物流成本与服务水平的效益背反

高水平的物流服务是由高水平的物流成本作保证的。在没有较大的技术进步的情况下，企业物流很难做到既提高了物流服务水平，同时也降低了物流成本。一般来讲，提高物流服务，物流成本即上升，两者之间存在着效益背反，而且，物流服务水平与物流成本之间并非呈线性关系，即投入相同的物流成本并非可以得到相同的物流服务增长。

与处于竞争状态的其他企业相比，在处于相当高的服务水平的情况下，要想超过竞争对手，维持更高的服务水平就需要有更多的投入。美国营销专家P. 科特勒指出：“物流的目的中必须引进系统效率概念，才能得出较好的定义。”即把物流看成是由多个效益背反的要素所构成的系统，避免为了片面达到某一单一目的，而损害企业整体利益。

一般在对物流服务和物流成本做决策时，以价值工程理论为指导，可以考虑以下四种方法：

（1）保持物流服务水平不变，尽量降低物流成本。在不改变物流服务水平的情况下，通过改进物流系统来降低物流成本，提高物流价值，这种通过优化系统结构降低物流成本来维持一定物流服务水平的方法称为追求效益法。

(2) 提高物流服务水平，增加物流成本。这是许多企业提高物流服务水平的做法，是企业物流面对特定客户或其面临竞争对手时所采取的具有战略意义的做法。

(3) 保持物流成本不变，提高服务水平。这是一种积极的物流成本对策，是一种追求效益的方法，也是一种有效的利用物流成本性能的方法。

(4) 用较低的物流成本，实现较高的物流服务。这是一种增加效益、具有战略意义的方法。企业物流只有合理运用自身的资源，才能获得这样的成果。

企业采取哪种物流成本策略，要考虑各个方面的综合因素，这些因素包括商品战略、流通战略和物流系统所处的环境及竞争对手的情况等。

2. 物流各功能活动的效益背反

现代物流是由运输、包装、仓储、装卸及配送等物流活动组成的集合。物流的各项活动处于这样一个相互矛盾的系统中，要想较多地达到某个方面的目的，必然会使另一方面的目的受到一定的损失，这便是物流各功能活动的效益背反。

例如，减少物流网络中仓库的数目并减少库存，必然会使库存补充变得频繁进而增加运输的次数，这样库存成本的降低，使得运输成本增加；将铁路运输改为航空运输，虽然增加了运费，却提高了运输速度，减少了库存，降低了库存费用。

再如包装问题，在产品销售市场和销售价格不变的情况下，假定其他成本要素也不变，那么包装方面每少花一分钱，这一分钱就必然转到收益上来，包装越省，利润则越高。但是，商品一旦进入流通领域之后，如果包装降低了产品的防护功能，造成了大量损失，就会造成储存、装卸、运输功能要素的工作损失和效益减少。显然，包装活动的效益是以其他功能要素的损失为代价的。我国流通领域每年因包装不善出现的上百亿的商品损失，就是这种“效益背反”的实证。所有这些表明，在设计物流系统时，要综合考虑各方面因素的影响，使整个物流系统达到最优。

由此可见，物流系统就是以成本为核心，按最低成本的要求，使整个物流系统化，它强调的是调整各要素之间的矛盾，把它们有机地结合起来，使物流总成本最小。

企业物流成本的效益背反关系实质上是研究企业物流的经营管理问题，即将管理目标定位于降低物流成本的投入并取得较大的经营效益。在物流成本管理中，作为管理对象的是物流活动本身，物流成本作为一种管理手段而存在。一方面，成本能真实地反映物流活动实态；另一方面，物流成本可以成为评价所有活动的共同尺度。

企业物流管理肩负着“降低企业物流成本”和“提高企业物流服务水平”两大任务，这是一对相互矛盾的对立关系。整个物流合理化，需要用总成本评价，这反映出企业物流成本管理的效益背反特征及企业物流对整体概念的重要性。

（五）其他物流成本学说

除了上述较有影响的物流成本理论学说之外，还有一些物流成本学说在物流学界广为流传。

1. 成本中心说

成本中心说的含义是：物流在整个企业战略中，只对企业营销活动的成本发生影响。物流是企业成本的重要产生点，因而解决物流的问题，并不只是搞合理化、现代化，不只是为了支持保障其他活动，重要的是通过物流管理和物流的一系列活动降低成本。所以，成本中心既是指主要成本的产生点，又是指降低成本的关注点，物流是“降低成本的宝库”等说法正是对这种认识的形象表述。

2. 利润中心说

利润中心说的含义是：物流可以为企业提供大量直接和间接的利润，是形成企业经营利润的主要活动。非但如此，对于国民经济而言，物流也是国民经济中创利的主要活动。物流的这一作用，被表述为“第三利润源”。

3. 服务中心说

服务中心说代表了美国和欧洲等一些国家学者对物流的认识。这种认识认为，物流活动最大的作用，并不在于为企业节约了耗用、降低了成本或增加了利润，而是在于提高了企业对客户的服务水平进而提高了企业的竞争能力。因此，他们在使用描述物流的词汇上选择了后勤一词，特别强调其服务保障的职能。通过物流的服务保障，企业以其整体能力来压缩成本，增加利润。

4. 系统说

过去一说物流是第三利润源，就有些企业经营者急于求成，动辄向物流要效益，这是对“物流是利润源泉”提法的误解。物流产生利润实际上是物流成本、物流利润的一种重新划分，它至少包括这样几个部分：①物流时间的节省，物料、半成品、产成品在物流各环节停留时间的减少，意味着物资和资金流转速度加快；②物流费用降低；③客户满意度增加。物流费用的降低当然可以直接体现出物流利润的增加，但物流速度的提高所产生的效益主要表现为生产周期的缩短、企业物资及资金流转速度加快；客户满意度的提高有利于产品形象和企业形象的优化。这就是说，物流利润的大部分会间接转移到企业整体效益的提高上，不能仅从物流费用的节省来简单地衡量物流利润。

5. 战略说

物流战略说是当前非常盛行的说法。实际上学术界和产业界越来越多的人们已逐渐认识到，物流更具有战略性，是企业发展的战略而不是一项具体操作性任务。当前既能提供成本优势又能提供价值优势的管理领域是极少的，而物流管理则是这些为数不多的管理领域之一。高效、合理的物流管理，既能够降低企业经营成本，又能为客户提供优质的服务。因此，物流管理日益受到企业的重视，被纳入企业战略管理的范围，甚至成为企业发展的基石。

四、企业物流成本的影响因素

（一）竞争性因素

企业所处的市场环境充满了竞争，企业之间的竞争除了产品的价格、性能、质量外，从某种意义上讲，优质的客户服务是决定竞争成败的关键，而高效物流系统是提高客户服务的重要途径。如果企业能够及时可靠地提供产品和服务，则可以有效地提高客户服务水平，这都依赖于物流系统的合理化。而客户服务水平又直接决定物流成本的高低，因此物流成本在很大程度上是由于日趋激烈的竞争而不断发生变化的，企业必须对竞争做出反应。影响物流成本的竞争性因素主要有以下几个方面：

1. 订货周期

企业物流系统的高效必然可以缩短企业的订货周期，降低客户的库存，从而降低客户的库存成本，提高企业的客户服务水平，提高企业的竞争力。

2. 库存管理

无论是生产企业还是流通企业，对存货实行控制，严格掌握进货数量、次数和品种，都可以使企业减少资金占用、贷款利息支出，降低库存、保管、维护成本。另外，良好的物品保管、维护、发放制度，可以减少物品的损耗、霉烂、丢失等事故，从而降低物流成本。相反，若在保管过程中，物品损耗、霉烂、丢失等时有发生，物流成本必然增加。

3. 运输

不同的运输工具和方式，成本高低不同，运输能力大小不等。运输工具和方式的选择，一方面取决于所运货物的体积、重量及客户的要求；另一方面又取决于企业对某种物品的需求程度及工艺要求。所以，选择运输工具和方式要同时兼顾，既要保证生产与销售的需要，又要力求物流成本最低。

（二）产品因素

产品的不同特性也会影响物流成本，主要有：

1. 产品价值

产品价值的高低会直接影响物流成本的大小。随着产品价值的增加，每一物流活动的成本都会增加。一般来讲，产品的价值越大，对其所需使用的运输工具要求越高，仓储和库存成本也随着产品价值的增加而增加。

2. 产品密度

产品密度越大，相同运输单位所装的货物越多，运输成本就越低。同理，仓库中一定空间领域存放的货物也越多，库存成本就会降低。

3. 产品废品率

影响物流成本的一个重要方面还在于产品的质量，也即产品废品率的高低。生产高质量的产品可以杜绝因次品、废品等回收、退货而发生的各种物流成本。

4. 易损性

物品的易损性对物流成本的影响是显而易见的，易损性的产品对物流各环节如运输、包装、仓储等都提出了更高的要求。

（三）空间因素

空间因素是指物流系统中企业制造中心或仓库相对于目标市场或供应点的位置因素。若企业距离目标市场太远，则必然会增加运输及包装等成本；若在目标市场建立或租用仓库，则会增加库存成本。另外，进货方向决定了企业货物运输距离的远近及运输成本的高低。因此，空间因素对物流成本的影响是较大的。

（四）管理因素

管理成本与生产和流通没有直接的数量依存关系，但却直接影响着物流成本的大小，节约办公费、水电费、差旅费等管理成本相应地可以降低物流成本总水平。另外，企业利用贷款开展物流活动，必然要支付一定的利息（如果是自有资金，则存在机会成本问题），资金利用率的高低，影响着利息支出的大小，从而也影响着物流成本的高低。

第二节 物流成本管理

物流长期以来一直被称之为企业的第三个利润源泉，在不少企业中物流成本占了企业生产经营总成本的大部分，因而，加强物流活动管理的关键在于对物流成本的管理，这已经成为现代企业经营管理中的重要问题。

一、物流成本管理的概念

物流成本管理，简而言之，就是通过成本去管理物流，即管理的对象是物流而不是成本，物流成本管理可以说是以成本为手段的物流管理方法。这是因为，一是成本能真实地反映物流活动的实态；二是成本可以成为评价所有活动的共同尺度。就第一点而言，一旦用成本去掌握物流活动，物流活动方法上的差别就会以成本差别的形式明显地表现出来。就第二点而言，用成本这个统一的尺度来评价各种活动，可以把性质不同的活动放到同一场合进行比较，是有效管理物流的一种新思路。

目前，由于物流还是一个比较新兴的行业，对物流成本管理的研究尤其是在我国还处于起步的初级阶段，因此物流成本管理至今没有一个确切的定义。从物流成本管理的内容来看，物流成本管理是以物流成本信息的产生和利用为基础，按照物流成本最优化的要求有组织地进行预测、决策、计划、控制、分析和考核等一系列的科学管理活动。在实际工作中，企业的物流成本管理可以从两个方面进行，一是从会计的角度出发，通过建立物流管理会计系统，发挥会计职能来对物流成本进行计划、控制等；二是利用物流管理方法，通过对物流各种职能的优化，达到降低物流成本的目的。显然，这两个方面是相辅相成的，所以企业在进行物流成本管理过程中，需要从这两个方面同时进行。

二、物流成本管理的产生和发展

（一）物流成本管理的产生背景

物流活动必然会带来相应的物流成本，然而最初提出物流管理时并没有将物流成本放在一个重要位置，这与当时物流管理产生的背景有直接的关系。物流管理是在第二次世界大战期间提出的，是从美国军队当时解决一些后勤问题开始的。因为当时盟军反攻战线推进很快，这就产生了诸如怎样把一些作战物资及时送到前线且又不会造成多余，也不会因战线转移频繁而造成浪费的课题。这个课题运用当时已经成型的应用数学、运筹学及系统工程初期的一些思想，做了一些研究，较好地解决了当时提出的问题。但是由于在军事上，首先注重的是军用物资供应的可达性和及时性，成本的考虑是放在第二位的，因此在这个阶段物流成本管理没有得到较大的发展。

然而随着生产技术的发展，产品成本的降低，产品的数量大量增加，流通成本问题开始逐渐浮现，分销领域物流成本控制的问题就产生了。同时，由于激烈的市场竞争和物价上涨，以及人工成本的提高，使得企业利润率降低，西方发达国家各大公司效益普遍下滑，企业已经难以通过提高产品售价来增加利润，要进一步降低产品生产成本也是困难重重。在这种情况下，企业开始千方百计地寻找降低成本增加利润的新途径，于是物流管理便进入商业领域，成为继生产资料、劳动力后的第三利润源泉。企业注重成本管理，追求利润最大化，于是物流成本管理便应运而生，成为一种降低成本，提高服务水平的手段。物流成本管理开始有了较快的发展。

（二）物流成本管理的发展

由于不同国家物流发展程度不同，对物流的研究程度也各不相同，因此对物流成本管理的发展也存在着不同的看法，比较典型的、物流发展较好的国家是美国和日本。下面以欧美国家和日本为例介绍物流成本管理的发展，同时也介绍物流成本管理在我国的发展情况。

1. 欧美国家物流成本管理的发展情况

从欧美国家的企业物流成本管理的一般发展过程来看，大致可以分为以下几个阶段。

（1）物流成本认识阶段

物流成本管理在物流管理中占有重要位置，“物流是经济的黑暗大陆”、“物流是第三利润源泉”等观点都说明了物流成本问题是物流管理初期人们关心的主要问题。所谓“物流是第三利润源泉”，是指通过物流合理化，降低物流成本，物流成为在降低制造成本和扩大销售之后企业获取利润的第三种途径。正是由于在物流领域存在广阔的降低成本的空间，物流问题才引起企业经营者的重视。企业物流管理可以说是从对物流成本的管理开始的。

但是在这个阶段，人们对于物流成本的认识只是停留在概念认识的层次上，还没有依照管理的步骤对物流成本实施全面的管理。

（2）物流项目成本管理阶段

在对物流成本认识的基础上，根据不同部门、不同领域或不同产品出现的特定物流问题，组织专门的人员研究解决。但是，对于物流成本管理的组织化程度及对物流成本的持久把握方面仍存在不足。到了这个阶段，物流管理组织便开始出现了。

（3）引入物流预算管理制度的阶段

随着物流管理组织的设置，对物流成本有了一个统一、系统的把握，开始引入物流预算管理制度。也就是说，通过物流预算的编制、预算与实际的比较，对物流成本进行差异分析，从而达到控制物流成本的目的。但是，这个阶段编制的物流预算缺乏准确性，对于成本变动原因的分析也缺乏全面性，而且对物流成本的把握仅限于运费和对外支付的费用。

（4）物流演算管理制度确立阶段

在这个阶段推出了物流成本的计算标准，物流预算及其管理有了比较客观准确的依据，物流部门成为独立的成本中心或利润中心。

（5）物流业绩评价制度确立阶段

物流预算管理制度确立后，进一步发展的结果是形成物流业绩评价制度。通过把握物流部门对企业业绩的贡献度，准确评价物流部门的工作。物流部门的业绩评价离不开其对降低物流成本的贡献度，降低物流成本是物流部门的永恒的目标。

2. 日本物流成本管理的发展情况

在日本，物流技术兴起于20世纪50年代，发展至今已形成了一套完整的体系，由重视功能变为重视成本，进而变为重视服务。物流成本管理一直受到日本物流界的重视，在长期的发展中物流成本与财务结算制度相联结。在日本，物流成本管理的发展阶段问题存在着几种不同的观点。

日通综合研究所编撰的《物流知识》将物流成本管理的发展划分为以下六个阶段：

（1）物流前期

这一时期物流只是按生产和销售部门的要求进行货物的保管和运输。

（2）个别管理期

即物流成本意识的出现期。这一时期只有保管部门或发货部门在努力降低成本。

（3）综合管理期

在这一时期，物流成为一项独立业务，开始建立物流管理部门，采取措施综合解决各种物流功能的优化组合问题。这里，生产和销售是物流的前提。

（4）扩大领域时期

这是物流影响生产和销售的阶段。对于生产部门来说，应该在产品设计阶段就从物流的角度考虑问题，在物流效率、统一包装规格、生产计划的灵活性等方面提出要求；对于销售部门，则在接受订货的计划性、订货的数量单位及交货期限等方面提出要求。在这一阶段，追求“第三利润源泉”的企业增多，过去曾把这一阶段视为终极阶段。

（5）整体体制阶段

物流进入小批量、多品种发货的新时代。为创造新的物流形象，整个公司必须取得共识。这一阶段的多数情况是建立以生产和销售人员为委员、以负责经营的主要领导为委员长的委员会制度。建立合理的会计制度之后，物流就成为生产和销售本身的一项内容。物流部门则只要运用物流知识和物流信息建立物流系统即可。

(6) 生产、销售、物流一体化时期

在生产、销售、物流一体化时期进行物流管理，首先将不同商品的出售情况、发货及脱销情况、库存及进货情况与销售、生产计划进行比较，将现有库存与基准库存量（库存计划）进行比较，定期进行这一工作。找出计划与实际情况的差异，并据以提出解决方案，修订生产计划和与之相适应的采购计划及其以生产、销售计划为前提的物流计划。这种修订使各个时期与销售状况相适应，包括生产和物流的整个企业运作的修订，也就是通常所说的建立以物流为核心的一体化系统。

以神奈川大学的唐泽丰教授为代表，认为物流成本管理的发展可以分为下述四个阶段：①明确物流成本，从物流成本与销售金额比率的角度进行管理的阶段，即主要是定量地掌握物流费用阶段；②采用物流预算制度，可以对物流费用的差异进行分析的阶段；③正式确定物流成本的基准值或标准值，使物流预算的提出或物流的管理有一个客观的、恰当的标准；④建立物流管理会计制度的阶段，使物流成本管理与财务会计在系统上联结起来，这说明已到了容易进行成本模拟的阶段。

唐泽丰教授认为目前日本企业物流成本核算与管理基本停留在第三阶段上。

还有一种观点是以著名物流研究专家菊池康也教授为代表，他在《物流管理》一书中阐明了其观点，认为日本物流成本管理发展可分为以下五个阶段：①了解物流成本的实际状况（对物流活动的重要性提高认识）；②物流成本核算（了解并解决物流活动中存在的问题）；③物流成本管理（物流成本的标准成本管理和预算管理）；④物流收益评估（评估物流对企业效益的贡献程度）；⑤物流盈亏分析（对物流系统的变化或改革做出模拟模型）。

菊池康也教授认为现在日本企业多处于第三阶段，还没有达到第四阶段、第五阶段，物流部门的职能还落后于销售和生产部门的职能。

3. 物流成本管理在我国的发展情况

我国的物流起步较晚。1979 年中国物资经济学会派代表团参加了在日本举行的第三届国际物流会议，第一次把“物流”这一概念从日本介绍到国内。

20世纪80年代初，作为生产资料流通的主要承担者——国有物资部门开始了从宏观角度研究物流。当时我国流通领域还带有浓重的计划经济色彩，商业系统对物流的研究远远落后于物资系统，基本上处在概念的引进和初级的理论研究阶段，对物流成本的认识也只是停留在概念认识的层次上。

90年代初，竞争的激烈、业态的多样化导致了流通领域利润的下降，使得商业系统开始重视物流，特别是连锁经营与物流配送关系的研究。1991年，由中国物资流通学会承担的《工业企业物流合理化研究》课题组，对我国8个行业的物流状况做了一次表格调查，发现企业现有统计报表中按物流概念统计的数据极少，大量数据需要通过估算得出；但这次活动引起了企业对物流的重视。物流成本开始进入初步的研究和试验性管理阶段，但还只限于个别的企业和部门，并没有引起全社会对物流成本的关注。

进入90年代后期，随着我国经济体制的改革、企业产权关系的明确，生产企业及其他流通企业开始认识到物流的重要性。世纪之交，引发产、学、官、研一体热的物流现象，国内一些企业内部开始设立专门的物流部门，也开始出现了不同形式的物流企业（大多数物流企业是由原运输企业、仓储企业、商业企业或工业企业等改造重组而来），已有少数物流企业开始在物流理论基础上，根据物流运作规律进行组织与管理。物流这个“第三利润源泉”引起了社会和企业的极大兴趣，纷纷参照国外的先进经验和技术来加强物流管理，组织专门的人员研究降低物流成本，物流成本管理开始组织化。

进入21世纪，我国的物流产业又有了新的发展，特别是近几年网络经济的发展，我国物流业发展开始走向国际化、全球化。对物流成本管理理论和方法的研究进入了一个新的阶段，出现了一些关于物流成本管理的专著和论文。虽然从整体上看，物流成本管理应用的研究工作在我国尚处于起步阶段，还没有建立专门的物流成本核算体系，缺乏规范的核算，但是近几年有不少企业已在探讨和摸索，取得了一些积极的成果。理论界也在积极探讨关于建立统一的物流成本计算标准问题。通过对物流成本的管理来改善物流流程，降低成本，提高效益，这已成为我国物流业的核心问题。

三、物流成本管理的环节

物流成本管理的环节是指物流成本管理的工作步骤与一般程序。一般来讲，企业物流成本管理包括以下几个环节：

（一）物流成本预测

物流成本预测是根据有关物流成本数据和企业具体的发展情况，运用一定的技术方法，对未来的成本水平及其变动趋势做出科学的估计。成本预测是成本决策、成本预算和成本控制的基础工作，可以提高物流成本管理的科学性和预见性。在物流成本管理的许多环节都存在成本预测问题，如仓储环节的库存预测、流通环节的加工预测、运输环节的货物周转量预测等。

（二）物流成本决策

物流成本决策是在物流成本预测的基础上，结合其他有关资料，运用一定的科学方法，从若干个方案中选择一个满意的方案的过程。从物流整个流程来说，有配送中心新建、改建、扩建的决策；装卸搬运设备、设施购置的决策；流通加工合理下料的决策等。进行成本决策、确定目标成本是编制成本预算的前提，也是实现成本的事前控制、提高经济效益的重要途径。

（三）物流成本预算

物流成本预算是根据物流成本决策所确定的方案、预算期的物流任务、降低物流成本的要求以及有关资料，通过一定的程序，运用一定的方法，以货币形式规定预算期物流各环节耗费水平和成本水平，并提出保证成本预算顺利实现所采取的措施。通过物流成本预算管理，可以在降低物流各环节方面给企业提出明确的目标，推动企业加强物流成本管理责任制，增强企业的物流成本意识，控制物流环节费用，挖掘降低物流成本的潜力，保证企业降低物流成本目标的实现。

（四）物流成本控制

物流成本控制是根据计划目标，对物流成本形成和发生过程以及影响物流成本的各种因素和条件加以主动的影响，以保证实现物流成本预算完成的一种行为。从企业生产经营过程来看，物流成本控制包括事前控制、事中控制和事后控制。物流成本事前控制是整个物流成本控制中最重要的环节，它直接影响以后各物流作业流程成本的高低。物流成本事前控制活动主要有物流配送中心的建设控制，物流设施、设备的配备控制，物流作业过程改进控制等。物流成本的事中控制是对物流作业过程实际劳动耗费的控制，包括设备耗费的控制、人工耗费的控制、劳动工具耗费和其他费用支出的控制等方面。物流成本的事后控制是通过定期对过去某一段时间成本控制的总结、反馈来控制成本。通过成本控制，可以及时发现存在的问题，采取纠正措施，保证物流成本目标的完成和实现。

（五）物流成本核算

物流成本核算是根据企业确定的成本计算对象，采用相适应的成本计算方法，按规定的成本项目，通过一系列的物流费用汇集与分配，从而计算出各物流活动成本计算对象的实际总成本和单位成本。通过物流成本计算，可以如实地反映生产经营过程中的实际耗费，同时，也是对各种物流费用的实际支出的控制过程。

（六）物流成本分析

物流成本分析是在物流成本核算及其他有关资料的基础上，运用一定的方法，揭示物流成本水平变动的原因，进一步查明影响物流成本变动的各种因素。通过物流成本分析，可以提出积极的建议，采取有效的措施，合理地控制物流成本。

上述各项物流成本管理活动的内容是相互配合、相互依存的一个有机整体。物流成本预测是物流成本决策的前提，物流成本预算是物流成本决策所确定目标的具体化，物流成本控制是对物流成本预算的实施进行监督，以保证目标的实现，物流成本核算与分析是对目标是否实现的检验。

四、物流成本管理的综合方法

（一）物流成本横向管理法

物流成本横向管理法即对物流成本进行预测和编制预算。物流成本预测是在编制物流成本预算之前进行的，它是通过对本年度物流成本进行分析，充分挖掘降低物流成本的潜力，寻求降低物流成本的有关技术、经济措施，以保证物流成本预算的先进性和可靠性。物流成本预算按时间标准进行划分，有月度计划、季度计划、年度计划以及短期计划（半年或1年）、中期计划（3年）、长期计划（5年或10年）等。

（二）物流成本纵向管理法

物流成本纵向管理法即对物流过程的优化管理。物流过程是一个创造时间价值和空间价值的经济活动过程，为使其能提供最佳的价值效能，就必须保证物流各个环节的合理化和物流过程的迅速、通畅。物流系统是一个庞大而复杂的系统，要对它进行优化，需要借助于先进的管理方法和管理手段，先在其单项活动范围内进行，再发展到对整个物流系统进行模拟，采取最有效的方法来组织物流系统，使之合理化。具体内容如下：

1. 运用线性规划、非线性规划的方法，制定最优运输计划，实现物资运输的优化

物流过程中遇到最多的是运输问题。例如，某种物品现有某几个工厂生产，又需供应某几个客户，怎样才能使工厂生产的物品运到客户所在地时达到总运费最小的目标呢？假定这种物品在工厂中的生产成本是已知的，从某厂到消费地的单位运输费用和运输距离以及各工厂的生产能力和消费地需要量都已确定，则可用线性规划的方法来解决这一问题。当工厂的生产量发生变化，生产费用函数是非线性的，就应使用非线性规划的方法来求解。属于线性规划类型的运输问题，常用的方法有单纯型法和表上作业法。

2. 运用系统分析技术，选择货物最佳的配比和配送线路，实现物资配送优化

配送路线是指各运送车辆向各个客户送货时所要经过的路线，它的合理与否对配送制度、合理利用车辆和配送费用都有直接影响。目前确定优化配送线路较为成熟的方法是节约法，也叫节约里程法。

3. 运用存储论，确定经济合理的库存量，实现物资存储优化

储存是物流系统的中心环节，物资从生产到客户之间需要经过几个阶段，几乎在每个阶段都发生储存问题。究竟在每个阶段库存量保持多少为合理？为了保证供给，需隔多长时间补充库存？一次进货多少才能达到费用最省的目标？这些都是确定库存量的问题，也都可以在存储论中找到解决的方法。其中比较著名的是经济订货批量模型，即 EOQ 模型。

4. 运用模拟技术，对整个物流系统进行研究，实现物流系统的最优化

克莱顿·希尔模型就是一种采用逐次逼近法的模拟模型，这种方法提出了物流系统的 3 项目标：最高的服务水平、最小的物流费用、最快的信息反馈。在模拟过程中，克莱顿·希尔模型采用逐次逼近的方法来求解下列决策变量：流通中心的数目、对客户的服务水平、流通中心收发货时间的长短、库存分布、系统整体的优化。

（三）计算机管理系统

计算机管理系统将物流成本的横向和纵向连接起来，形成一个不断优化的物流系统的循环。通过循环、计算、评价，整个物流系统在不断地优化，最终可找出其总成本最低的最佳方案。

五、物流成本管理中应注意的问题

近年来，我国物流成本管理的理论研究和实践应用得到了充分的重视，也取得了一定的成果，但仍然有许多工作值得进一步的开发研究和深入运用。在物流成本管理的研究和运用中，有许多方面值得注意。

（一）明确物流成本计算的目的

在企业物流成本管理中，必须将物流成本明确化，并设置恰当的计算标准，但更为重要的是明确物流成本计算的目的。如果物流成本计算的目的不明确，计算物流成本也就没有什么用处，应根据明确的目的制定最适合该目的的物流成本计算方式。

对于物流成本的计算标准，有两个层次需要考虑。首先是从国家物流管理部门和行业协会的角度来说，应进行物流成本构成内容的分析，制定相应的国家参考标准，这对于宏观物流成本的统计核算以及各企业进行物流成本核算与管理都有重要的参考意义。其次，每个企业自身在物流成本管理中，应结合自身物流成本核算和管理的目的，确定相应的物流成本构成内容，不一定要千篇一律，因为每个企业都有自身的特点，在管理上的要求与管理方式都会有所不同。

（二）应从与物流服务的关系着眼考虑物流成本

过去，人们通常认为物流是一种没有效益的活动，因而总是强调必须使之合理化以降低物流成本，而不从一定服务水平下的物流成本能取得多少收益着眼，这就偏离了物流成本管理的目标。因为事实上，物流不仅是一种需要支付费用的活动，而且还是企业的一种资源，企业应该利用物流成本资源促进销售、争取客户。为确保这种收益，必要时可以考虑加大物流成本，争取销售目标的实现。应该说现在已经进入物流活动可以产生收益的时代。

（三）物流成本的多少受销售部门和生产部门的控制

在一般的物流成本中，物流部门能够完全控制的成本很少，通常情况下，一个企业物流成本的多少往往受到销售部门和生产部门的控制。例如，在客户对货物配送的时间要求变得严格的同时，企业的运输费用必然大幅度增加，因为通常情况下，紧急运输配送伴随着更多的过桥过路费，更低的装载率和更高的空驶率，更多的司机和仓库管理人员的加班费；生产部门产量的变动也影响企业库存成本的变动，如库存产品占用资金的利息、产品维护费用等；其他如采购费用、信息传递费用等，也不是物流管理部门能够完全控制的。因此，单纯由物流管理部门进行物流成本管理是不现实的。

也就是说，在企业物流成本中，包含着物流部门能够管理的和不能管理的两种成本。物流部门无法管理的这种成本，也大多由物流部门负责，这对其管理部门来说是有问题的。应该尽量区分物流成本与销售费用、管理费用以及生产成本之间的交叉关系。

（四）我国物流成本管理的发展方向

按照菊池康也教授的分析，在物流成本管理方面，日本企业已经达到掌握实际情况进行成本核算、成本管理的阶段，但多数企业还未达到评估物流绩效、分析物流盈亏的阶段，今后企业应积极进行绩效评估和物流盈亏的分析。而在我国，首先应做好物流成本的核算、物流成本预算、物流责任中心管理等工作，并在此基础上开展物流成本效益评估的理论与实践的探讨。

综上所述，对企业来讲，要实施现代化的物流管理，首要的是全面正确地把握企业内外发生的所有物流成本，削减物流成本必须以企业整体为对象，同时，在致力于削减物流成本时注意不能降低对客户的服务水平。随着企业多频度、定时进货的需求和客户小批量、及时迅速的送货需求，企业必须加强物流成本的管理与控制，才能在竞争中立于不败之地。

本章小结

物流成本管理是企业物流管理的核心内容。企业无论采用何种物流技术和管理模式，其最终目的不是在于这种技术和模式的本身，而是要在保证一定物流服务水平的前提下实现物流成本的降低。可以说，整个物流技术和物流管理的发展过程就是不断追求物流成本降低的过程。

不论从微观企业的角度还是从宏观社会的角度来看，物流成本管理都具有重要的经济意义。在物流成本管理的发展过程中，产生了“物流成本冰山说”、“黑大陆”学说、“第三利润源”学说等重要的理论基础。另外，在物流成本管理中，要考虑各种物流成本效益背反规律，从整体上追求物流服务水平以及总体物流成本的最佳配合。

企业物流成本管理工作，应在物流成本核算的基础上，运用专业的预测、决策、预算、控制、分析和考核等方法来进行物流成本管理，具体包括物流成本预测、物流成本决策、物流成本预算、物流成本核算、物流成本控制、物流成本分析和物流成本的业绩评价。

思考题

1. 什么是物流成本？应该从哪些不同的角度理解物流成本的含义？

2. 什么是“物流成本冰山说”？

3. 物流成本管理的实质是什么？

4. 如何理解欧美国家和日本物流成本管理的发展历程？对我国物流成本管理的发展有何借鉴意义？

5. 从宏观和微观角度看，物流成本管理有何意义？

6. 物流成本管理的基本方法有哪些？在企业物流成本管理实践中如何运用？

7. 在企业的各项物流成本中，哪些存在着效益背反规律？这些规律对物流成本管理有何启示？

案例

中国企业的物流成本

物流产业的发展将成为21世纪中国经济发展的一个重要的产业部门和

新的经济增长点，它将对我国市场经济体制的建立和完善起到积极的保证和促进作用。但在世界经济一体化的逐步推进及2005年底物流行业放开后跨国物流企业纷纷抢滩中国市场的背景下，我国物流企业将面临巨大的、全方位的国际竞争压力。

根据中国仓储协会的一项调查显示，中国有45.3%的企业面临物流成本过高的压力；同时中国的物流企业多数是由传统的仓储企业转变而来，服务方式和手段比较原始和单一，技术装备和管理手段仍比较落后，难以提供“门对门”的一站式服务，只能简单地提供运输（送货）和仓储服务；更缺乏必要的服务规范和内部管理规程，经营管理粗放，不能实现产业化，低效率、高投入，不能从根本上降低企业的运营成本、节约社会资源、创造更多的价值。

目前我国海关信息化管理系统先进性超过美国，高速公路里程全球第二……为什么我国的物流成本还会居高不下？

商务部部长助理黄海说，流通效率低是中国普遍存在的问题，我们国家的物流成本很高，几乎高出发达国家一倍，很难具有国际竞争力。

例如，没有一个合理的运输体系设计，是物流成本居高不下的主要原因。数据研究表明，57.9%的生产企业以及51.7%的物流企业车辆空驶率在30%～50%。这种运输车辆去时满载、回时空载，空驶率过高，而空载的费用耗用则被分摊到总成本中，总成本必然居高不下。

再如，物流基础建设规划缺少合理统筹。内陆交通运输设施建设缓慢，特别是集装箱运输中转站发展较慢，集装箱“门对门”的多式联运未得到充分发展。目前，我国内地进出口货物有70%左右是由内地以散杂货形式集运到香港再拼箱，或折箱后以散杂货形式运到内地。这无疑又提高了物流成本。

此外，由于存在各自为政的物流建设现象，使企业面临不断重新装卸、运输和组织，进而造成更多成本耗用，其中还包括时间成本。基础资源分割最直接的后果是，企业往往选择单一途径运货，以避免衔接中产生新的成本。比如，只用公路运输，这也是公路超载超限屡禁不止的重要原因。

再者，中国物流企业数量繁多，但质量普遍不高。由于我国企业对物流业务流程的不熟悉，也导致了个别企业物流成本加大。

那么，在降低物流成本方面，有什么经验可供借鉴？

第一，建立物流成本数据库。要实现物流成本的降低，首先必须了解物流的实际情况，通过物流成本数据库来对物流系统进行分析。有了基础数据，就有了比较基础，就可以发现问题并加以改进；有了比较基础，才可能制定目标，建立新的物流系统。

第二，明确物流成本的构成与归属。企业物流成本的全貌应该包括支付形态、运作范围和功能形式三部分。就支付形态而言，它包括：人工、材料耗用、运输设施和仓库折旧、合理损耗、资金占用利息、管理费用、委托外包等。就功能形式而言，它包括：包装、搬运、保管、装卸、流通加工、信息交换、物流管理等。

第三，建立完善的管理模式，以降低物流成本。根据不同企业的性质，要设计符合自己特点的管理方法对物流活动实施管理，以实现降低物流成本的目的。

以联想集团为例，联想集团在沪成功运作 VMI（Vendor Managed Inventory,供应商管理库存）物流管理模式，实行一年多来，已较先前节省了九成物流成本，联想集团的国际竞争力因此得到明显的提高。

自 2004 年 3 月起，联想集团与第三方物流企业伯灵顿全球货运物流有限公司开展 VMI 项目合作，联想将其从国外采购来的电脑零配件存放于伯灵顿设在外高桥保税区的仓库内，根据生产需求，再将货物发送至上海联想电子有限公司进行装配加工。为力促联想集团 VMI 管理模式在上海顺利运作，上海海关设立了快速转关通道，实施 7 天×24 小时全程通关。通过海关仓储电子监管系统实现 VMI 仓库与海关联网，随时申报，方便货物入出库。伯灵顿与联想 VMI 项目在海关监管下实现自动数据交换，企业及时掌握库存变化情况，提高市场反应速度。

到 2005 年上半年，从伯灵顿公司仓库运至上海联想电子有限公司的货物共计 520 余票，整体物流运作时间从原先的 30～100 小时缩至 3～5 小时，库存周转期从 7～10 天缩至半天。

第四，资源整合。前面提到过，物流资源配置效率低下是导致物流成本居高不下的一个重要方面。由于物流资源不能有效配置，我国物流效率低下，资源浪费严重。因此，必须对原有的物流资源实施整合，使其效率最大化。

以汽车行业为例，作为企业营运成本的组成部分，中国汽车企业的物流成本占据了相当大的比重。有数据显示，欧美汽车制造企业的物流成本占销售额的比例是8%左右，日本汽车厂商只有5%，而中国汽车生产企业这一数字普遍在15%以上。可见，中国汽车企业的物流成本明显偏高。

由于目前大部分汽车生产企业的物流活动以公路运输为主，运输成本的偏高大大加重了企业的负担，使企业物流成本所占比率过高，企业竞争能力也因此受到影响。一汽丰田销售公司副总经理王法长指出：产品物流成本在一汽丰田的产品中所占比例很大，由于是单向运输，第三方运输企业的优势没有体现，空驶回程浪费的成本太多，而只能让厂家倒贴。

有资料显示，从长春运输到广州的轿车，每辆车的陆路运输成本约为3800元～4000元，而海运只需要2500元～2800元，比陆路运输节省30%的成本。而在目前中国汽车工业每年轿车产量超过500万辆的背景下，只有不到10%的汽车运输通过水路完成。

因此，根据企业货物的多少和运输距离来调整水路和陆路运输比重，使其达到一个合理的比例对于许多汽车企业来说已经是当务之急。

第二章　物流成本核算

学习目的

物流成本核算是企业物流成本管理的基础内容，它为物流成本管理及其他各项工作的开展提供必要的数据资料。通过本章的学习，了解建立物流成本核算制度的意义；掌握物流成本核算的基本原理，包括物流成本核算的范围、物流成本计算对象的确定及物流成本计算的基本方法；掌握物流成本计算中各类物流成本计算表的编制；了解物流成本计算中所存在的问题及难点。

第一节　物流成本核算的基本原理

一、建立物流成本核算制度的意义

物流成本核算制度是企业按物流管理目标对物流耗费进行确认、计量和报告的制度。建立企业物流成本核算制度，计算企业的物流成本，在企业物流管理中具有十分重要的意义。

（一）提高人们对物流重要性的认识，开辟降低成本增加利润的“第三源泉”

长期以来，人们未能意识到物流活动的合理化、科学化对企业经济效益的重大影响，其中有许多原因，但重要原因之一在于未能树立物流成本观念，没有看到物流成本的全貌。因为按照国家现行会计制度规定进行的成本核算，物流成本被分散在许多成本费用项目之中。在商业企业和物资企业中，物流成本是和商流成本计在一起的，被计入“商品流通费”或“物资流通费”项目中。在目前的流通费用中，人们无法知道耗用于企业物流的成本是多少，耗用于商流的成本又是多少。在工业企业中，情况同样如此。采购原材料的外地运杂费是计算在原材料成本之中，而市内运杂费则计入“管理费用”之中，自行运输费和保管费被计入“销售费用”、“制造费用”或“管理费用”之中，销售过程的物流费计入“销售费用”中；另外，与物流有关的利息、税金、租金和物资在运输、保管、装卸、包装、流通、加工过程中的损耗，物资储备过多的资金积压损失，物资供应不及时的停工待料损失等都被分散于许多成本费用项目中。因此，从现行的账户记录和会计报表中，我们很难或者说几乎不可能看清物流耗费的实际情况。然而，据有关专家测算，企业物流成本仅次于原材料本身的价值而在产品成本中占第二位，一般占产品成本的15%至30%，有的高达40%。所以，国外专家称之为“黑暗大陆”。对于我国企业而言，认识物流成本、降低物流成本是企业降低成本、创造利润的新途径。通过物流成本核算，能够全面揭示物流活动的全部耗费，提高人们对物流成本重要性的认识。否则，就会陷入一种不核算、不知道、不重视、不管理的恶性循环之中，不利于人们开辟创造利润、提高经济效益的新源泉。

（二）为企业物流管理决策提供信息

物流成本在企业物流管理决策中起着重要作用。但由于历史的原因，企业物流成本没有被纳入实际核算范围，使得企业物流管理决策受到一定的局限。如在评价自己购置运输工具还是委托专业运输部门两种方案时，由于没有考虑物流成本，容易出现决策失误，常常造成巨大损失。再如在决策是否购置更先进的装卸设备、扩大仓库规模时，由于物流成本难以确定，使得决策的科学性受到影响。显然，要使诸如上述的物流管理决策建立在切实科学的基础上，首先要掌握准确的各类物流成本信息，开展物流成本及效益的专门核算。

（三）为制定物流服务价格提供资料

大家知道，成本是制定价格的主要依据。同理，物流成本则是物流部门和企业制定物流服务价格的主要依据。随着经济体制改革的不断深化，社会主义市场经济运行机制的建立和完善，在企业处理内外的各种关系时，价格将发挥更大的作用。许多企业为开展内部核算，制定了内部价格。为了考核企业物流工作业绩，企业物流部门对外对内提供各种物流服务时，也要求按一定的价格进行结算，这使物流成本成为企业制定物流服务价格的重要依据。只有建立了物流成本核算制度，才能为发挥物流价格的杠杆作用提供准确的数据。

（四）及时发现物流管理活动中存在的问题，促使物流管理水平的提高

企业物流成本是全面反映企业物流活动的综合性价值指标。企业物流组织管理水平的高低，物流设备利用率的好坏，燃料、动力耗用量的大小、企业的选址及厂区的规划布置是否合理等，都会在物流成本中反映出来。总之，企业物流成本的高低是企业物流工作实际状况好坏的综合反映。通过企业物流成本核算，可以揭示出企业物流成本的全貌，并为编制物流成本预算、制定标准物流成本提供资料；将实际物流成本与标准物流成本以及物流成本预算进行比较，找出差异，并对差异产生的原因进行深入的分析，就可以发现造成物流成本超支、节约的各项技术、组织与管理方面的原因，明确责任所在，并据此协调各方面的工作，从而达到改善物流管理、降低成本、提高效益的目的。

二、物流成本核算的范围

企业在进行物流成本核算时，首先应确定计算的口径，即从哪个角度计算物流成本，物流成本的核算范围包括哪些内容。从目前看，我国对物流成本的核算范围还没有形成统一的规范。参照日本运输省流通对策本部制定的《物流成本计算统一标准》，并考虑适应我国物流管理的需要，物流成本可以从以下三个方面来分类计算。

（一）按物流范围分类

物流成本按照物流范围可以分为供应物流费、企业内部物流费、销售物流费、回收物流费和废弃物流费五种。

供应物流费是指经过采购活动，将企业所需原材料（生产资料）从供给者的仓库运回企业仓库为止的物流过程中所发生的物流费用。

企业内部物流费是指从原材料进入企业仓库开始，经过出库、制造形成

产品以及产品进入成品库，直到产品从成品库出库为止的物流过程中所发生的物流费用。

销售物流费是指为了进行销售，产品从成品仓库运动开始，经过流通环节的加工制造，直到运输至中间商的仓库或消费者手中的物流活动过程中所发生的物流费用。

回收物流费是指退货、返修物品和周转使用的包装容器等从需方返回供方的物流活动过程中所发生的物流费用。

废弃物流费是指将经济活动中失去原有使用价值的物品，根据实际需要进行收集、分类、加工、包装、搬运、储存等，并分送到专门处理场所的物流活动过程中所发生的物流费用。

（二）按物流支付形态分类

按支付形态的不同进行物流成本的分类，是以财务会计中发生的费用为基础，将物流成本分为本企业支付的物流费和其他企业支付的物流费；本企业支付的物流费又可以分为企业本身的物流费和委托物流费；其中企业本身的物流费又分为材料费、人工费、维护费、一般经费和特别经费等。

物流成本计算虽然属于管理会计的领域，但是要准确地掌握物流成本，就必须以企业财务会计为基础，从财务会计核算的全部相关项目中抽出其中所包含的物流费用。这虽然是物流成本核算中最困难的工作，却是最为重要的基础工作。如果没有从财务会计中抽出来的物流成本的费用资料，物流成本计算就只是一句空话。将从财务会计核算的项目中抽出来的物流成本分类为材料费、人工费、维护费、一般经费、特别经费和委托物流费以及其他企业支付的物流费，就是按支付形态不同对物流成本进行的分类。

材料费是指因物料的耗用而发生的费用。由物料材料费、燃料费、耗用性工具、低值易耗品摊销及其他物料耗用等费用组成。

人工费是指因人力劳务的耗用而发生的费用。包括工资、奖金、福利费、医药费、劳动保护费及职工教育培训费和其他一切用于职工的费用。

维护费是指土地、建筑物、机械设备、车辆、船舶、搬运工具、工器具备件等固定资产的使用、运转和维修保养所产生的费用。包括维修保养费、折旧费、房产税、土地车船使用税、租赁费、保险费等。

一般经费是指办公费、差旅费、交通费、会议费、水电费、煤气费、书报资料费、文具费、邮电费、零星购进费，还包括物资及商品损耗费、物流事故处理及其他杂费等一般支出。

特别经费是指采用不同于财务会计的计算方法所计算出来的物流费用，包括存货占用资金所产生的机会成本等。

委托物流费是指将物流业务委托给第三方物流企业时向其支付的费用。包括支付的包装费、运费、保管费、出入库手续费、装卸费、特殊服务费等。

其他企业支付的物流费是指在物流成本中，还应当包括向其他企业支付的物流费。比如商品购进采用送货制时包含在购买价格中的运费和商品销售采用提货制时从销售价格中扣除的运费等。在这些情况下，虽然表面上看本企业并未发生物流活动，但却发生了物流费用，这些费用也应该计入物流成本之内。

（三）按物流功能分类

按照物流功能的不同进行分类是为了考察物流费用是由哪种物流功能产生的而进行的分类。按照物流功能进行分类，大体可以分为物品流通费、信息流通费和物流管理费三大类。

物品流通费是指为完成商品、物资的物理性流通而发生的费用。该部分费用还可进一步细分为包装费、运输费、保管费、装卸搬运费、流通加工费和配送费等。

包装费是指一定时期内，企业为完成货物包装业务而发生的全部费用，包括包装业务人员费用、包装材料耗用、包装设施折旧费、维修保养费、包装技术设计、实施费用以及包装标记的设计、印刷等辅助费用。

运输费是指一定时期内，企业为完成货物运输业务而发生的全部费用，包括从事货物运输业务的人员费用、车辆（包括其他运输工具）的燃料费、折旧费、维修保养费、租赁费、养路费、过路费、年检费、事故损失费、相关税金等。

保管费是指一定时期内，企业为完成货物仓储业务而发生的全部费用，包括仓储业务人员费用、仓储设施的折旧费、维修保养费、水电费、燃料与动力耗用、相关税金等。

装卸费是指伴随商品包装、运输、保管、流通加工等业务而发生的商品在一定范围内进行水平或垂直移动所需要的费用，包括装卸搬运业务人员费用、装卸搬运设施折旧费、维修保养费、燃料与动力耗用等。上述费用又可以分为包装装卸费、运输装卸费、保管装卸费和流通加工装卸费。如果在实际业务中单独计算装卸费或进行这种分离很困难，也可以将装卸费分别计算在相应的费用中。

流通加工费是指在商品流通过程中为提高物流效率而进行的商品加工所需要的费用。物流中的流通加工费不包括流通交易及生产职能的加工费用。流通过程中的加工活动可以分为属于物流的流通加工、属于商流（交易）的流通加工和属于生产的流通加工。尽管从理论上讲应该把只属于物流加工的费用计入物流成本中，但在实际业务中难以将它与其他流通加工的费用分开时，或从管理上讲以不分离为更方便时，也可将这些费用计入物流成本中。

信息流通费是指因处理、传输有关的物流信息而产生的费用。包括与订货处理、储存管理、为客户服务等有关的费用。在企业中，要将传输、处理的信息分为与物流有关的信息和物流以外的信息是十分困难的，但是把信息的传输处理所需要的费用进行上述分类，从物流成本的计算上来讲却是十分重要的。

物流管理费是指进行物流的计划、调整、控制、监督、考核等活动所需要的费用。它既包括企业物流管理部门的管理费，也包括作业现场管理费。

三、物流成本计算的对象

物流成本如何归集与计算，取决于对所评价和考核的成本计算对象的选取。成本计算对象的选取方法不同，得出的物流成本的结果也就不同，从而也就导致了不同的成本评价对象与评价结果。

在计算物流成本或收集物流成本数据时，明确成本计算对象是前提条件，否则物流成本的计算也就失去了存在的意义。在实际工作中，之所以计算出来的物流成本对物流成本管理以及通过成本来管理物流存在着无功而返的现象，其中一个主要因素就是不能正确地选取与确认物流成本的计算对象。因此，正确确定成本计算对象，是进行成本计算的基础。

成本计算对象是指企业或成本管理部门为归集和分配各项成本费用而确定的，以一定期间和空间范围为条件而存在的成本计算实体。

物流成本计算对象的选取，主要取决于物流范围、物流功能范围、物流成本费用范围与物流成本控制的重点。企业的物流活动都是在一定的时空范围内进行的，从各个物流活动经营过程来看，时间上具有连续性和继起性，空间上具有并存性。因此，各项物流成本费用的发生，需要从其发生期间、发生地点和承担实体三个方面进行合理划分，这就形成了成本计算对象的三个基本构成要素。

（一）成本费用承担实体

成本费用承担实体，是指其发生并应合理承担各项费用的特定经营成果的体现形式，包括有形的各种产品和无形的各种服务作业。例如，工业企业的某种、某批或某类产品；服务行业的某一经营项目；施工企业的某项工程；运输企业的运输劳务等。

对于企业物流来讲，其成本费用承担实体主要是各种不同类型的物流活动或物流作业。

（二）成本计算期

成本计算期，是指汇集生产经营费用、计算生产经营成本的时间范围。物流成本计算期从理论上应是某项物流经营活动从开始到完成这一周期，但在企业物流经营活动连续不断进行的情况下，难以对某一项物流经营活动确定经营期和单独计算成本。因此，往往根据权责发生制原则，一般以月份作为物流成本计算期，但对于一些特殊的物流活动，也可以用经营周期作为成本计算期。

（三）成本计算空间

成本计算空间，是指成本费用发生并能组织企业成本计算的地点或区域（部门、单位、生产或劳务作业环节等）。如工业企业的成本计算空间可按全厂、车间、分厂、某个工段或某一生产步骤划分；服务性等企业可以按部门、分支机构或班组等单位来确定各个成本计算空间。

企业物流成本计算空间的划分一般是指对物流活动的范围、物流功能范围以及物流成本控制的重点进行的选取。

1. 对物流活动范围的选取

成本计算对象对物流活动范围的选取，从物流成本计算对象的角度看，是指对物流的起点与终点以及起点与终点间的物流活动过程的选取，也就是对物流活动过程的空间上的截取。

物流按其活动范围可分为两大类：企业内部物流与社会物流。企业内部物流是企业内部的物品实体流动，主要是企业内部的生产经营活动中所发生的加工、检验、搬运、储存、包装、装卸等物流活动。社会物流是企业外部的物流活动总称，包括企业向社会的分销物流、购进物流、回收物流、废弃物流等。

在这些活动中，究竟从哪里开始到哪里为止，作为物流成本的计算对象？换句话说，对于每个物流成本计算对象，都存在着物流活动的起止点的选取问题。起止点选取不同，其成本计算结果也就不同。显然对于某一物流部门来讲，其物流成本计算对象的物流起止点在确定之后，不能任意改变，以符合成本计算上的可比性原则和一贯性原则。

2. 对物流功能范围的选取

物流功能范围，是指在运输、搬运、储存、保管、包装、装卸、流通加工和物流信息处理等物流功能中，选取哪些功能作为物流成本计算对象。把所有的物流功能作为成本计算对象与只把运输、保管这两种功能作为成本计算对象，所反映的物流功能范围的成本显然是不同的。

3. 物流成本控制的重点

物流成本计算对象的选取，应当放在成本控制的重点上。就物流成本管理来讲，物流成本的计算并非越细越好，其成本计算对象也并非越全越好。过细过全的成本计算是不必要的，也是不经济的、不可能的。

物流成本控制的重点应包括：①按成本责任划定的责任成本单位；②当前成本费用开支比重较大、有必要分清并分别计算不同部门及不同作业活动成本的物流活动；③新开发的物流作业项目。

（四）物流成本计算对象的选取

根据对物流成本计算对象三个基本构成要素的分析，结合企业物流成本管理的基本要求，企业物流成本计算对象存在下列几种情况。

1. 形态别物流成本核算

形态别物流成本核算，是指以物流费用的支付形态为成本计算对象所进行的物流成本核算。具体指：①企业内部物流费计算，即汇总、归集企业自己进行各项物流活动所发生的物流费用，它是相对于委托物流费计算而言的。企业内物流费计算又可分为材料费计算、人工费计算、水电气费计算、维护费计算、物流利息计算、其他费用计算等。②委托物流费计算，即汇总和归集企业委托外单位进行运输、保管、装卸、包装、流通加工等物流活动所支付的各项费用。③外企业支付物流费计算，包括供应外企业支付物流费计算和销售外企业支付物流费计算。

形态别物流成本的核算是企业物流成本核算的基础。通过形态别物流成本核算，可为制定标准物流成本和编制物流成本预算提供资料，也可为企业进行有关的决策提供资料。例如，企业物流活动是否委托外单位进行，企业应该采用何种交货方式采购物料或销售产品等。

2. 功能别物流成本核算

功能别物流成本核算，是指以物流活动的功能为成本计算对象所进行的物流成本核算，即对企业一定时期的物流费用按其发生用途不同进行分类、归集，包括运输费计算、保管费计算、装卸费计算、包装费计算、流通加工费计算及物流管理费计算等。

通过功能别物流成本核算，可以了解物流成本的功能别构成，便于我们更好地协调物流各环节的关系。各功能成本的计算可通过各功能的成本计算表进行，并在此基础上可进一步汇总各功能成本计算表的资料，编制整个企业的物流成本汇总表。

3. 范围别物流成本核算

范围别物流成本核算，是指以物流活动的范围为成本计算对象所进行的物流成本核算，即对企业一定时期的物流费用按发生于物流活动的不同过程所进行的汇总、归集，具体包括供应物流费计算、生产物流费计算、销售物流费计算、退货物流费计算和废弃物流费计算等。

通过范围别物流成本核算，便于发现不同过程物流活动中所存在的问题，分清有关部门对此应负的责任，并为不同过程物流活动的协调、控制提供依据。在进行范围别物流成本核算时，凡是发生在某一物流过程的物流费用都必须计入该过程的物流成本中，以便据以考核其负责部门的工作业绩。例如，凡是在物料供应过程中发生的物流费用都应计入供应物流费中。范围别物流成本核算可通过各物流范围物流费用汇总表进行，并在此基础上可进一步编制企业物流成本汇总表。

4. 制品别物流成本核算

制品别物流成本核算，对供应部门是以各种原材料、包装材料为成本计算对象所进行的物流成本计算；对生产部门是以在产品、半成品、产成品为成本计算对象所进行的成本计算；对整个企业和销售部门是以销售产品为成本计算对象所进行的成本计算。制品别物流成本计算表的编制如表 2-1 所示。

表 2-1　　制品别物流成本计算表

制品 \ 费用 \ 功能		运输费	保管费	装卸费	包装费	流通加工费	合　计
制品 A	直接费						
	间接费						
	小计						
制品 B	直接费						
	间接费						
	小　计						
制品 C	直接费						
	间接费						
	小　计						
合　计	直接费						
	间接费						
	小　计						

5. 地域别物流成本核算

地域别物流成本核算，即按物料购入和产品销售地区不同所进行的核算。地域别物流成本计算表如表 2-2 所示。

表 2-2　　　　地域别物流成本计算表

地域 \ 费用 \ 功能		运输费	保管费	装卸费	包装费	流通加工费	合　计
甲地区	直接费						
	间接费						
	小　计						
乙地区	直接费						
	间接费						
	小　计						
丙地区	直接费						
	间接费						
	小　计						
合　计	直接费						
	间接费						
	小　计						

从上述制品别、地域别物流成本计算结果中，可以知道各地域、各制品的物流耗费状况，从而有利于企业物流管理抓住重点、合理组织购销活动。

6. 变动物流成本核算

变动物流成本核算，是根据企业物流费用的发生与物流业务量的关系不同所进行的核算，包括随物流业务量增加而增加的变动物流费的计算和不随物流业务量增减的固定物流费计算。具体方法有高低点法、散布图法、最小二乘法等。这种核算可以为企业进行各种物流决策提供资料。

7. 责任物流成本核算

责任物流成本核算，是按物流成本发生的责任归属不同对责任中心的物流成本所进行的计算。责任的划分应以可控原则为基础，即一定层次、一定部门和人员的责任物流成本必须是其权力活动范围内可以控制或影响其发生额大小的成本。在已经实行责任成本核算的企业，责任物流成本的核算可结合到现行责任成本核算之中，作为现行责任成本报告的附录资料反映出来。进行责任物流成本计算，有利于评价各责任单位的物流活动状况，加强其责任心，从而有利于控制和降低物流成本。

8. 特殊物流成本核算

特殊物流成本核算，是指为满足物流管理进行某些物流决策的需要，对各物流活动方案的机会成本、差别成本、沉没成本等所进行的计算比较，它是一种临时性的计算。

综上所述，企业进行物流成本管理的目的不同，其所需要的物流成本资料也就有所不同，由此产生出上述不同的成本计算对象和方法，共同构成了企业物流成本核算的方法体系。

四、物流成本核算的基本方法

上述物流成本核算体系中的各种物流成本信息可通过以下方案来取得：

（一）会计方式的物流成本核算方法

所谓会计核算方法，就是通过凭证、账户、报表对物流耗费予以连续、系统、全面地记录、计算和报告的方法。会计方式的物流成本核算，具体包括两种形式：其一是双轨制，即把物流成本核算与其他成本核算截然分开，单独建立物流成本核算的凭证、账户、报表体系。在单独核算的形式下，物流成本的内容在传统成本核算和物流成本核算中得到双重反映。其二是单轨制，即物流成本核算与企业现行的其他成本核算如产品成本核算、责任成本核算、变动成本核算等结合进行，建立一套能提供多种成本信息的共同的凭证、账户、报表核算体系。在这种情况下，要对现有的凭证、账户、报表体系进行较大的改革，需要对某些凭证、账户、报表的内容进行调整，同时还需要增加一些凭证、账户和报表。这种结合无疑是比较困难的，但并不是不可能，因为企业物流成本的大部分内容包括在产品成本中，责任物流成本是责任中心成本的一部分，变动物流成本则是企业变动成本的一部分。

运用会计方式进行物流成本核算时，提供的成本信息比较系统、全面、连续，且准确、真实，这是其优点。但这种方法比较复杂，或者需要重新设计新的凭证、账户、报表核算体系，或者需要对现有体系进行较大的甚至可以说是彻底的调整。

企业物流成本会计核算是采用“单轨制”还是采用“双轨制”，应根据每个企业的具体情况而定。不过，从发展的观点来看，最好是采用单轨制会计核算方式。当然，采用单轨制会计核算方式还必须具备一定的条件：①核算人员必须有较高的业务素质；②企业管理基础工作必须比较健全；③管理人员必须具备较综合的现代成本管理意识；④企业的成本工作必须实现标准化和现代化，有基本的组织保证。

（二）统计方式的物流成本核算方法

所谓统计方式，就是说它不要求设置完整的凭证、账户和报表体系，而主要是通过对企业现行成本核算资料的解剖分析，从中抽出物流耗费部分（即物流成本的主体部分），再加上一部分现行成本核算没有包括进去，但要归入物流成本的费用，如物流信息、外企业支付的物流费等，然后再按物流管理的要求对上述费用重新归类、分配、汇总，加工成物流管理所需要的成本信息。具体做法如下：

1. 通过对材料采购、管理费用账户的分析，抽出供应物流成本部分，如材料采购账户中的外地运输费、管理费用账户中的材料市内运杂费、原材料仓库的折旧修理费、保管人员的工资等，并按功能类别、形态类别进行分类核算。

2. 从生产成本、制造费用、辅助生产、管理费用等账户中抽出生产物流成本，并按功能类别、形态类别进行分类核算。例如，人工费部分按物流人员的人数比例或物流活动工时比例确定，折旧修理费用按物流固定资产占用资金比例确定。

3. 从销售费用中抽出销售物流成本部分，包括销售过程发生的运输、包装、装卸、保管、流通加工等费用，委托物流费按直接发生额计算。

4. 外企业支付物流费部分，现有成本核算资料没有反映，其中供应外企业支付的物流费可根据在本企业交货的采购数量，每次以估计单位物流费率进行计算，销售外企业支付的物流费根据在本企业交货的销售数量乘以估计单位物流费率进行计算，单位物流费率的估计可参考企业物资供应、销售在对方企业交货时的实际费用水平。

5. 物流利息的确定可按企业物流资产占用额乘以内部利率进行计算。

6. 从管理费用中抽出退货物流成本。

7. 废弃物流成本对于企业来说，数额一般较小，可以不单独抽出，而是并入到其他物流费用中。

委托物流费的计算比较简单，它等于企业对外支付的物流费用。而企业内部物流耗费及外企业支付物流费用的计算比较复杂，总的原则是直接计入单独为物流活动所耗费的部分；间接为物流活动所耗费的部分，以及物流活动与其他非物流活动共同耗费的部分，则按一定标准或比例，如物流人员的比例、物流工时比例、物流资金数额等分配计算。

与会计方式的物流成本核算比较起来，由于统计方式的物流成本核算没有对物流耗费进行连续、全面、系统的跟踪，所以据此得来的信息，其精确程度受到很大的影响，但正由于它不需要对物流耗费作全面、系统、连续的反映，所以运用起来比较简单、方便。在会计人员素质较差、物流管理意识淡薄、会计电算化尚未普及的情况下，可运用此法，以简化物流成本核算，满足当前物流管理的需要。

（三）统计方式与会计方式相结合的物流成本核算方法

所谓统计方式与会计方式相结合，即物流耗费的一部分内容通过统计方式予以核算，另一部分内容通过会计方式予以核算。运用这种方法，也需要设置一些物流成本账户，但不像第一种方法那么全面、系统，而且，这些物流成本账户不纳入现行成本核算的账户体系，对现行成本核算来说，它是一种账外核算，具有辅助账户记录的性质。具体做法如下：

1. 辅助账户设置。一般说来，企业应设置物流成本总账，核算企业发生的全部物流成本，同时按物流范围设置供应、生产、销售、退货、废弃物流成本二级账，在各二级账下按物流功能设置运输费、保管费、装卸费、包装费、流通加工费、物流管理费三级账，并按费用支付形态设置专栏。

2. 对于现行成本核算已经反映，但分散于各科目的物流费用，如计入管理费用中的对外支付的材料市内运杂费、物流固定资产折旧、本企业运输车队的费用、仓库保管人员的工资、产成品和原材料的盘亏损失、停工待料损失，计入制造费用的物流人员工资及福利费、物流固定资产的折旧修理费、运输费、保险费、在产品盘亏和毁损等，在按照会计制度的要求编制凭证、登记账簿、进行正常成本核算的同时，据此凭证登记相关的物流成本辅助账户，进行账外的物流成本核算。例如，企业以银行存款支付购进材料货款及运输费用共 4500 元，其中材料买价 4000 元，运费 500 元。企业可根据这项业务作如下会计分录：

借：材料采购　　　　　　　　　　　　　　　　　　4500

（物流成本　　　　　　　　　　　　　　　　　　500）

贷：银行存款　　　　　　　　　　　　　　　　　　4500

据此分录，一方面登记材料采购和银行存款账户，另一方面在有关的物流成本总账、二级账、三级账户中登记。

3. 对于现行成本核算没有包括，但属于物流成本应该包括的费用，其计算方法与统计方式下的计算方法相同。

4. 月末根据各物流成本辅助账户所提供的资料编制范围类别、功能类别、形态类别等各种形态的物流成本报表。

这种方法的优缺点介于第一种方法和第二种方法之间，即它没有第一种方法复杂，也没有第一种方法准确、全面；与第二种方法比较，情形则恰恰相反。

五、物流成本核算评价的难点问题

（一）物流成本没有独立的会计科目

物流成本在企业财务会计制度中没有单独的项目，而是与其他成本一起列在费用一栏中，因此很难对企业发生的物流成本做出准确、全面的计算与分析，也无法同其他企业的物流成本进行比较。

（二）物流成本计算不完整、不全面

一般情况下，企业会计科目中，只把支付给外部运输、仓储企业的费用列入物流成本，实际这些费用在整个物流费用中确实犹如冰山一角。因为，物流基础设施建设费和企业利用自己的车辆运输，利用自己的库房保管货物，由自己的工人进行包装、装卸等费用都没有列入物流费用科目内。一般来说，企业向外部支付的物流费用是很小的一部分，真正的大头是企业内部发生的物流费用。

“物流费用冰山说”之所以成立，有三个方面的原因，这也是物流成本难以确定的三个方面。首先，物流成本的计算范围太大。物流包括：原材料物流、工厂内部物流、从工厂到仓库和配送中心的物流、从配送中心到商店的物流等。这么大的范围，涉及的单位非常多，牵涉面也很广，很容易漏掉其中的一部分。计算哪部分、漏掉哪部分，物流费用的大小相距甚远。其

次，物流成本的计算对象难以确定。运输、包装、保管、装卸及信息等各物流环节中，以哪些环节作为物流成本的计算对象呢？如果只计算运输和保管费用，不计其他费用，与将运输、保管、装卸、包装以及信息等费用全部进行计算，两者的费用计算结果差别相当大。第三，物流成本计算内容难以归集。选择哪几种费用列入物流成本中的问题，比如，向外部支付的运输费、保管费、装卸费等费用一般都很容易列入物流成本，但是本企业内部发生的物流费用，如与物流相关的人工费、物流设施建设费、设备购置费以及折旧费、维修费、电费、燃料费等是否也列入物流成本中？此类问题都与物流费用的大小直接相关。因而我们说物流费用确实犹如一座海里的冰山，露出水面的仅是冰山的一角。

解决此问题的根本方法是进行物流成本计算，将混入其他费用科目中的物流成本全部抽出来，使人们清晰地看到潜藏在海面下的物流成本的巨大部分，挖掘出降低成本的宝库和第三利润的源泉。

（三）存在制度性缺陷，实际操作难度大

由于物流成本大部分发生在企业内部，而且范围大、流通环节多、涉及的单位较多，因此许多已经发生的物流费用在具体分解时存在很大的困难。现行会计制度通常将一些应计入物流成本的费用，如仓储保管费用、仓储办公费用、仓储物资的合理损耗等计入企业的经营管理费用。同时，将物资采购中发生的物资运输费用、保险费用、合理损耗、装卸费用、挑选整理费用等计入物资采购成本。因此，在实际计算物流成本时，对上述费用的分解还同时存在一个制度规范的问题。而且，如果要分解这些隐藏的费用，在操作上也存在很大的难度，操作成本较高。

（四）物流成本范围边缘不清，难以掌握和比较

对物流成本的计算和控制，各企业通常是分散进行的，各企业根据自己不同的理解和认识来把握物流成本。由于没有统一的计算标准致使各企业物流成本包含的范围不同，因此企业无法进行物流成本的比较，也无法得出企业物流成本的平均值；又由于各企业的物流成本缺乏相互比较的基础，所以无法真正衡量企业相对的物流绩效，物流管理失去了依据。

（五）无法掌握和控制的物流成本较多，增加了物流成本管理的难度

在企业中，物流部门无法掌握和控制的物流成本较多，比如，由于过量

进货、过量生产而产生的保管费，紧急运输产生的费用和过量服务所产生的成本都包括在其中，从而增加了物流成本管理的难度。

物流成本核算和评价上所存在的问题，显然为利用物流成本进行物流管理增加了难度，也是我国物流管理面临的一个重要课题。

第二节　物流成本核算的实施

目前在我国企业中尚未进行过系统的物流成本计算，物流成本核算体系还不完善，在此我们可以借鉴日本“物流成本计算标准”中的物流成本计算方法来设计我国企业物流成本核算方法体系。

我国企业物流成本的计算方法应从“按支付形态不同分类”入手，从企业财务会计核算的全部相关科目中抽出所包含的物流成本，然后以表格的形式从不同角度逐步计算出各类物流成本。

一、我国企业物流成本计算的基本思路

对于现行成本核算体系中已经反映但分散于各会计科目之中的物流成本，企业在按照会计制度的要求进行正常成本核算时，可根据本企业的实际情况，选择在期中同步登记相关物流成本辅助账户，通过账外核算得到物流成本资料；或在期末（月末、季末、年末）通过对成本费用类科目再次进行归类整理，从中分离出物流成本。

对于现行成本核算体系中没有反映但应计入物流成本的费用，即存货占用自有资金所产生的机会成本，根据有关存货统计资料按规定的公式计算物流成本。

（一）可从现行成本核算体系中予以分离的物流成本

对于现行成本核算体系中已经反映但分散于各会计科目之中的物流成本，应按以下步骤计算：

第一步，设置物流成本辅助账户，按物流功能成本项目设置运输成本、仓储成本、包装成本、装卸搬运成本、流通加工成本、物流信息成本、物流管理成本二级账户，并按物流范围设置供应物流、生产物流、销售物流、回收物流和废弃物流三级账户，对于内部物流成本，还应按费用支付形态设置

材料费、人工费、维护费、一般经费、特别经费费用专栏。上述物流成本二级账户、三级账户及费用专栏的设置次序企业可根据实际情况选择。

第二步，对企业会计核算的全部成本费用科目包括管理费用、营业费用、财务费用、生产成本、制造费用、其他业务支出、营业外支出、材料采购、应交税金等科目及明细项目逐一进行分析，确认物流成本的内容。

第三步，对于应计入物流成本的内容，企业可根据本企业的实际情况，选择在期中与会计核算同步登记物流成本辅助账户及相应的二级、三级账户和费用专栏，或在期末（月末、季末、年末）集中归集物流成本，分别反映出按物流成本项目、物流范围和物流成本支付形态作为归集动因的物流成本数额。

第四步，期末（月末、季末、年末）汇总计算物流成本辅助账户及相应的二级、三级账户和费用专栏的成本数额，按照物流成本计算表的内容要求逐一填列。

（二）无法从现行成本核算体系中予以分离的物流成本

对于现行成本核算体系中没有反映但应计入物流成本的费用，即存货占用自有资金所产生的机会成本，其计算步骤如下：

第一步，期末（月末、季末、年末）对存货按在途和在库两种形态分别统计出账面余额。

第二步，按照下列公式计算出存货占用自有资金所产生的机会成本，并按供应物流、生产物流和销售物流分别予以反映。

存货资金占用成本＝存货账面价值×企业内部收益率

（三）物流间接成本分配的原则

在计算物流成本时，对于单独为物流作业及相应的物流功能作业所耗用的费用，直接记入物流成本及其对应的物流功能成本；对于间接为物流作业耗用的费用、为物流作业和非物流作业同时耗用的费用、为不同物流功能作业共同耗用的费用以及为不同物流范围阶段耗用的费用，应按照从事物流作业、物流功能或物流范围阶段作业人员比例、物流工作量比例、物流设施面积或设备比例以及物流作业所占资金比例等确定。

二、各类物流成本的计算方法

按支付形态不同分类将物流成本从各相关科目中抽出，并进行计算。

(一) 材料费

材料费是由物流耗用而产生的费用。直接材料费可以通过用各种材料的实际耗用量乘以实际的购进价格来计算。材料的实际耗用量可以按物流成本计算期末统计的材料支出数量计算，在难以通过材料支出单据进行统计时，也可以采用盘存计算法，即

本期耗用量＝期初结存＋本期购进—期末结存

材料的购进价格应包括材料的购买费、进货运杂费、保险费、关税等。

(二) 人工费

人工费是指对物流活动中耗用的劳务所支付的费用。物流人工费的范围包括职工所有报酬（工资、奖金、其他补贴）的总额、职工劳动保护费、保险费、按规定提取的福利基金、职工教育培训费及其他。

在计算人工费的本期实际支付额时，报酬总额按计算期内支付该从事物流活动的人员的报酬总额或按整个企业职工的平均报酬额计算。职工劳动保护费、保险费、按规定提取的福利基金及职工培训教育费等都需要从企业这些费用项目的总额中把用于物流人员的费用部分抽出来。但当实际费用难以抽出来计算时，也可将这些费用的总额按从事物流活动的职工人数比例分摊到物流成本中。

(三) 维护费

维护费根据本期实际发生额计算，对于经过多个期间统一支付的费用（如租赁费、保险费等），可按期间分摊计入本期相应的费用中。对于物流业务中可以按业务量或物流设施来掌握和直接计算的物流费，在可能的限度内直接算出维护费，对于不能直接算出来的，可以根据建筑物面积和设备金额等分摊到物流成本中。

折旧费应根据固定资产原值和经济使用年限，以残值为零，采用使用年限法计算，计算公式为：

固定资产折旧额＝固定资产原值/固定资产预计经济使用年限

对于使用年限长且有价格变动的物流固定资产折旧，可采用重置价格计算。

(四) 一般经费

一般经费相当于财务会计中的一般管理费。其中，对于差旅费、交通

费、会议费、书报资料费等使用目的明确的费用，直接计入物流成本。对于一般经费中不能直接计入物流成本的，可按职工人数或设备比例分摊到物流成本中。

（五）特别经费

特别经费是指采用不同于财务会计的计算方法所计算出来的物流费用，包括存货占用资金所产生的机会成本，又称企业内利息。

企业内利息在物流成本计算中采用与财务会计不同的计算方法。企业内部物流利息实际上是物流活动所占用的全部资金的资金成本。由于这部分资金成本不是以银行利率而是以企业内部利率来计算，所以称为企业内部物流利息。

利息在财务会计中是以有利率负债的金额为基础，根据融资期间和规定的利率来计算的。但在物流成本的计算中，企业内部物流利息却是以对固定资产征收固定资产占用税时的计价额为基础，对存货以账面价值为基础，根据期末余额和企业内利率来计算的。这是因为：第一，固定资产使用在征收占用税时的评估价格是比较接近于时价的，而且是公允的确定的资产价值，这样就可以排除利用固定资产原值的不合理性和利用时价的随意性。第二，存货的周转率很高，所以即使直接使用账面价值，也可以自动排除由通货膨胀带来的影响。第三，企业内利息以资本成本的形式计算，作为附加成本加到物流成本中，就可以恰如其分地计算出物流成本，同时还可以降低资本利息，进而有效地利用物流资产。

企业内利息仅仅是以管理会计中资本成本形式加到成本中的，实质上是对物流占用资产的一种以整个企业内部平均利息率来计算的资本成本，因而它与实际支付的利息不同。

企业内部利息的计算，对物流作业中使用的固定资产（土地、建筑物、机械设备、车辆等）以征收固定资产占用税时的评估价格乘以企业内利息率，对存货（商品、包装材料等）以账面价值乘以企业内利息率来计算。

（六）委托物流费

委托物流费根据本期实际发生额计算。包括托运费、市内运输费、包装费、装卸费、保管费和出入库费、委托物流加工费等。除此之外的间接委托的物流费按一定标准分摊到各功能的费用中。

（七）其他企业支付的物流费

其他企业支付的物流费，以本期发生购进对其他企业支付和发生销售对其他企业支付物流费的商品重量或件数为基础，乘以费用估价来计算。

其他企业支付的物流费虽然不是本企业的物流费支付，但对购进商品来说，实际上已经将商品从产地运到销售地点的运费、装卸费等物流费用包含在进货价格中，如果到商品产地购进，则这部分物流费显然是要由本企业支付的。对于销售的商品，买方提货所支付的运费也相当于折减了销售价格，如果销售的商品采用送货制，则这部分物流费也要由本企业支付。因此，其他企业支付的物流费实际上是为了弥补应由本企业承担的物流费而计入物流成本的。

其他企业支付的物流费的计算，必须依靠估价的费用单价，但当本企业也承担与此相当的物流费时，也可以用本企业相当的物流费来代替。

三、编制各物流功能成本计算表

根据计算物流成本的需要，将以上通过计算得出的数据资料编制各物流功能的成本计算表。对企业物流的运输费、保管费等每一种功能分别编制一张物流成本计算表。如果把所有的功能都作为成本计算对象，则要编制七张成本计算表。如果只计算其中某几项功能的费用，可根据实际需要填制。

【例 2-1】 假设某公司从月度损益表中“管理费用、财务费用、营业费用”等各个项目中，经分析计算取出一定数值乘以一定比率（物流部门比率，分别按人数平均、台数平均、面积平均、时间平均等计算出来）算出的物流部门的费用，如表 2-3 所示。

表 2-3　　单位：元

项　目	管理等费用	物流成本	计算基准（%）	备　注
车辆租赁费	100080	100080	100	金额
包装材料费	30184	30184	100	金额
工资津贴费	631335	178668	28.3	人数比率
水电气暖费	12645	6664	52.7	面积比率

续 表

项　目	管理等费用	物流成本	计算基准（%）	备　注
保险费	10247	5400	52.7	面积比率
修缮维护费	19596	10327	52.7	面积比率
折旧费	39804	20977	52.7	面积比率
办公费	19276	8115	42.1	物流费用比率
易耗品费	21316	8974	42.1	物流费用比率
资金占用利息	23861	10045	42.1	物流费用比率
税金	33106	13937	42.1	物流费用比率
通信费	10366	4364	42.1	物流费用比率
CP 软件租赁费	17748	7472	42.1	物流费用比率
物流成本合计	869484	405207	46.6	物流费占费用总额比率

上表中计算基准的计算公式如下：

（1）人数比率＝物流部门人员数/全公司人数＝36/127＝0.283

（2）面积比率＝物流部门设施面积/全公司面积＝309/5869＝0.527

（3）物流费用比率＝1～7 项的物流费/1～7 项的管理财务营业费用

根据会计账簿记录和其他相关资料，上述各项物流成本资料分析如下：

（1）公司供应和销售物流共同费用的分配比为 1∶2。

（2）车辆租赁费为公司运输部门所发生的费用。本月运输部门提供物流运输劳务 3200 吨公里，其中采购材料耗用 1200 吨公里，产品销售耗用 2000 吨公里。

供应物流负担额＝100080×1200/3200＝37530（元）

销售物流负担额＝100080×2000/3200＝62550（元）

（3）包装材料费为仓库实施包装作业所耗用。

（4）工资津贴费按各物流作业职工人数进行分配。其中，包装作业 6 人，运输作业 12 人，保管作业 4 人，装卸作业 10 人，物流管理人员 4 人。

包装作业的工资津贴费＝178668×6/36＝29778（元）

运输作业的工资津贴费＝178668×12/36＝59556（元）

供应物流负担额＝59556×1/3＝19852（元）

销售物流负担额＝59556×2/3＝39704（元）

保管作业的工资津贴费＝178668×4/36＝19852（元）

装卸作业的工资津贴费＝178668×10/36＝49630（元）

供应物流负担额＝49630×1/3＝16543（元）

销售物流负担额＝49630×2/3＝33087（元）

物流管理作业的工资津贴费＝178668×4/36＝19852（元）

供应物流负担额＝19852×1/3＝6617（元）

销售物流负担额＝19852×2/3＝13235（元）

（5）水电气暖费为物流作业管理所耗用，其分配计算为：供应物流负担2221元，销售物流负担4443元。

（6）保险费按各物流作业设施的账面价值分配。其中包装设备价值为480000元，运输设备价值为1740000元，保管设备价值为987000元，装卸设备价值为216000元，物流管理部门设备价值为147000元。

包装作业的保险费＝5400×480000/3570000＝726（元）

运输作业的保险费＝5400×1740000/3570000＝2632（元）

供应物流负担额＝2632×1/3＝877（元）

销售物流负担额＝2632×2/3＝1755（元）

保管作业的保险费＝5400×987000/3570000＝1493（元）

装卸作业的保险费＝5400×216000/3570000＝327（元）

供应物流负担额＝327×1/3＝109（元）

销售物流负担额＝327×2/3＝218（元）

物流管理作业的保险费＝5400×147000/3570000＝222（元）

供应物流负担额＝222×1/3＝74（元）

销售物流负担额＝222×2/3＝148（元）

（7）修缮维护费、折旧费的发生和分配同保险费。计算如下：

包装作业的负担额＝（10327＋20977）×480000/3570000＝4209（元）

运输作业的负担额＝（10327＋20977）×1740000/3570000＝15257（元）

供应物流负担额＝15257×1/3＝5086（元）

销售物流负担额＝15257×2/3＝10171（元）

保管作业的负担额＝（10327＋20977）×987000/3570000＝8655（元）

装卸作业的负担额＝（10327＋20977）×216000/3570000＝1894（元）

供应物流负担额＝1894×1/3＝631（元）

销售物流负担额＝1894×2/3＝1263（元）

物流管理作业的负担额＝（10327＋20977）×147000/3570000＝1289（元）

供应物流负担额＝1289×1/3＝430（元）

销售物流负担额＝1289×2/3＝859（元）

（8）易耗品费可根据材料领料单分配确定。其中，包装作业耗用2896元，保管作业耗用3756元，管理部门耗用2322元（供应物流负担774元，销售物流负担1548元）。

（9）办公费为物流作业管理发生，其分配计算为：供应物流负担2705元，销售物流负担5410元。

（10）资金占用利息为公司存货资金所占用的利息。

（11）税金为固定资产占用税，分配方法同保险费。计算如下：

包装作业的税金＝13937×480000/3570000＝1874（元）

运输作业的税金＝13937×1740000/3570000＝6793（元）

供应物流负担额＝6793×1/3＝2264（元）

销售物流负担额＝6793×2/3＝4529（元）

保管作业的税金＝13937×987000/3570000＝3853（元）

装卸作业的税金＝13937×216000/3570000＝843（元）

供应物流负担额＝843×1/3＝281（元）

销售物流负担额＝843×2/3＝562（元）

物流管理作业的税金＝13937×147000/3570000＝574（元）

供应物流负担额＝574×1/3＝191（元）

销售物流负担额＝574×2/3＝383（元）

（12）通信费和CP软件租赁费为信息流通费，其分配计算为：供应物流负担3945元，销售物流负担7891元。

（13）本月公司支付的委托物流费为120840元。其中，购买材料的市内运输费48040元，仓库保管费72800元。

（14）本月外企业支付物流费为56340元。其中，本月发生购进对其他企业支付的物流费（运费）为34260元，本月发生销售对其他企业支付的物流费（运费）为22080元。

假设上述公司的物流功能包括包装、运输、保管、装卸、信息流通和物流管理六个方面，则根据上述分析计算资料编制的包装费、运输费、保管费、装卸费、信息流通费和物流管理费成本计算表如表2－4、表2－5、

表 2－6、表 2－7、表 2－8、表 2－9 所示。

表 2－4　　　　包装费计算表　　　　单位：元

支付形态 \ 范围			供应物流费	企业内物流费	销售物流费	退货物流费	废弃物流费	合计
企业物流费	本企业支付的物流费	企业本身物流费	材料费		33080				33080
			人工费		29778				29778
			维护费		6809				6809
			一般经费						
			特别经费						
			企业本身物流费		69667				69667
		委托物流费							
		本企业支付的物流费			69667				69667
	外企业支付的物流费								
	企业物流费总计				69667				69667

表 2－5　　　　运输费计算表　　　　单位：元

支付形态 \ 范围			供应物流费	企业内物流费	销售物流费	退货物流费	废弃物流费	合计
企业物流费	本企业支付的物流费	企业本身物流费	材料费						
			人工费	19852			39704		59556
			维护费	45757		79005			124762
			一般经费						
			特别经费						
			企业本身物流费	65609		118709			184318
		委托物流费		48040					48040
		本企业支付的物流费		113649		118709			232358
	外企业支付的物流费			34260		22080			56340
	企业物流费总计			147909		140789			288698

表 2－6　　　　　　　　　　**保管费计算表**　　　　　　　　　　单位：元

支付形态＼范围				供应物流费	企业内物流费	销售物流费	退货物流费	废弃物流费	合计
企业物流费	本企业支付的物流费	企业本身物流费	材料费		3756				3756
			人工费		19852				19852
			维护费		14001				14001
			一般经费						
			特别经费		10045				10045
			企业本身物流费		47654				47654
		委托物流费			72800				72800
		本企业支付的物流费			120454				120454
	外企业支付的物流费								
	企业物流费总计				120454				120454

表 2－7　　　　　　　　　　**装卸费计算表**　　　　　　　　　　单位：元

支付形态＼范围				供应物流费	企业内物流费	销售物流费	退货物流费	废弃物流费	合计
企业物流费	本企业支付的物流费	企业本身物流费	材料费						
			人工费	16543		33087			49630
			维护费	1021		2043			3064
			一般经费						
			特别经费						
			企业本身物流费	17564		35130			52694
		委托物流费							
		本企业支付的物流费		17564		35130			52694
	外企业支付的物流费								
	企业物流费总计			17564		35130			52694

表 2－8　　信息流通费计算表　　单位：元

支付形态 \ 范围				供应物流费	企业内物流费	销售物流费	退货物流费	废弃物流费	合计
企业物流费	本企业支付的物流费	企业本身物流费	材料费						
			人工费						
			维护费						
			一般经费	3945		7891			11836
			特别经费						
			企业本身物流费	3945		7891			11836
		委托物流费							
		本企业支付的物流费		3945		7891			11836
	外企业支付的物流费								
	企业物流费总计			3945		7891			11836

表 2－9　　物流管理费计算表　　单位：元

支付形态 \ 范围				供应物流费	企业内物流费	销售物流费	退货物流费	废弃物流费	合计
企业物流费	本企业支付的物流费	企业本身物流费	材料费	774		1548			2322
			人工费	6617		13235			19852
			维护费	695		1390			2085
			一般经费	4926		9853			14779
			特别经费						
			企业本身物流费	13012		26026			39038
		委托物流费							
		本企业支付的物流费		13012		26026			39038
	外企业支付的物流费								
	企业物流费总计			13012		26026			39038

四、汇总编制整个企业的物流成本计算表

根据各物流功能成本计算表，汇总编制整个企业的物流成本计算表，如表2-10所示。

表2-10　　物流成本计算表（形态别、范围别）　　单位：元

支付形态 \ 范围				供应物流费	企业内物流费	销售物流费	退货物流费	废弃物流费	合计
企业物流费	本企业支付的物流费	企业本身物流费	材料费	774	36836	1548			39158
			人工费	43012	49630	86026			178668
			维护费	47473	20810	82438			150721
			一般经费	8871		17744			26615
			特别经费		10045				10045
			企业本身物流费	100130	117321	187756			405207
		委托物流费		48040	72800				120840
		本企业支付的物流费		148170	190121	187756			526047
	外企业支付的物流费			34260		22080			56340
	企业物流费总计			182430	190121	209836			582387

五、编制按物流功能、支付形态分类物流成本计算表

如果要想了解按物流功能、支付形态分类的物流成本的支出情况时，可以将按物流形态别、范围别编制的物流成本计算表支付形态项目的合计数进行汇总，编制按物流功能别、形态别的物流成本计算表，明确看出哪种物流功能的成本最大，都发生在哪些物流活动中，如表2-11所示。

表 2－11　　　　物流成本计算表（形态别、功能别）　　　　单位：元

支付形态＼范围			物品流通费				信息流通费	物流管理费	合计
			包装费	运输费	保管费	装卸费			
企业物流费	本企业支付的物流费	企业本身物流费 材料费	33080		3756			2322	39158
		人工费	29778	59556	19852	49630		19852	178668
		维护费	6809	124762	14001	3064		2085	150721
		一般经费					11836	14779	26615
		特别经费			10045				10045
		企业本身物流费	69667	184318	47654	52694	11836	39038	405207
	委托物流费			48040	72800				120840
	本企业支付的物流费		69667	232358	120454	52694	11836	39038	526047
	外企业支付的物流费			56340					56340
	企业物流费总计		69667	288698	120454	52694	11836	39038	582387

六、编制按物流范围、功能分类的物流成本计算表

如果想要求出按物流范围、功能分类的物流成本，同样可以将按物流形态别、范围别编制的物流成本计算表物流范围项目的合计数进行汇总，编制按物流功能别、范围别的物流成本计算表，这样可以了解哪个范围、哪种功能的物流成本高，并且还能算出销售额与物流成本的比例，以及根据销售数量算出单位物流成本，如表 2－12 所示。

表 2－12　　　　物流成本计算表（范围别、功能别）　　　　单位：元

范围＼功能	物品流通费				信息流通费	物流管理费	合计
	包装费	运输费	保管费	装卸费			
供应物流费		147909		17564	3945	13012	182430
企业内物流费	69667		120454				190121
销售物流费		140789		35130	7891	26026	209836
退货物流费							

续 表

范围 \ 功能	物品流通费				信息流通费	物流管理费	合计
	包装费	运输费	保管费	装卸费			
废弃物流费							
合计	69667	288698	120454	52694	11836	39038	582387
销售额							
销售成本							
销售数量							

注：表中销售额、销售成本和销售数量资料省略。

七、物流成本计算表编制中应注意的问题

生产企业一般应按供应物流、生产物流、销售物流、回收物流和废弃物流五个范围阶段逐一进行填列；流通企业一般应按供应物流、销售物流、回收物流和废弃物流四个范围阶段逐一进行填列。若某阶段未发生物流成本或有关成本项目无法归属于特定阶段的，则按实际发生阶段据实填列或填列横向合计数即可。对于委托物流成本，若无法按物流范围进行划分的，填列横向合计数即可；若采用不分成本项目的整体计费方式对外支付的，则填列纵向合计数即可；上述直接填列合计数的，应对合计数内容在表后做备注说明。对于物流企业，不需按物流范围进行填列，按成本项目及支付形态填写物流成本总额即可。

对于运输成本、仓储成本、装卸搬运成本，对应的支付形态一般为人工费和维护费；对于物流信息成本，对应的支付形态一般为人工费、维护费和一般经费；对于包装成本、流通加工成本，对应的支付形态一般为材料费、人工费和维护费；对于物流管理成本，对应的支付形态一般为人工费和一般经费；对于资金占用成本，对应的支付形态一般为特别经费。凡成本项目中各明细项目有相应支付形态的，均需填写；无相应支付形态的，则不填写。

另外，计算物流成本时要注意，每进行一次物流成本的计算，都要根据物流成本计算的目的明确计算范围，以使计算结果有可比性。明确计算范围的方法就是直接利用上述各种物流成本计算表，因为这些成本计算表能够计算出物流成本的总额。当实际计算过程中只计算部分成本时，同样可以利用

这些成本计算表，只需将非计算对象的成本栏空出。这样，就能通过把本年度的计算结果与前一年相比较的方法，看出计算范围上的差别。此外，由于物流成本计算的范围明确了，在与其他企业进行比较或进行时间序列分析时，就可以消除因计算范围不同所引起的成本计算结果上的差别。

本章小结

物流成本核算是企业进行有效的物流成本管理与控制的基础，也是企业物流成本管理的一个重要的环节。目前，我国企业物流成本核算尚处于起步或理论研究探讨阶段。

企业进行物流成本核算，首先应明确适合我国实际情况的物流成本的构成；其次，应根据物流成本核算的目的，合理选择物流成本的核算对象。企业物流成本可以按照物流成本的支付形态、物流成本的功能、物流成本的范围、产品的类别、销售区域、物流服务对象、物流责任中心等多个方面进行核算。

企业物流成本的核算方法有会计方式、统计方式以及会计与统计相结合的方式。其中物流成本核算的会计方式相对比较复杂，但得到的成本信息较为准确，而物流成本核算的统计方式则相反。在实际工作中采用会计与统计相结合的方式则更为可行。

思考题

1. 目前我国企业建立物流成本核算制度的意义表现在哪些方面?
2. 企业如何根据物流成本核算的目的来选择物流成本核算的对象?
3. 物流成本核算的范围应包括哪些内容?
4. 在物流成本核算中，物流间接费用如何进行分配?
5. 目前我国企业实施物流成本核算所存在的主要困难和障碍表现在哪些方面?

6. 在企业的物流成本核算中，物流成本计算表应如何设计？

7. 独立的物流成本核算的会计模式应如何实施？它有哪些优缺点？

8. 试述物流成本核算统计方式的基本步骤。

案例

美国的物流成本

一、美国物流成本占 GDP 的比例

美国物流成本占国内生产总值（GDP）的比重在 20 世纪 90 年代大体保持在 11.4%至 11.7%的范围内，而进入 20 世纪最后 10 年，这一比重有了显著下降，由 11%以上降到 10%左右，甚至达到 9.9%。必须指出的是，物流成本的绝对数量还是一直上升的，但是由于上升的幅度低于国民经济的增长幅度，所以占 GDP 的比例在缩小，从而成为经济效益提高的源泉。

我们再进一步从物流成本构成进行分析，美国的物流成本主要由三部分组成：一是库存费用；二是运输费用；三是管理费用。比较近 20 多年的变化可以看出，运输成本在 GDP 中比例大体保持不变，而库存费用比重降低是导致美国物流总成本比例下降的最主要的原因。这一比例由过去接近 5%下降到不足 4%。由此可见，降低库存成本、加快周转速度是美国现代物流发展的突出成绩。也就是说利润的源泉更集中在降低库存，加速资金周转方面。

二、美国物流成本的计算方法

宏观上，美国物流成本包括的三个部分各自有其测算的方法。第一部分库存费用是指花费在保存货物上的费用，除了包括仓储、残损、人力费用及保险和税收费用外，还包括库存占用资金的利息。其中利息是当年美国商业利率乘以全国商业库存总金额得到的。把库存占用的资金利息加入物流成本，这是现代物流费用与传统物流费用计算的最大区别，只有这样，降低物流成本和加速资金周转速度才能从根本利益上统一起来。美国库存占用资金

的利息在美国企业平均流动资金周转次数达到 10 次的条件下，约为库存成本的 1/4，为总物流成本的 1/10，数额之大，不可小视。仓储成本数字既包括公用仓库，也包括私人仓库。

第二部分运输成本是基于伊诺运输基金会出版的年度运输丛书得到的货运数据。运输成本包括公路运输费用、其他运输方式费用和货主费用。公路运输费用包括城市内运送费用与区域间卡车运输费用。其他运输方式费用包括铁路运输费用、国际国内航空运输费用、油气管道运输费用。货主方面的运输费用包括运输部门运作及装卸费用。近 10 年来，美国的运输费用占国民生产总值的比重大体为 6%，一直保持着这一比例，说明运输费用与经济的增长是同步的。

第三部分物流管理费用，是按照美国的历史情况由专家确定一个固定比例，乘以库存费用和运输费用的总和得出的。美国的物流管理费用在物流总成本中比例大体在 4%左右，另一个反映美国物流效率的指标是库存周期。美国平均库存的周期在 1996 年到 1998 年间保持在 1.38 个月到 1.40 个月。但 1999 年发生了比较显著的变化，库存周期从 1999 年 1 月份的 1.38 个月降低到年底的 1.32 个月，这是有史以来的最低周期。库存周期减少的原因是由于销售额的增长超过了库存量增长，1999 年库存增长了 4.6%，而同时，产品销售额增长了 9.2%，是库存量增长的 2 倍。

三、几点启示

从上面的分析可以得出几个清晰而重要的启示：第一，降低物流成本是提高企业效益的重要战略措施。美国每年 10 万亿美元的经济规模，降低 1%的成本，就相当多出 1000 亿美元的效益。我国现在是 1 万亿美元的经济规模，降低 1%的物流成本就等于增加了 100 亿美元的效益。相关人士普遍认为我国物流成本下降的空间应该在 10 个百分点或更多，这是一笔巨大的利润源泉。

第二，美国的实践表明，物流成本中运输部分的比例大体不变，减少库存支出就成为降低物流费用的主要来源。减少库存支出就是要加快资金周转、压缩库存，这与同期美国平均库存周转期降低的现象是相吻合的。因此，发展现代物流就是要把目标锁定在加速资金周转、降低库存水平上面。

这是核心的考核指标。

第三，物流成本的概念必须拓展。库存支出不仅仅是仓储的保管费用，更重要的是要考虑它所占有的库存资金成本，即库存占用资金的利息。理论上还应该考虑因库存期过长造成的商品贬值、报废等代价，尤其是产品周期短、竞争激烈的行业，如PC机、电子、家电等。总之，只有在物流成本中包含资金周转速度的内涵，才能真正反映出物流的作用，做出准确的评价。目前，我国现行的财务制度还很不适应这样的要求，应该逐步与国际接轨。

第三章　物流成本预测与决策

学习目的

物流成本预测与决策是企业编制物流成本预算、开展物流成本控制的前提条件和基础。通过本章的学习，了解物流成本预测与决策的基本工作程序；熟悉物流成本预测的各种基本方法，包括趋势平均法、指数平滑法、回归分析法等在物流成本预测中的运用；重点掌握物流成本决策的各种方法的基本原理，并能够在企业物流成本决策中，针对不同的决策问题和内容加以灵活运用。

第一节　物流成本预测

一、物流成本预测的意义

（一）预测的概念及特征

所谓预测，是根据反映客观事物的资料信息，运用科学的方法来预计和推测客观事物发展的必然趋势和可行性。它的主要特点是：根据过去和现在预计未来，根据已知推测未知，预测的理论根据是被研究对象的发展趋势有一定的规律性，这种规律性可为人们所理解和掌握，从而人们可以事先对它们的发展变化进行科学的估计。预测的范围很广，例如，自然现象的预测、经济发展的预测。在各国经济领域，无论是宏观方面还是微观方面都很重视预测，并且把它作为经济科学和管理科学中的重要方法。

预测具有三个特征：

1. 任何情况的预测都涉及未来，并且直接涉及时间。预测必须对时间上某一特定的点作出分析，改变这个时间点往往会影响预测的性质。

2. 预测中存在着不确定性。如果预测者已确知在某一特定的时间内将存在什么情况，预测就失去了意义。实际上企业所面临的一切情况都包含着不确定性，必须搜集各种资料作为预测的依据，从而作出判断。

3. 各种预测都在不同程度上依靠了历史资料中所包含的信息，即在大多数的情况下，预测是直接或间接以历史资料的信息为依据进行预计和推测的。

预测作为一门学科，是第二次世界大战后在西方国家逐步发展起来的，20世纪60年代以来，西方国家不仅重视对自然现象变化的预测，更重视对社会现象变化的预测。特别是随着资本主义经济危机的频频爆发，企业为了摆脱困境，加强了经济预测。目前国外大型企业内部都设有预测机构，预测企业的竞争能力、发展方向、市场潜力，以及企业的目标利润和成本水平等，企图在未来年度找到摆脱困境的出路，以使企业少担风险，少受损失，在竞争中生存。

（二）物流成本预测的意义

物流成本预测是经济预测中的一种，它在认真分析研究企业内在和外在条件变化的基础上，确定一定时期的物流成本水平和目标成本。

物流成本预测是物流成本管理的重要环节。物流成本管理包括成本预测、成本决策、成本计划、成本控制、成本核算、成本分析和成本考核等环节。物流成本预测和物流成本决策是不可分割的，预测是为决策服务的，它是决策的前提。通过预测，提供一定条件下企业物流活动各方面未来可能实现的数据；而决策则以预测的数据为基础，通过分析比较权衡利弊得失，从中选取最优方案。在一定意义上可以认为决策是预测的结果。在物流成本预测和决策的基础上，物流成本计划、物流成本控制、物流成本核算、物流成本分析和成本考核就有了依据。因此认真做好物流成本预测工作，对于促进企业降低物流成本，提高物流服务水平都具有十分重要的意义。

二、物流成本预测的程序

科学合理的预测程序，是保证预测正确性的必要条件。通常物流成本预测可分为以下几个具体步骤：

（一）确定预测目标

预测要有一个明确的目标，才能对工作起到推动作用。没有目标的预测往往效果不显著。物流成本预测的目标取决于企业物流成本决策的内容和目标，物流成本预测的目标确定后，便可以明确物流成本预测的具体内容。

（二）收集预测资料

物流成本目标是一项综合性指标，涉及企业的物流活动方式、物流组织和物流管理的各个方面，在进行物流成本预测之前，必须尽可能全面地占有相关资料，并应注意去粗取精、去伪存真。

（三）建立预测模型

在进行预测时，必须对已收集到的有关资料，运用一定的科学方法进行加工整理，建立科学的预测模型，借以揭示有关变量之间的规律性联系。

（四）评价和修正预测值

以历史资料为基础建立的预测模型可能与未来的实际状况会产生一定的偏差，而且数量方法本身就有一定的假设性，因此还必须运用一定的科学方法对预测结果进行综合的分析判断，对存在的偏差应及时予以修正。

三、物流成本预测的方法

物流成本预测的基本方法，同其他预测方法一样，总的可以分为定量方法和定性方法两类。

定量方法主要是根据过去比较完备的历史资料，运用一定的数学方法进行科学的加工处理，借以充分揭示有关变量之间的规律性联系，作为预测的依据。定量方法大致上又可分为两类：一类是把一个指标过去的变化趋势作为预测的依据，这就意味着把未来作为“过去历史的延伸”；另一类是通过一个指标与其他指标的相互联系进行预测判断。它通常以一个指标的变动情况为基础来推断另一个指标的变动将达到什么程度。所以它不是将一个指标本身孤立起来，而是在有关指标的相互联系中对它进行预测。

定性方法主要是由熟悉情况和业务的专家根据过去的经验进行分析、判断提出预测意见，或是通过实际调查的形式来了解成本耗用的实际情况，然后通过一定的形式（如座谈会、信件调查征集意见等）进行综合，作为预测未来的主要依据。这种预测的方法是在没有历史资料或客观条件有很大的改变、不可能根据历史资料来推断的情况下运用。

应该指出，定量方法和定性方法并不是互相排斥的，而是可以互相补充的，要注意把它们正确地结合起来使用。例如，在具备比较完善的历史资料的条件下，应先用一定的数学方法进行加工处理，找出有关变量之间的规律性联系，作为预测未来的一个重要依据。但是任何数学方法的应用，都是以过去资料赖以产生的条件作为依据来预测未来。如果在预测期一些影响较大的因素发生变化，则根据数学计算所得到的结果，同时考虑这些因素的变化进行修正。在这种情况下，依靠熟悉情况和业务的专家进行分析判断，提出修正意见，就具有十分重要的意义。又如，用定性方法进行预测，要尽可能运用一些数据资料作为参考，以使判断更加准确。

物流成本预测作为经济预测的一种，具有预测的一般性，预测学中常用的方法都可为成本预测所用。物流成本预测的具体方法很多，本章着重介绍趋势平均法、指数平滑法和回归分析法。

（一）趋势平均法

趋势平均法是建立在过去的成本趋势及其规律性依然不变的这一假设之上，其基本计算公式如下：

某期成本预测值＝最后一期的移动平均数＋推后期数×最后一期的趋势平均数

【例3-1】 某企业20××年各月的实际物流成本如表3-1所示，用趋势平均法预测该企业20××年第一季度各月的物流成本（设按三期移动平均）。

表3-1 单位：万元

月份	实际物流成本	三期平均数	变动趋势	三期趋势平均数
1	102			
2	106	105.33		
3	108	106.00	+0.67	
4	104	104.67	−1.33	−0.44
5	102	104.00	−0.67	+0.67

续 表

月份	实际物流成本	三期平均数	变动趋势	三期趋势平均数
6	106	108.00	+4.00	+3.11
7	116	114.00	+6.00	+6.00
8	120	122.00	+8.00	+5.33
9	130	124.00	+2.00	+4.67
10	122	128.00	+4.00	+2.44
11	132	129.33	+1.33	
12	134			

根据表 3－1 的有关资料，可按上述公式进行物流成本预测：

20××年 1 月份物流成本＝129.33＋2×2.44＝134.21（万元）

20××年 2 月份物流成本＝129.33＋3×2.44＝136.65（万元）

20××年 3 月份物流成本＝129.33＋4×2.44＝139.09（万元）

显然，采用趋势平均法计算若干期的平均数和趋势平均数，前后各个时期采用的是一个权数，即认为这些数据对未来具有同等的影响。因此，采用该种方法预测的结果与实际情况往往差距过大。为弥补这一缺陷，可采用指数平滑法进行预测。

（二）指数平滑法

指数平滑法是根据前期物流成本的实际数和预测数，以加权因子（即平滑系数）为权数，进行加权平均来预测下一期物流成本的方法。其计算公式如下：

某期物流成本预测值＝（平滑系数×上期实际物流成本）＋（1－平滑系数）×上期预测物流成本

$$=\alpha\times A_{t-1}+(1-\alpha)\times F_{t-1}$$

从上述公式中可以看出，指数平滑法实际上是以平滑系数 α 和 $1-\alpha$ 为权数的一种特殊的加权平均法，其中平滑系数为满足 $0<\alpha<1$ 条件的常数，一般取中值。这样只要知道上期的物流成本预测数和物流成本实际数，就可以预测本期的物流成本。

【例 3－2】 某企业 20××年 1～9 月份的实际物流管理成本分别为 186

万元、170万元、180万元、176万元、185万元、180万元、190万元、188万元、191万元。设9月份的预测值为183万元、平滑系数采用0.7，则采用指数平滑法计算10月份的物流管理成本数为：

10月份预计物流管理成本＝0.7×191＋（1－0.7）×183＝188.6（万元）

指数平滑法的优点是可以排除实际成本中所包含的偶然因素的影响，但确定平滑系数难免带有一定的主观成分。平滑系数越大，则近期实际数对预测结果的影响越大；反之，平滑系数越小，则近期实际数对预测结果的影响越小。因此，为了使预测的平均值能反映观测值的长期变动趋势，我们可选用较小的平滑系数；若是为了使预测的平均值能反映观测值近期的变动趋势，则可选用较大的平滑系数。另外，在指数平滑法下，只设定平滑系数一个权数，比较灵活方便，而且可较多地考虑近期观测值的影响，符合不断发展的实际情况。

（三）回归分析法

回归分析法是一种比较精确的成本预测方法。它是根据若干期的历史成本资料，利用最小二乘法的原理，分析成本在一定条件下增减变动的趋势和基本规律，确定成本预测方程式，据以进行成本预测的方法。

1. 一元线性回归分析法

设y代表总物流成本，a代表物流固定成本，b代表单位物流变动成本，x代表业务量，n代表历史资料的期数，首先确定自变量x和因变量y之间是否线性相关及相关程度，判断的方法主要有“散布图法”和“相关系数法”。所谓散布图法，就是将有关的数据绘制成散布图，然后依据散布图的分布状况判断x和y之间是否存在线性关系；所谓相关系数法，就是计算线性相关系数r判断x和y之间的关系，根据相关系数的计算结果进行相关关系判断时，判断标准如表3－2所示：

表3－2

相关系数的数值	$r>0.7$	$0.3<r<0.7$	$r<0.3$	$r=0$
因变量与自变量关系	强相关	显著相关	弱相关	不相关

在确认因变量与自变量之间存在线性关系之后，便可建立回归直线方

程：y＝a＋bx，它的常数项 a 与系数 b 的值可按下列公式计算：

$$a=\frac{\sum y-b\cdot\sum x}{n}$$

$$b=\frac{n\cdot\sum xy-\sum x\cdot\sum y}{n\cdot\sum x^2-(\sum x)^2}$$

【例 3－3】 设某企业物流包装作业 20××年各月实际发生的人工小时和物流包装成本如表 3－3 所示，采用回归分析法预测该企业 20××年第一季度的物流包装成本。

表 3－3

月　份	人工小时	物流包装成本（千元）
1	250	182
2	230	179
3	190	165
4	210	170
5	180	160
6	240	178
7	195	177
8	197	181
9	215	176
10	230	172
11	198	180
12	252	185

设以 y 代表物流包装成本，x 代表人工小时，根据表 3－3 的资料计算列表 3－4。

表 3-4 单位：人民币千元

月 份	x	y	xy	y^2	x^2
1	250	182	45500	33124	62500
2	230	179	41170	32041	52900
3	190	165	31350	27225	36100
4	210	170	35700	28900	44100
5	180	160	28800	25600	32400
6	240	178	42720	31684	57600
7	195	177	34515	31329	38025
8	197	181	35657	32761	38809
9	215	176	37840	30976	46225
10	230	172	39560	29584	52900
11	198	180	35640	32400	39204
12	252	185	46620	34225	63504
合 计	2587	2105	455072	369849	564267

根据上述计算结果，判断 x 和 y 之间是否存在线性关系，应计算相关系数。假定根据相关系数的判断标准，可以判定 x 与 y 之间呈显著的相关状态，因此可以建立回归直线方程：$y=a+bx$。则：

$$b=\frac{12\times455072-2587\times2105}{12\times564267-2587^2}=0.19$$

$$a=\frac{2105-0.19\times2587}{12}=133.83$$

所以 $y=133.83+0.19x$

设该企业 20××年第一季度的物流包装作业的人工小时预计分别为 248、256 和 263，则各月份的物流包装成本可预测如下：

1 月份的物流包装成本预测值＝133.83＋0.19×248＝180.95（千元）

2 月份的物流包装成本预测值＝133.83＋0.19×256＝182.47（千元）

3 月份的物流包装成本预测值＝133.83＋0.19×263＝183.80（千元）

2. 多元线性回归分析法

当影响因变量 y 变动的因素不止一个时，就必须采用多元线性回归模式对未来的状态进行预测。在此，我们仅讨论二元线性回归模式。

二元线性回归方程的标准式为： $y=a+bx_1+cx_2$ (1)

式中 y 为因变量，x_1 与 x_2 为自变量，a、b、c 为回归系数，先以总和的形式表达（1）式中的每一项，得：

$$\sum y=na+b\sum x_1+c\sum x_2 \quad (2)$$

以 x_1 乘以（2）式得：

$$\sum x_1 y=a\sum x_1+b\sum x_1^2+c\sum x_1 x_2 \quad (3)$$

以 x_2 乘以（2）式得：

$$\sum x_2 y=a\sum x_2+b\sum x_1 x_2+c\sum x_2^2 \quad (4)$$

根据公式（2）、（3）、（4）联立得到关于 a、b、c 的方程组，解方程组便可求得 a、b、c 三个系数的数值。

【例 3-4】 某企业在对历史成本资料进行综合分析后发现，该企业物流流通加工成本的大小同时与直接人工小时和机器工时两个因素的变化存在着密切的关系。该厂 20××年 1～6 月份的流通加工成本和直接人工小时、机器工时如表 3-5 所示，用回归预测法预测该企业当年 7 月份的流通加工成本。

表 3-5

月　份	流通加工成本（万元）	直接人工小时（千小时）	机器工时（千小时）
1	6.50	4.3	10.5
2	4.00	3.0	7.0
3	5.42	3.7	8.2
4	6.20	4.3	9.2
5	5.80	4.0	8.0
6	5.90	4.2	8.4
合　计	33.82	23.5	51.3

先将上述资料计算列表如表 3-6 所示。

表 3-6

月 份	y	x_1	x_2	x_1^2	x_2^2	x_1x_2	x_1y	x_2y
1	6.50	4.30	10.50	18.49	110.25	45.15	27.95	68.25
2	4.00	3.00	7.00	9.00	49.00	21.00	12.00	28.00
3	5.42	3.70	8.20	13.69	67.24	30.34	20.05	44.44
4	6.20	4.30	9.20	18.49	84.64	39.56	26.65	57.04
5	5.80	4.00	8.00	16.00	64.00	32.00	23.20	46.40
6	5.90	4.20	8.40	17.64	70.56	35.28	24.78	49.56
合 计	33.82	23.50	51.30	93.31	445.69	203.33	134.64	293.69

上表中，x_1 代表直接人工小时，x_2 代表机器工时。将上表数字代入公式，得：

$$\begin{cases} 33.82=6a+23.5b+51.3c \\ 134.64=23.5a+93.31b+203.33c \\ 293.69=51.3a+203.33b+445.69c \end{cases}$$

解上述联立方程组，得：

$$a=-1.268$$

$$b=1.417$$

$$c=-0.158$$

将 a、b、c 代入二元线性回归方程得：

$$y=-1.268+1.417x_1+0.158x_2$$

据调查，该企业 7 月份流通加工作业将耗用的直接人工小时为 4.8 千小时，将耗用的机器工时为 11.2 千小时。据此，可预测出该企业 7 月份的流通加工成本发生额为：

$$y=-1.268+1.417\times4.8+0.158\times11.2=7.3\text{（万元）}$$

第二节　物流成本决策概述

成本管理是企业财务管理的重要组成部分，从管理体制到技术方法来研究成本管理中出现的新课题，以促使成本管理水平的提高。物流成本决策正是在这种基础之上形成并不断丰富发展的。物流成本决策职能的广泛应用，已越来越体现出它对企业物流经营水平的重要作用，与此同时，人们也逐步认识到，在现代成本管理工作中，必须重视和加强物流成本决策理论与方法的研究。

一般说来，物流成本决策是指为了实现既定的目标，在充分占有必要的信息资料的基础上，借助于一定的手段和方法进行估算和判断，比较各种备选方案并从中选优的过程。物流成本决策首先要求成本尽可能低，在此基础上再进一步考虑净收益尽可能大。

物流成本决策不仅是成本管理的重要职能，还是企业生产经营决策体系中的重要组成部分。而且由于物流成本决策所考虑的是价值问题，更具体地讲是资金耗费的经济合理性问题，因而物流成本决策具有较大的综合性，对其他生产经营决策起着指导和约束作用。

对于大多数企业来说，物流已成为经营的一项关键性成本因素；物流决策及管理水平的高低，对成本的影响越来越明显。特别是当今的市场，企业的经营视角已不再局限于某个地区，而是转向全球贸易，原材料与零部件的筹供、产品的分销以及设施选址问题都需要企业审时度势，一些细微的差错就可能导致无法挽回的损失。许多成功与失败的经验让企业懂得，把物流作为一种负担或回避物流绝非明智之举。

一、物流成本决策的意义

伴随着市场经济的不断发展，物流成本决策对企业的生存和发展有着越来越重要的作用。这也是一种客观的发展趋势。

（一）物流成本决策是企业管理体制改革的客观要求

企业自主经营、自负盈亏的性质决定了企业必须对经营结果负责，对企业自身与广大职工负责。在物流过程中势必要组织正确的决策，没有这一点，无须说发展，生存问题都要受到影响。

（二）物流成本决策是企业提高经济效益的迫切需要

企业为了增强自身的竞争能力和适应能力，必须不断研究、改进物流过程和降低物流成本方法，不断提高经济效益，并从中求得发展。严格地来讲，这一切都有赖于科学的物流成本决策。

（三）物流成本决策是企业内外部环境条件变化的必然结果

一方面，随着生产的社会性愈加强烈，企业外部环境条件处于急剧的变化之中，为了适应这种形势。必须从资金耗费得到巨大节约的角度来规划企业的经营行为；另一方面，生产的高技术与大规模越来越明显，生产投资额度不断升高，耗费也日显巨大。因此，企业应对自身的经营行为合理控制，而这又要维系于物流成本决策之上。

（四）物流成本决策是现代化成本管理的重要特征

近年来，管理科学的进步已对成本管理产生了重大影响，人们已经认识到，单一的计划管理和行政手段远远不能满足现代化生产经营管理的需要，应用新理论、采取新方法、更新传统的成本管理方式也就顺理成章。在目前阶段，最有必要并确有可能实施的更新莫过于物流成本决策了，这也是现代化成本管理的重要标志。

二、物流成本决策的内容

物流成本决策作为对企业未来物流活动中资金耗费与所获效益关系的评价、研究，与物流成本预测密切相关，概括来说，其内容涉及物流规划与物流活动过程两个方面。

（一）物流规划中的成本决策

在企业的物流规划中，为了从成本角度对各种物流活动方案作出评价和选择，需要在下述各方面做好成本决策工作：

1. 物流投资项目可行性研究中的成本决策

企业在物流投资项目的新建、扩建、改建、实施技术改造等工作中，必须对各种方案的可行性进行技术经济论证。这不仅需要从投资数额的大小、投资回收期的长短、技术先进程度等方面进行考察和论证，还需要从物流投资项目建成投产后，企业物流活动成本水平的高低进行决策，拟订和选择优化方案，为企业物流成本管理工作奠定良好的基础。

2. 物流系统设计的成本决策

物流系统设计是构建企业内部作业链的首要环节，在相当大的程度上决定了后续作业。物流系统设计对物流功能的实现、物流服务方式的确定、物流作业的流程和物流成本乃至企业整体作业链——价值链都具有关键性的影响。据估计，物流成本有60%～80%在物流系统设计阶段就已经确定了。物流系统一旦投入运转，降低成本的潜力就不大了。成本虽然发生于物流活动过程，但是其根源却在物流系统的设计。对于物流成本管理而言，影响物流系统设计的早期因素正是赢得真正竞争优势的地方。因此，在物流系统设计阶段，必须认真考虑物流系统设计方案对物流成本乃至物流整体作业链——价值链的影响而进行决策分析。

（二）物流活动过程中的成本决策

在企业物流活动过程中，为了有效地控制各种劳动耗费，需要随时针对物流活动过程中影响物流成本水平发生变动的各种技术经济因素以及所出现的各种问题，研究调节措施，以降低物流成本水平、提高物流效益为目的作出成本决策。

1. 物流活动组织中成本决策

降低物流成本水平是企业物流成本管理所追求的目标。随着物流效率和物流成本管理水平的提高，企业物流成本水平呈下降的趋势。但是，物流成本水平的变动必然受到企业物流活动组织方式的影响。为此，需要企业从物流活动组织与安排的各个方面寻求费用节约的途径，以确保物流成本降低计划的完成与实现。

2. 物流质量成本决策

降低物流成本水平、提高物流服务质量是企业物流管理的两大目标，从保证物流服务质量水平投入与降低物流成本水平之间的相互关系中，研究最优符合性质量水平标准，做好物流质量成本决策工作，是物流成本管理的重要内容。

三、物流成本决策的基本程序

（一）确定决策目标

决策目标是决策分析的出发点和归结点。确定决策目标就是弄清一项决策究竟要解决什么问题，以便为决策分析的开展进行提供一个方向和依据。确定决策目标一般要注意处理好以下几点：

1. 目标具体化。确定的目标不能过于笼统抽象，以免被误解。

2. 目标定量化。尽可能地用定量指标表达决策目标。

3. 明确约束条件。凡属有条件目标者，应充分揭示其约束条件。

4. 目标系统化。对于多目标决策，应首先分清主次，区别对待。如要注意分清战略与战术目标；远景目标与近期目标；主要目标与从属目标；必达目标与期望目标等。进而理顺目标排列顺序，简化归并目标，使综合目标系统化。

（二）提出备选方案

在明确提出决策目标的前提下，应充分考虑现实与可能，设计各种可能实现决策目标的、具有可行性的备选方案。所谓“可行性”是指技术上可行，经济上合理。备选方案的提出，一般要经过形成基本设想，作出初步方案，最后形成备选方案的反复补充修改的过程。在这个过程中，应充分体现解放思想、鼓励创新和集思广益的精神。

（三）收集整理与备选方案相关的资料

备选方案一经提出，就要收集整理与备选方案有关的资料，特别是有关预期收入和预期成本的数据，作为今后决策的依据。对于收集的资料应进行认真的分析鉴别，采取去粗取精、去伪存真的做法，对于偶然事件的影响应予以剔除，必要时还要进行加工延伸。

（四）通过定量分析对备选方案作出初步评价

这个步骤就是把各个备选方案的可计量资料先分别归类系统排列，选择适当的专门方法，建立数学模型，对各方案预期收入和预期成本进行计算、比较和分析，再根据经济效益对备选方案作出初步的判断和评价，确定哪个方案较优。这是整个决策分析过程的关键阶段。

（五）考虑其他因素影响，确定最优方案

在综合比较各方案的优缺点的基础上，全面权衡利弊得失，按照一定原则要求确定最终择优的标准及有关方法，筛选较为理想的相对最优的方案。除了以上五个步骤，还应组织决策方案的实施，跟踪反馈。严格地讲，执行决策结果已超出了决策分析本身的范围，但它是决策分析过程的延伸，因为在组织落实决策方案的过程中，有助于发现问题，及时反馈，随时调整目标或修改方案乃至作出下一轮新的决策，使决策过程处于决策——实施——反馈——再决策——再实施的动态良性循环。当然在决策分析过程的前几个阶段上也必须不断地反馈信息，为决策分析提供参考。

四、物流成本决策中应注意的问题

企业为做好物流成本决策工作，使物流成本决策更好地为企业管理服务，应在决策中注意以下几点：

（一）应全面考虑物流各种成本因素

对任何企业来讲，物流成本决策都是一项费时费力的工作，在物流的每个环节都可能出现意外情况，这就对物流管理提出了更高要求。企业物流成本管理人员必须谨慎考虑每一个潜在的障碍，如价格、质量、中转脱节以及其他物流相关问题，全面掌握企业物流背景资料。多数情况下，物流成本耗用的变动可能使采购者从一个供应商更换至另一个供应商。正因为如此，许多公司都让最具有物流管理经验的人员从事物流成本决策。

为提高物流成本决策的效率，物流成本管理人员必须尽早着手资源配置工作，应尽可能在满足服务和生产需求的前提下，以最低的成本实现企业物流的衔接和运营。物流人员必须有步骤地了解物流成本和服务需求，周密而详尽地进行物流成本决策。在此过程中，物流人员要通盘考虑从原料生产地到产品销售地的全部运输费用（公路和铁路以及海洋和航空运输费用）、仓储费用、出口单证费用、装卸费用、物流管理费用等。

物流管理人员不仅要考虑上述物流成本，还应对物流成本作深度分析，对其中包含的隐性成本需要经过特别分析才能精确计算出来。这些隐性成本包括，由于供应链较长而引起的额外存货费用，额外包装费用和包装不良引起的货损、仓储不当引起的货损风险费用，货物不合格返退供应商而引起的额外时间和费用支出，日益增加的信息、交通和人员费用支出，通货膨胀和汇率风险费用等。

（二）注意决策成本

决策是企业管理中一项最为重要的工作。决策是有成本的，这一点容易被人忽视。例如一个正确的决策为企业盈利 100 万元，如果失去了机遇，没有作出及时的决策，这个决策成本就是 100 万元；如果作出了一个错误的决策，不仅没有赚到 100 万元，反而亏损了 100 万元，那么，这个错误的决策成本就是 200 万元。因此，决策也必须讲成本控制。

（三）站在综合物流的角度进行设计决策方案

现代物流的概念涵盖了企业经营的全过程：需求预测、选址、采购、生产进度、运输、装卸搬运、库存控制、仓储、包装、配送、订单处理、客户服务、返还品管理、废弃物处理以及其他辅助活动。不少企业在降低这些局部成本的工作中，获得了不同程度的效果。但一些世界级企业的实践证明，整体观的物流能给企业带来实质性的成本节约。

企业在进行一项经营决策时要面对各种物流成本的抉择。如当仓库数量增加时，运输成本下降而库存与订单处理成本上升。在这种情况下，从物流观点考虑，最终应做到总的分销成本下降。要达到总成本最低的目标不是一件容易的事，有时在某项功能上的最优设计却招致其他功能的损害，我们可能会遇到：①通过减少库存，降低仓储成本，也许会降低顾客服务标准或增加缺货成本。②提高交货速度会增加顾客服务水平，但使运输成本上升导致更高的总成本。③达到较低运输成本的考虑导致库存的增加与顾客服务的减少。

因此企业在进行决策时，必须综合考虑影响物流成本的各个因素，做出对企业最有利的决策。

（四）注意决策相关成本和非相关成本的划分

所谓相关成本指与特定决策、行动有关的，具有导致决策差别能力的成本，它是在决策分析时必须加以考虑的成本因素，包括差额成本、未来成本、重置成本、机会成本等。非相关成本则指在决策之前就已发生或不管采取什么方案都要发生的成本，它与特定决策无关，因而在分析评价和最优决策过程中不应纳入决策成本的范畴，如过去成本、账面成本等。正确认识成本的相关性，可以提高成本信息的有用性和决策分析的效率与效果。

（五）尽量避免决策失误导致的沉没成本

从决策的相关性看，沉没成本是决策非相关成本，若决策时计入沉没成本，将使项目成本高估，从而得到错误的结论。

（六）考虑企业资源的机会成本

企业在进行资源使用决策时，从若干可供选择的方案中选取某一种方案，而放弃使用资源的其他备选方案时所丧失的“潜在收益”（即可能实现的所得），就是机会成本。机会成本是在对有限资源的利用进行决策分析时产生的概念，需要在决策分析时予以考虑。

五、物流成本决策的方法

降低物流成本、提高物流服务水平是企业物流成本决策的两大目标，即在物流成本水平一定的情况下，如何提高企业物流服务水平；或在企业物流服务水平一定的情况下，如何降低企业的物流成本水平。为保证上述决策目标的完成和实现，物流决策分析方法一般有以下几种：

（一）以物流成本最低为依据的决策方法

现代物流概念涵盖了企业经营的全过程，如需求预测、选址、采购、生产进度、运输、装卸搬运、库存控制、仓储、包装、配送、订单处理、客户服务、返还品管理、废弃物处理以及其他辅助活动。不少企业在降低这些局部成本的工作中获得了不同程度的效果，但一些世界级企业的实践证明，从总体的观念综合考虑这些物流成本，能给企业带来更加实质性的成本节约。

以物流总成本最低为依据的决策方法是指在物流系统所要提供的客户服务水平既定的前提下，对各类物流成本进行权衡，将能够实现各种物流成本之和最小的方案作为最佳方案。

通过物流成本分析，企业可以发现哪些物流成本过高及存在的问题，并可以采取相应的手段与措施来降低成本。但是，由于物流成本与物流服务之间、各类物流成本之间存在背反关系，一类物流成本的下降往往以物流服务水平下降或其他几类物流成本上升为代价，因此进行物流成本决策时，绝不能只关注某一类物流成本，而必须要在物流成本预测的基础上，充分考虑并分析物流成本与物流服务之间的关系，以及各类物流成本之间的背反关系，将各类物流成本结合在一起加以考虑，以物流总成本最低作为方案取舍的标准。

1. 物流成本与物流服务水平之间的关系

物流系统的目标就是向客户提供适当的物流服务。在物流管理中，“适当”的观点很重要，因为没有一个物流系统既可以做到提供最高的服务水平，使客户的满意程度最高，又可以做到狭义的物流成本之和最低。而这一点正说明了物流服务水平与物流成本之间的关系。

物流服务水平是影响客户购买或连续购买的关键因素，也是企业用来吸引潜在客户的有效手段，最佳的物流服务水平，可以创造客户满意与客户信任，减少现有客户与潜在客户的流失。然而，物流服务水平的提高要求有大量的存货、快捷的运输、充分的仓容和高效的订单处理，这些必然要增加物流成本。而降低物流成本，又必然会导致物流服务水平的降低。因此如何协调物流成本与物流服务水平之间的关系是企业物流成本决策中需要解决的一个重要课题。

2. 各类物流成本之间的背反关系

各类物流成本之间存在着密切的关系，总的说来就是背反关系，即一类物流成本的下降，往往以其他几类物流成本的上升为代价。物流成本之间的背反关系决定了企业管理层在进行物流成本决策时，必须要在各种物流成本之间进行权衡，并在以实现既定服务水平条件下，物流总成本最低作为选择物流方案的依据。

（1）库存持有成本与批量成本之间的关系

库存持有成本与批量成本随采购次数（生产线启动）或采购（生产）批量的变化而呈反方向变化。起初随着采购（生产）批量的增加，批量成本的下降比库存持有成本的增加要快，即批量成本的边际节约额比库存持有成本的边际增加额要多，使得总成本下降。当采购（生产）批量增加到某一点时，批量成本的边际节约额与库存持有成本的边际增加额相等，这时总成本最小。此后，随着采购（生产）批量的不断增加，批量成本的边际节约额比库存持有成本的边际增加额要小，总成本便会不断增加。

（2）运输成本与“与仓储活动有关的成本（库存持有成本与仓储成本）”之间的关系

企业对运输作业的要求是，运费最低、运输时间最短、运输速度最快；对仓储作业的要求是，使仓库的建设和运营成本最低、降低库存水平、加快库存周转。

从运输和仓储作业本身来看，这些要求都是最希望达到的目标。但是，站在物流的角度来看，任何一个企业，它的仓储系统和运输系统不可能同时达到各自的上述要求，即运输成本与“与仓储活动有关的成本（库存持有成本与仓储成本）”不可能同时达到最低。

从实际运作情况来看，仓储和运输作业是互相影响的，它们的目标甚至是矛盾的。以一个企业为例，假设某种产品一年的销售量是固定的，那么从生产地运往销售地的年总发货量也是固定的。如果要使运输成本最低，就要使每次的发运量达到经济规模。如果用火车发运，能够装满所有车皮的发运规模才是经济规模，用其他发运工具也是如此。也就是说，只有通过整车发运才能达到发运的经济规模，才能不浪费运力，并能最大限度地提高运输工具的使用效率，减少运输次数，最后的结果是运输总成本最低。如果想使与仓储作业有关的成本最低，仓库里存储的货物便越少越好，这就必须做到随要随送，这样会增加运输的次数，降低每次发运的批量，相当于将一次整车运输变成多次零担运输。整车的运价低于零担运价，零担凑整需要更多的集结时间，待运期较长。最后的结果是，要完成全年的发运量，实现即时运送，全年总运输成本会比整车发运时大幅度增加。这就是它们相互矛盾的地方。

随着每批发运的产品数量的增加，运输总成本不断降低，“与仓储活动有关的成本（库存持有成本与仓储成本）”会逐渐上升，对应的数量对运输来讲不是最经济的；对仓储来讲，也不是最经济的。但此时的总成本达到了最小值，这是整个物流系统的最佳方案；若单考虑运输或单考虑仓储活动是不可能得出这个方案的。

（3）包装成本与其他物流成本的关系

包装成本与其他物流成本之间的关系取决于包装与其他物流作业活动之间的关系。

第一，包装与运输的关系。运输的主要功能是使产品产生空间位置转移，具有流动性。产品运输的基本要求是安全、迅速、准确、方便。包装直接关系着运输过程中产品的安全、运输载体容积利用的充分程度。所以，不同的运输方式对包装有不同的要求。包装的设计必须考虑产品特性、产品特征、运输方式、运输工具、运输距离等因素，才能提高运输效率，并避免产品损失。

第二，包装与装卸搬运的关系。装卸是产品运输和仓储过程中必不可少的作业环节，产品的装上卸下以及水平移动都会受到包装的影响。因此，包装的设计要适应装卸工作中的装上卸下、搬运的需要，以提高装卸搬运效率，防止产品的损坏。

第三，包装与仓储活动的关系。仓储可以解决产品流通过程中时间上要求不一致的矛盾，它是维持并扩大社会再生产必不可少的条件。可以说，没有仓储就没有流通。产品的任何存储方式都与包装有着密切的关系。例如，在潮湿的环境下，需要对产品进行防湿、防潮包装；户外堆放，需要采用“茧式封存包装”；一般产品的存储，为了适应高层堆码，需考虑采用耐堆码负荷（又称堆压）的耐压包装。其他各类仓储活动也都与包装关系密切；库存货品盘存控制依赖人工或自动化识别系统的准确性，而识别系统与产品包装密切相关；分拣的速度、准确性和效率都要受包装识别、形状和操作的简便程度的影响。

由上述包装与其他物流活动的相互关系可见，包装成本与其他各类物流成本呈背反关系。高质量的包装会带来包装成本的提升，但是会带来其他物流成本的下降。这种下降来源于两个方面，一方面，好的包装可以提高其他物流作业（如运输、仓储）的效率，降低对这些作业的要求；另一方面，好的包装可以降低这些物流作业中可能出现的损耗（被盗、丢失、毁损等）。同样，降低包装成本，也会带来其他物流成本的提升。因此，在进行物流成本决策时，必须将包装成本与其他物流成本进行权衡，以寻求总成本最低的物流运作方案。

（4）订单处理和信息系统成本与其他物流成本的关系

订单处理和信息系统成本与其他物流成本呈背反关系。以建立先进的计算机订单系统为例，建立先进的订单处理系统会带来订单处理及信息系统成本的大幅度攀升，但该系统能够节省大量的时间，从而带来其他物流成本的降低。

首先，由该系统带来的订单通讯、订单输入和订单处理时间的减少，可以使企业的销售预测和生产计划部门更早地获得销售信息；同样，主管仓储、运输和库存管理等物流活动的经理也可以提前得到相关的信息，信息流的提前可以提高仓库分配订单的效率，让物流经理有更充裕的时间计划仓库作业，从而实现仓储成本的降低。

其次，订单通讯、订单输入和订单处理时间的大幅度减少可以提高订货周期的稳定性，对降低安全库存水平有重要作用，因此有助于降低库存持有成本。

最后，计划时间的增加往往导致了运输时间的缩短和运输货品能准时送达，减少误点，有利于运输成本的降低。

（二）价值工程分析法

企业物流成本的各项费用，虽然大多数是在物流经营过程中实际发生的，但企业的物流活动应该发生哪些费用，数量是多少，在很大程度上是由物流活动开始前的物流系统设计所决定的。因此，物流成本的决策，可以在物流系统设计阶段，通过对物流系统的价值工程分析，选择最佳方案并确定相应的最低目标成本。

价值工程是以功能分析为中心，使物流的各项作业达到适当的价值，即用最低的成本来实现和创造物流服务应具备的必要功能的一项有组织的活动。它有以下三个方面的含义：

第一，价值工程是以最低的成本去实现某项物流作业活动的必要功能，以使物流作业达到最佳价值。其中，功能是某项物流作业所负担的职能或所起的作用。功能首先以满足消费者的需求为前提条件，功能的提高是无限的，但它同时受客户需求和成本的制约。价值工程就是要确定物流服务的必要功能，避免功能过剩（物流服务功能多于或高于客户所必须的）和功能不足（功能达不到客户的要求）现象的发生。成本则是指物流服务的寿命周期成本，即为实现物流服务的必要功能在整个物流服务过程中发生的成本。价值工程就是在保证物流服务必要功能的前提下，使其寿命成本最低。这里的价值要从功能和成本的关系上来理解，即物流服务的功能和成本的比值，它反映了物流服务物美价廉的程度。物流服务功能与成本之间的关系如下：

$$价值=功能/成本，$$

即
$$V=F/C 或 V=(F_1+F_2+F_3+\cdots)/C$$

式中：V 代表价值；

C 代表成本；

F 代表物流服务各组件的功能。

价值工程是根据物流服务成本和功能的内在联系通过科学的比较分析，从中找出最佳价值。由于物流服务的功能受客户需求的限制，而客户的需求又受物流服务寿命周期成本的制约。因此，开展价值工程既不能脱离客户成本的约束，片面追求高功能，也不能脱离客户的需求，片面追求低成本，造成物流服务的必要功能不足。价值工程的真正目的在于既实现物流服务的必要功能，又要降低物流服务的寿命周期成本，追求物流服务的最佳价值。要实现这个目的，只能从提高功能和降低成本两个方面入手。

第二，价值工程的核心问题是对物流服务活动进行功能分析。在物流过程和物流服务方式设计时，着重对物流服务功能的分析研究，确定实现必要功能最优方案的有效方法。通过功能分析可以发现哪些功能是客户需要的，哪些功能是不必要的，哪些功能是过剩的，哪些功能是不足的，并在改进方案中提出新的解决方法，去掉不必要的功能，削减过剩的功能，补足不足的功能，从而使物流服务活动的功能更加合理，以达到既能满足客户需求，保证必要的功能，又能降低物流服务活动的寿命周期成本。

第三，价值工程作为一整套的科学方法，是运用集体智慧的一项有组织的活动。价值工程既要降低成本，又要提高功能，涉及企业物流经营活动的方方面面。因此，要有效开展价值工程活动就需要将各部门的专业人员组织起来，紧密配合，运用各方面的知识，充分发挥集体的力量。

（三）线性规划法

在企业的物流成本决策中，经常会涉及在一定的约束条件下，如何充分利用有限的经济资源，将其在各项物流作业或物流活动方式之间作出最有效分配的优化决策问题。此时，如果各变动因素的相互影响是线性的，就可以利用线性规划这一现代数学方法帮助企业决策者对如何充分利用有限的经济资源实现最佳配置进行分析，从而在多种约束条件下实现利润最大化或成本的最小化。

采用线性规划法进行决策分析的基本步骤为：①根据已知条件，建立目标函数和约束条件的方程；②根据目标函数与约束条件求最优解。当然在采用线性规划法进行决策分析时，若变量因素比较多时，最优解的计算过程会比较复杂，此时如果借助于 Excel 电子表格会极大地简化计算求解的过程。

（四）成本计划评审法

成本计划评审法是对大规模的生产项目和作业的计划及其执行进行管理的一种方法。其基本原理是用网络图表示各个作业的顺序和相互关系，寻找并计算关键线路，结合成本分析，实现时间与费用的同步优化。

网络图是工程项目或生产任务及其组成部分的内在逻辑关系的综合反映的图形。通常情况下，它是用箭头表示作业顺序并在箭杆的上端表示工序的名称，下端表示该工序所需的时间，用圆圈表示某段工作的起始即节点而形成的封闭图形。

采用成本计划评审法进行决策分析的基本步骤为：①构筑网络图；②找出关键线路；③进行成本分析，寻找最佳结果。

（五）差量分析法

运用差量分析法进行物流成本决策就是计算在不同备选方案下物流总成本的数值，以总成本最低的那个方案作为最终的方案。

差量分析法还有一种变形，就是当企业想要实施某一方案时，可以计算实施该方案后，有哪些物流成本会下降，下降的数值是多少；有哪些物流成本会上升，上升的数值是多少。如果上升的成本数值低于下降的成本数值，则该方案可取。

（六）经济批量模型

经济批量模型是最经典的通过物流成本权衡，以物流总成本最小为依据，进行物流成本决策的数量模型，它来源于运筹学中的存储论，用于进行存储决策。

对于制造企业而言，为了保证生产（销售）的正常进行，必须存储一些原料、半成品、产成品从而形成库存。由于企业生产（销售）时要从仓库中取出库存（原料、半成品、产成品）并将其耗用掉，因此随着生产（销售）的不断进行，库存将会不断地减少。为了保证生产（销售）能够连续不断地持续下去，企业到一定时刻必须进行订货（生产），对库存进行补充。商业企业也面临着同样的问题。商业企业（零售商与批发商）必须拥有一定的库存，当卖掉一部分商品使库存减少时，为了保证能够正常营业，避免缺货，必须及时订货，对库存进行补充。

在上述情况下，企业就面临着这样的决策：每次订货的数量应当为多少（确定订货批量）？究竟在什么时候订货（确定再订货点）？对于企业而言，为了降低库存持有成本，应当将存货数量控制在一个较低的水平上，也就是降低再订货点和每次订货的数量，但是这样也会降低物流服务水平，同时小批量订货也会带来批量成本的攀升。因此，企业必须通过经济批量模型对各种物流成本水平进行权衡，选取物流总成本最低的方案作为最佳方案。当然经济批量模型也可以用于物流包装和流通加工作业中的最佳加工批量的确定。

第三节　物流规划成本决策

一、物流投资项目可行性研究中的成本决策

（一）物流投资项目可行性研究中成本决策概述

物流投资项目可行性研究是在建设前期对物流投资项目的考察与评价。它对拟建项目从技术经济的角度进行调查研究和综合论证，从而保证所建项目在技术上的先进性和在经济上的合理性，并符合国民经济发展的需求。

在可行性研究中，必须建立成本效益理念，即通过对投入耗费与产出效益的比较分析，以当前的资源耗费，力求将来长远效益的提高。例如，引进新型的工艺装备需要大量资金，但在投入使用之后，生产效率和产品质量的提高能产生长远的综合效益。当然，这必须保证投资决策的正确性。工程项目投资数额巨大，一旦失误，会造成严重后果。因而在可行性研究中以成本效益理念为指导，从技术和经济两方面进行成本决策至关重要。

（二）物流投资项目可行性研究中成本决策的方法

可行性研究中的成本决策，一般以理论成本函数为基础，采用“功能成本分析”方法对各种投资方案作出评价和选择。

功能成本分析是从物流投资项目的功能与投资总额相互适应的角度，对可行方案所作的技术经济论证。在功能成本分析中，“功能”一词具有广泛的含义。实施某项工程，引进先进的技术和装备，其目的在于扩大物流规模、完善物流功能、改进物流服务质量、提高物流效率、节约劳动耗费等。因而，凡是物流投资项目所产生的效果，皆可称之为该项目的功能。

物流投资项目成本决策的目标是单位投入耗费所获功能最大；决策变量是项目的投资总额，这是项目功能高低的保证；状态变量则是物流项目建成投产后，影响其功能正常发挥的生产经营条件及管理水平，这里假定状态变量是确定的，即预计的项目功能将能正常发挥。

由于每一物流投资项目方案的功能都可以从多方面进行考察，在投资项目总体目标之下，对决策者而言，各个功能的重要程度不一样。为此对方案

功能划分为基本功能和辅助功能两大类，并按各项功能的重要程度确定一个权数；然后对每一方案满足各项功能的程度按十分制或百分制，请工程技术人员和管理人员进行评分，并按参与评分人员的层次和经验给予权数，再作加权平均计算，从而得出各方案的功能评分值。

按各方案的功能综合平均得分，计算功能系数，即每一方案功能综合平均得分占全部方案功能综合平均得分的比重。设 F_i 表示某一方案的功能综合平均得分，则该方案的功能系数 $FR_i = F_i / \sum F_i$。根据各方案投资总额估算情况，计算成本系数，即每一方案预计投资额占全部方案预计投资总额的比重。设 C_i 表示某一方案的投资总额，则该方案的成本系数 $CR_i = C_i / \sum C_i$。将每一方案的功能系数与成本系数相比较，计算功能成本系数比值，以评价各方案的投资与功能相适应的程度。设 FCR_i 表示某一方案的功能成本系数比值，则 $FCR_i = FR_i / CR_i$。如果 FCR_i 趋于 1，表示该方案的设计功能与预计的投资大致相适应，方案可取；如果 FCR_i 大于 1，表示该方案的功能评价较高，但投资不足，有可能使设计功能难以实现；如果 FCR_i 小于 1，表示该方案的功能评价较低，但投资过高，有可能造成功能过剩或投资浪费的结果。

当然，这只是从功能与投资相适应的角度对投资方案所作的评价。一个投资方案是否可行，还应当根据其投入运营后所产生的现金流量情况，计算投资回收期、投资报酬率、净现值及内含报酬率等指标予以评价，这里不再涉及。

【例 3-5】 某企业拟投资建设一处物流配送中心，完善该区域范围的物流配送格局，该配送中心有两项基本功能和三项辅助功能，分别给予重要性权数。现有甲、乙、丙三个投资方案，各方案的投资额不等，分别由 A、B 两位工程技术人员（权数分别为 0.6 和 0.4）对各方案满足各项功能情况按百分制评分如表 3-7 所示，各方案的投资额如表 3-8 所示。

表 3-7　　　　功能评分表

<table>
<tr><th rowspan="2">评分人</th><th rowspan="2">方案</th><th colspan="2">基本功能（权数 0.7）</th><th colspan="3">辅助功能（权数 0.3）</th><th rowspan="2">总分</th><th rowspan="2">平均得分</th></tr>
<tr><th>生产效率（权数 6.5）</th><th>质量水平（权数 3.5）</th><th>操作方便（权数 4）</th><th>维修费用（权数 3）</th><th>安全可靠（权数 3）</th></tr>
<tr><td rowspan="3">A（权数 0.6）</td><td>甲</td><td>70</td><td>80</td><td>85</td><td>85</td><td>70</td><td>390</td><td>75.6</td></tr>
<tr><td>乙</td><td>80</td><td>85</td><td>90</td><td>80</td><td>80</td><td>415</td><td>82.43</td></tr>
<tr><td>丙</td><td>90</td><td>90</td><td>95</td><td>75</td><td>85</td><td>435</td><td>88.8</td></tr>
<tr><td rowspan="3">B（权数 0.4）</td><td>甲</td><td>75</td><td>85</td><td>80</td><td>90</td><td>85</td><td>415</td><td>80.3</td></tr>
<tr><td>乙</td><td>80</td><td>90</td><td>90</td><td>80</td><td>90</td><td>430</td><td>84.55</td></tr>
<tr><td>丙</td><td>85</td><td>95</td><td>95</td><td>70</td><td>95</td><td>440</td><td>88.2</td></tr>
</table>

表 3-8　　　　各方案投资费用估算表　　　　单位：万元

方案	技术引进费	设计费	基建费	设备费	安装调试费	合计	成本系数
甲	20	10	20	45	5	100	28.57%
乙	20	10	24	58	8	120	34.29%
丙	20	10	28	62	10	130	37.14%
合计	60	30	72	165	23	350	100%

根据表 3-7 的计算结果，各方案功能的综合平均得分和功能系数分别为：甲方案 77.48 分，占 31.08%；乙方案 83.28 分，占 33.40%；丙方案 88.56 分，占 35.52%。可见，三个方案的功能评分相差不是太大。

各方案功能成本系数计算如下：

$$FCR_{甲}=31.08\%/28.57\%=1.09$$

$$FCR_{乙}=33.40\%/34.29\%=0.974$$

$$FCR_{丙}=35.52\%/37.14\%=0.956$$

从三个方案的功能成本系数比值上看，乙方案的功能综合平均得分与其投资总额较为适应，从功能与成本的关系上分析，该方案较为可行。

二、物流系统设计中的成本决策

物流系统设计是构建企业内部作业链的首要环节，在相当大的程度上决定了后续作业。物流系统设计对物流功能的实现、物流服务方式的确定、物流作业的流程和物流成本乃至企业整体作业链—价值链都具有关键性的影响。据估计，物流成本有 60%～80%在物流系统设计阶段就已经确定了。

物流系统一旦投入运转，降低成本的潜力就不大了。成本虽然发生于物流活动过程，但是其根源却在物流系统的设计。对于物流成本管理而言，影响物流系统设计的早期因素正是赢得真正竞争优势的地方。因此，在物流系统设计阶段，必须认真考虑物流系统设计方案对物流成本乃至物流整体作业链—价值链的影响而进行决策分析。

企业的物流系统设计一般应由企业的工程、技术、采购、生产、销售和会计等各方面的人员组成设计小组，共同参与物流系统的设计工作。在物流系统设计中，应充分考虑物流成本与物流服务水平之间的相互关系，运用价值工程的原理和方法，合理安排确定企业的物流作业活动，选择物流作业方式。

价值工程活动就是一个发现和解决问题的过程，它所研究的问题包括：价值工程的对象是什么？它的用途是什么？其成本是什么？其价值是多少？有无实现同样功能的其他方法？新方案的成本是什么？价值工程的具体开展包括如下几个阶段：

第一，正确选择对象。企业没有必要对所有的物流作业活动和方式都进行价值分析，也没有必要对一项物流作业活动的所有方面都进行价值分析，而应该有所选择。一般而言，要选择那些频率比较高、服务量比较大或成本结构过高的物流作业活动作为分析研究的对象。

第二，根据对象的性质、范围和要求，收集可靠的信息。包括企业的基本情况，如经营方针、产品品种、产量、质量等；有关的技术和经济资料，如本企业或同类物流服务活动的内容、方式、流程及成本的发生；客户的有关意见，如客户对物流服务的要求、目前所存在的问题等。

第三，进行功能、成本和价值分析。首先，要把价值工程的对象所具有的功能细致地加以研究，了解它们的作用。即分析对象在物流作业活动过程中所采取的每一流程、每道工序、每项作业对构成物流作业活动的最终价值起了什么作用，承担了什么职能，没有它们是否影响物流作业活动的使用价值，有无其他形式代替等。所有这些工作就是给每个分析对象的功能下定义的过程，实际上也是发现问题的过程。其次，就是对已下定义的功能进行分类和整理，即搞清哪些是基本功能，哪些是辅助功能，哪些功能是客户需要的，哪些功能是客户不需要的，哪些功能过剩，哪些功能不足以及各功能之间的关系。通过功能整理可以具体把握需要改进的功能范围，为进一步提出功能改进方案提供依据。最后，要进行功能评价。首先是针对不同的分析对象进行评价，然后与现实成本相互比较，求出各分析对象的价值系数。功能评价有许多方法，下面介绍评分法、功能价值评价和成本降低幅度评价。

1. 评分法。即采用 5 分制、10 分制和 100 分制按物流作业活动各方面的重要性打分。例如，改进某物流作业方式的三种备选方案，从及时性、流程复杂性、操作方便、耗时、准确性等方面按 10 分制评分，如表 3－9 所示。

表 3－9　功能评分表

方案	及时性	流程复杂性	操作方便	耗时	准确性	安全	总分
1	5	10	10	7	4	9	45
2	9	5	8	5	6	4	37
3	9	8	10	8	7	9	51

方案 2 总分最低，初选淘汰。然后根据估计成本再作比较，如表 3－10 所示。

表 3－10　估计成本比较表

方案	一次固定费用	直接材料人工费用	总成本
1	30	150	180
2	20	164	184

最后进行价值分析。设方案 1 的成本系数为 100，则方案 3 的成本系数为：

$$(184/180) \times 100 = 102.22$$

所以，方案 1 和方案 3 的价值系数分别为：

$$V_1 = 45/100 = 0.45$$

$$V_3 = 51/102.22 = 0.4989$$

对比后选择方案 3。

2. 功能价值和成本降低幅度评价。即按价值系数分配目标成本，并求出功能价值或成本的改善期望值，其中：

功能价值＝实现某一功能的目标成本/实现某一功能的现实成本

成本降低幅度＝实现某一功能的目标成本－实现某一功能的现实成本

由于一个物流作业环节往往不止一个功能，而实现一个功能往往需要不止一个物流作业环节，因此要将市场和技术预测确定的物流作业目标成本，根据有关功能的复杂性和重要程度（功能评价系数），按一定标准分摊到此功能上面。其计算公式为：

某一物流作业环节目标成本＝该物流作业方式目标成本×该物流作业环节的功能评价系数

上例中的功能价值和成本降低幅度的计算结果如表 3－11 所示。

表 3－11　　功能价值和成本降低幅度

物流作业环节	现实成本	按功能评价系数分配目标成本	功能价值	成本降低幅度
A	237	240	1.012	－3
B	168	200	1.190	－12
C	105	90	0.857	15
D	281	180	0.640	101
E	76	90	1.184	－14
F	133	120	0.902	13
合　计	1000	920	5.785	100

第四，确定最优方案。即根据上面计算和分析的结果，按客户的需求，提出若干改进价值的新方案，再把各种方案进行分析和评价后，选择功能不变使成本更低或功能更高的最优方案。原则上应选择价值系数大于 1 或小于 1 的物流作业环节作为改善对象，因为价值系数为 1，说明该物流作业环节的功能与成本平衡，不必作为改善对象；价值系数大于 1 说明功能重要性大的物流作业环节实际分配到的成本较少；价值系数小于 1 说明功能重要性较小的物流作业环节占用了过多的实际成本。因此可将后两种情况列为提高或降低成本分配的对象。如上例中物流作业环节 C、D 的价值系数都小于 1，尤其是 D 偏低，有降低成本的潜力。

寻求最优的改善方案是价值工程活动的关键，这需要组织各部门集思广益，集中物流、生产、财务、采购部门的人员，一起讨论、评价各方案的可行性，如果测算出的最佳物流作业成本仍高于目标成本，则要继续重复上述活动。

第五，求出目标成本。即根据筛选出的最优方案进行目标成本的计算，也就是将物流作业的目标成本按功能评价系数分配给各有关的物流作业环节，算出各物流作业环节的目标成本，作为对物流作业成本水平实行有效事前控制的依据。

三、物流活动作业工序安排的决策

在一项多工序的物流作业或项目开发中，科学合理地安排工序是缩短生产时间或开发时间，降低物流成本的有效手段，而成本计划评审法是合理安排物流作业工序最常用的方法。这种方法的基本原理是先运用网络图的方式将各物流作业工序及相互间的逻辑联系表示出来；然后找出关键线路及整个物流作业或项目开发所需的最少时间；最后，根据成本分析和管理的要求对所有的工序做出最合理的安排，达到以最低的成本、最短的时间实现企业目标的目的。

【例 3-6】 某企业的某项物流作业共有 9 道工序，各道工序所需的时间及紧前工序如表 3-12 所示。

表 3-12

工序名称	所需时间	紧前工序
A	6	—
B	10	—
C	10	A
D	12	B
E	8	B
F	16	C、D
G	12	C、D
H	6	E、F
I	14	G

（一）构筑网络图

紧前工序是紧连在本工序前面的一道或几道工序，它反映了各道工序之间的逻辑关系。根据上述资料和网络图的技术可构筑出如图 3－1 所示的网络图。

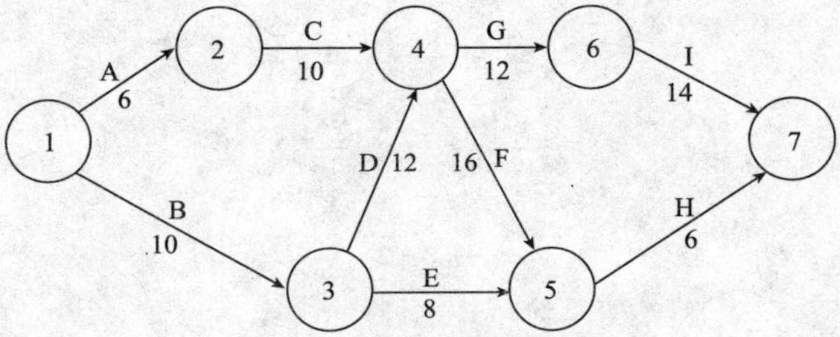

图 3－1

在图 3－1 的网络图中，圆圈称为节点，表示工序的开始或结束；箭头表示工序之间的联系；箭杆代表工序，每一工序连接前后两个节点；箭杆上的英文字母表示工序名称；下面的阿拉伯数字表示该工序所耗用的时间。构筑网络图的关键是要搞清各工序间的逻辑联系，特别是当一道工序有两道以上的紧前工序时，这些紧前工序应交于一个节点，使网络图更简洁明了地反映各工序之间的逻辑联系。

（二）找出关键线路

构筑网络图是第一步工作，当这步工作完成后，就需要进行第二步工作——找出关键线路。寻找关键线路的方法是：

1. 计算各节点的最早完工时间

各节点的最早完工时间，是指这一节点前的几道工序中完工时间最长的天数，在网络图中用方框表示。它的计算方法是将前一个节点的最早完工时间加上前道工序所需时间，即为本节点的完工时间，如果同时有两道以上的工序进入本节点，就用这道工序中最长的完工时间作为本节点的最早完工时间。最早完工时间的计算如图 3－2 所示。

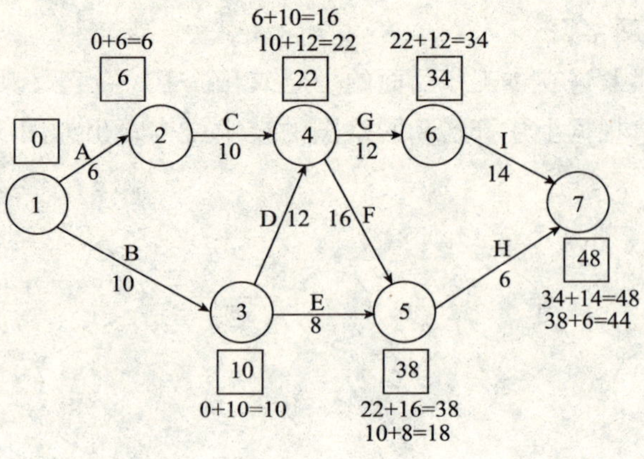

图 3－2

2. 计算各节点的最迟完工时间

从图 3－2 的计算中可以看出，该物流作业最早需要 48 天才能完工。为了保证 48 天一定完工，就需要对各工序进行控制，所以需要掌握各节点最迟完工时间。最迟完工时间用三角框表示，它的计算是从最后节点的反方向向前推算，计算方法是将最后一节点的最迟完工时间减去后道工序所需时间，即为本节点的最迟完工时间。当本节点后面有几道工序时，就选这几道工序中数据最小的为本节点的最迟完工时间。最后节点的最迟完工时间就是该节点的最早完工时间，二者相等。各节点的最迟完工时间如图 3－3 所示。

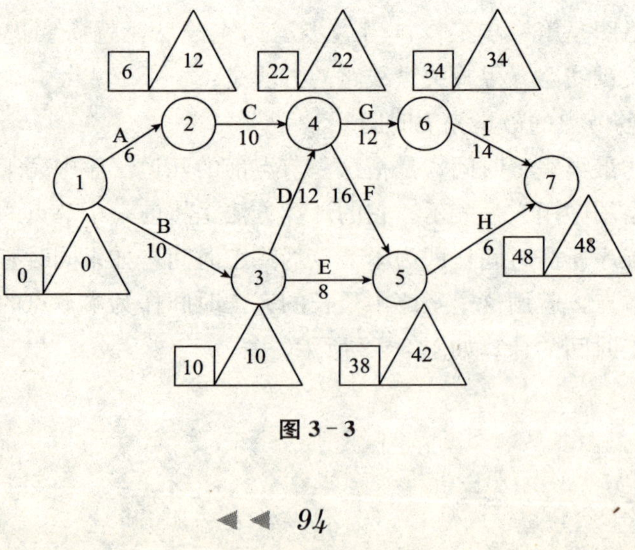

图 3－3

3. 计算每道工序的时差

时差是指每道工序完工的机动时间，有时差的工序表明在时间安排上可进行适当的调节，时差愈大，调节的余地愈大。各工序时差的计算公式如下：

时差＝后一节点的最迟完工时间－本工序的施工时间－前一节点的最早完工时间

根据上述资料，各道工序的时差及计算如表 3－13 所示。

表 3－13　各工序时差计算表

工序	A	B	C	D	E	F	G	H	I
时差	6	0	6	0	24	4	0	4	0
计算过程	12－6－0	10－10－0	22－10－6	22－12－10	42－8－10	42－16－22	34－12－22	48－6－38	48－14－34

4. 确定关键线路

关键线路是指由关键工序连接起来的施工线路。所谓关键工序是指时差为 0 的工序，时差为 0 表示这些工序的时间安排没有任何机动余地，所以称为关键工序。由于这些工序能否及时完工，将影响到整个物流作业的最终完工时间，所以由关键工序连接起来的施工线路被称为关键线路。根据上面的计算结果可以看出，B、D、G、I 工序的时差为 0，所以都是关键工序，它们连接起来构成了关键线路。关键线路用双线表示如图 3－4 所示。关键线路所需的时间就是该项目或生产作业所需的最早完工时间。

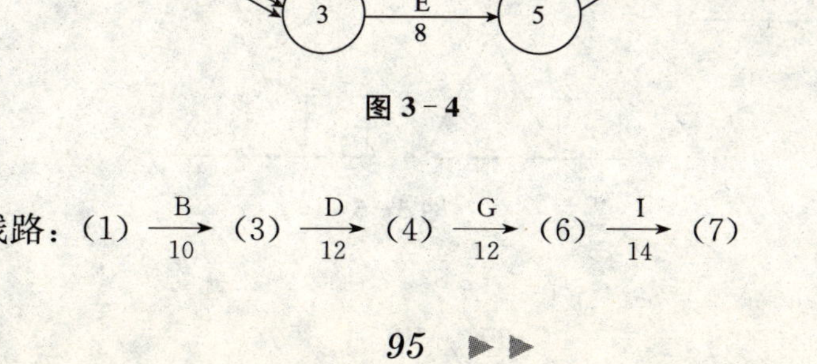

图 3－4

关键线路：(1) $\xrightarrow[10]{B}$ (3) $\xrightarrow[12]{D}$ (4) $\xrightarrow[12]{G}$ (6) $\xrightarrow[14]{I}$ (7)

总工期：10＋12＋12＋14＝48（天）

除关键线路上的各工序外，其余工序都是非关键工序。

（三）最佳成本决策基础上的工序安排

关键线路确定以后，就应根据管理的要求进行工序安排。由于关键线路所需的时间是该项物流作业的最早完工时间，所以关键线路能缩短时间，整个作业的完工时间就有可能相应地提前，从而节约费用。同时，对非关键线路的合理安排也可节约人力物力。所以最后的决策就是向关键线路要时间，向非关键线路要潜力。

1. 向关键线路要时间

向关键线路要时间，是缩短施工时间、减少非关键工序的时差、提高效率、节约费用的重要手段。要缩短关键线路的时间，就要压缩各关键工序的施工时间。例如，B 工序可压缩为 8 天，D 工序可压缩为 10 天，G 工序可压缩为 8 天，I 工序可压缩为 12 天。应予注意，关键线路上各工序所压缩的天数，只是有可能使整个工期提前相应的天数完工，但并不一定提前相应的天数完工，这是因为关键线路上的各工序时间缩短后，关键线路可能会改道，因此需要重新设计各工序的时差和确定关键线路。例如根据前述时间压缩后，关键线路及完工时间计算如图 3－5 所示。

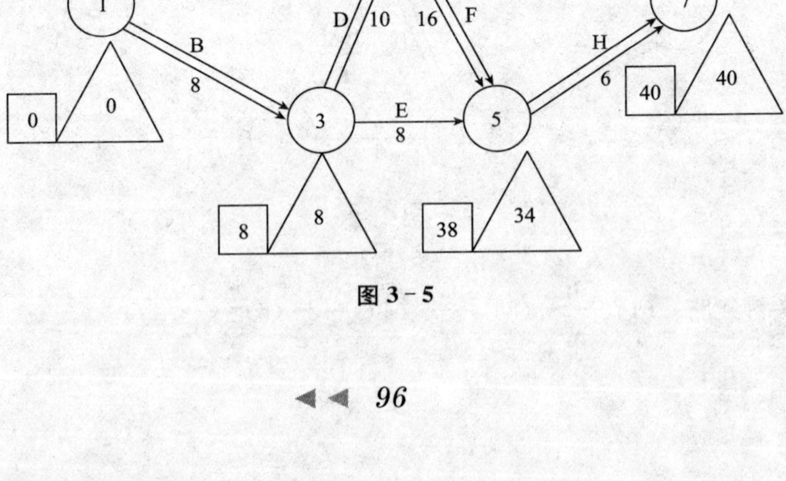

图 3－5

值得注意的是，各工序的完工时间并不是随便就可以压缩的，它常常意味着需加班加点，所以需要支付加班费。这样就需要考虑总工期缩短一天可节约的费用与各工序压缩一天所需增加的费用之间的关系，即所压缩工期的成本效益情况。例如，总工期提前一天可节约费用 200 元，而各工序压缩一天需增加的费用分别为：B 工序 300 元、D 工序 250 元、G 工序 100 元、I 工序 150 元。这样，纯粹从经济效益角度考虑，压缩 B 和 D 两工序会增加工程项目的支出，所以不予考虑。压缩 G 和 I 两工序可每天分别节约 100 元和 50 元，这对整个项目是有利的，但由于 F 和 H 两工序的时差只有 4 天，所以 G 和 I 工序只能压缩 4 天，否则关键线路就会改道，G 和 I 工序多压缩的天数就只有成本而不一定有效益，所以 G 和 I 工序只需压缩 4 天即可。当 G 和 I 工序压缩 4 天后，由于 F 和 H 工序的时差也为 0，所以也成为关键工序，形成了双关键线路，但两条线路的总工期相等。由于 G 工序可压缩 4 天，每压缩一天可节约费用 100 元（200－100），而 I 工序每压缩一天可节约费用 50 元（200－150），少于 G 工序，所以这 4 天的时间全部分配给 G 工序对企业有利，它可节约费用 400 元（100×4）。整个工期可提前 4 天完成，且节约了总费用 400 元。考虑压缩工期的成本效益后的完工总工期和关键线路如图 3－6 所示。

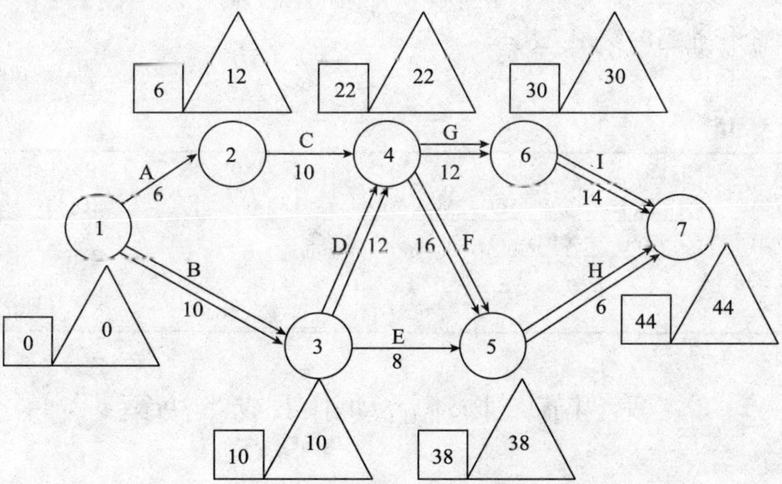

图 3－6

2. 向非关键线路要潜力

非关键工序由于在安排上有机动时间，所以合理安排，能挖掘潜力，节省人力物力。例如，根据原来的情况，总工期为 48 天，所需投入生产的劳动力需要三个作业组，但有两组工人工时明显利用不足，如表 3－14 所示。由于这些工序都有时差，因此可作适当调节，使得这些工序的安排趋于合理，人力物力得到充分的利用。

表 3－14

天数	0 3 6 9 12 15 18 21 24 27 30 33 36 39 42 45 48
作业组	① B(10) ③ D(12) ④ G(12) ⑥ I(14) ⑦
作业组	①A(6)②C(10) ④
作业组	③ E(8) ⑤
	④ F (16) ⑤ H (6) ⑦

具体做法是，F 和 H 工序有 4 天的时差，说明这两道工序可晚开工 4 天，不会影响完工时间，而 E 工序有 24 天时差，所以开工时间可往后移，即等于 C 工序完工后再开始 E 工序，既不影响 E 工序的完工时间，也不会影响后面 H 工序的开工时间。这样所有的非关键工序就由一个作业组来完成即可。经过这样调节后，非关键工序的安排如表 3－15 所示。其结果是节约了一个作业组的费用支出。

表 3－15

天数	0 3 6 9 12 15 18 21 24 27 30 33 36 39 42 45 48
作业组	① B(10) ③ D(12) ④ G(12) ⑥ I(14) ⑦
作业组	①A(6)②C(10) ④
作业组	③ E(8) ⑤
	④ F (16) ⑤ H (6) ⑦

第四节 物流活动组织成本决策

在企业物流活动过程中，为了有效地控制各种劳动耗费，需要随时针对物流活动过程中影响物流成本水平发生变动的各种技术经济因素以及所出现的各种问题，研究调节措施，以降低物流成本水平、提高物流效益为目的作出成本决策。

一、物流运输活动的成本决策

物流运输是实现物品空间位移的手段，也是物流活动的核心环节。无论是物流企业，还是企业物流，对物流运输成本进行管理应贯彻“及时、准确、经济、安全、增值、优化”的基本原则，以达到提高运输效率、降低运输成本的目的。

（一）影响运输成本的基本因素

企业进行科学的运输成本决策，首先应了解影响运输成本的因素。虽然在运输市场中存在着多种不同的运输方式以及不同的运输价格，但在实践上我们可以分析影响运输成本的因素，从而进行合理的运输成本决策。一般来讲，影响运输成本的因素有输送物品的种类、运输距离、运送量、产品密度、送达时间要求等。企业在进行物流运输成本决策时，都必须对这些因素加以综合考虑。

1. 运输距离

运输距离是影响运输成本的主要因素，因为它直接对劳动、燃料和维修保养等变动成本发生作用。图 3－7 显示了距离和成本的一般关系，并说明了以下两个要点：①成本曲线不是从原点开始的，因为存在着与距离无关，但与货物的提取和交付活动所产生的固定费用有关的成本。②成本曲线是随距离增加而增长的一个函数，这种特征被称作递增原则，即运输距离越长，运输成本越高。

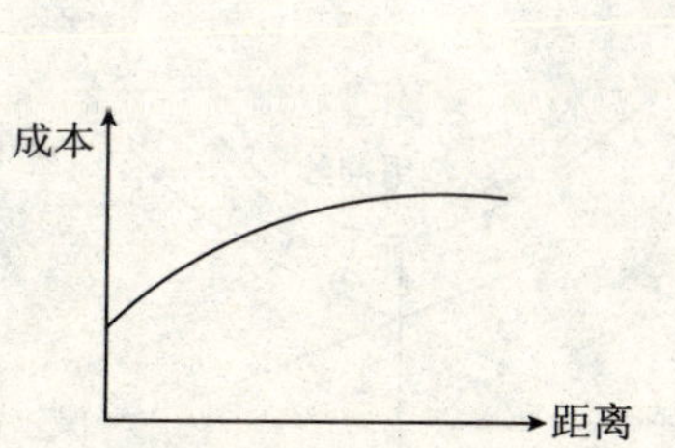

图 3－7　距离与运输成本之间的一般关系

2. 运输时间

在影响物流运输成本的各个因素中，输送物品的种类、运输量和运输距离三个条件是由货物自身的性质和存放地点决定的，因而属于不可变量。事实上，对这几个条件进行大幅度变更，从而改变运输服务方式的可能性很小。与此相反，运输时间和运输成本是不同运输方式相互竞争的重要条件，运输时间与成本的变化必然带来所选择的运输方式的改变。换句话说，这两个因素作为运输方式比较选择要素的重要性日益增强。

缩短运输时间与降低运输成本是一种此长彼消的关系，如果要利用快速的运输服务方式，就有可能增加运输成本；同样，运输成本下降有可能导致运输速度减缓。所以，如何有效地协调这两者间的关系，使其保持一种均衡状态，是企业选择运输服务方式时必须考虑的重要因素。

从运输距离和运输时间对物流运输成本的影响方式中可以看出，在物流运输成本决策中主要应解决两个问题，一是合理选择运输方式，以协调运输时间与运输成本之间的关系，达到降低物流运输成本的目的；二是合理安排运输路线，在运输总距离一定的情况下，使物流运输成本最低。

（二）物流运输方式的选择

物流运输方式的选择，一般要考虑两个基本因素：即运输方式的速度问题和运输费用问题。从物流运输功能来看，速度快是物品运输服务的基本要求。但是，速度快的运输方式，其运输费用往往较高。同时，在考虑运输的经济性时，不能只从运输费用本身来判断，还要考虑因运输速度加快，缩短了物品的备运时间，使物品的必要库存减少，从而减少了物品的保管费等因素。因此，运输方式或运输工具的选择，应该是在综合考虑上述各种因素后，寻求运输费用与保管费用最低的运输方式或运输工具。这种关系如图 3－8 所示。

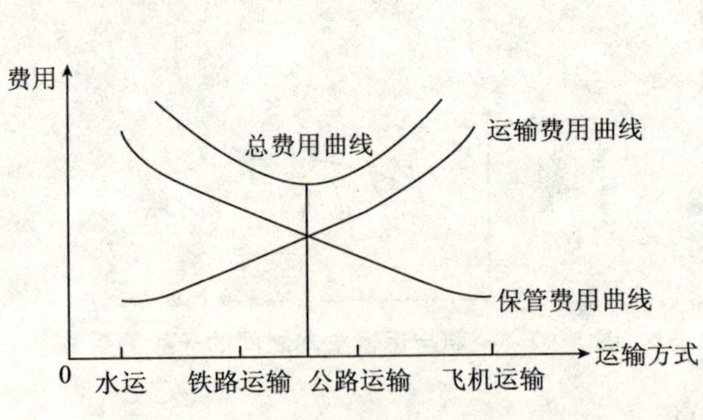

图 3－8　物流运输方式选择模型

为了对运输方式或运输工具进行选择，还可以从物流运输的功能来研究，采用综合评价的方法来选择运输方式或运输工具。

物流运输系统的目标是实现物品迅速安全和低成本的运输。但是，运输的速度性、准确性、安全性和经济性之间，是相互制约的。若重视运输速度、准确、安全，则运输成本就会增大；反之，若运输成本降低，运输的其他目标就不可能全面实现。因此，在选择运输方式或运输工具时，应综合考虑运输的各种目标要求，采取定性分析与定量分析相结合的方法，选择出合理的运输方式或运输工具。

【例 3－7】 位于某地的一家设备制造商需要从两个供应商那里购买3000箱塑料配件，每箱配件的价格是100元。目前，从两个供应商处采购的数量是一样的。两个供应商都采用铁路运输，平均运送时间也相同。但如果其中一个供应商能将平均交付时间缩短，那么每缩短一天，制造商会将采购订单的5%（即150箱）转给这个供应商。如果不考虑物流运输成本，供应商每卖出一箱配件可以获得20%的利润。

供应商A正在考虑如果将铁路运输方式改为航空或卡车运输，是否可以获得更多的收益。各种物流运输方式下每箱配件的运输费率和平均运送时间如表3－16所示。

表 3－16　　运输费率和时间表

运输方式	运输费率（元/箱）	运送时间（天）
铁路运输	2.50	7
卡车运输	6.00	4
航空运输	10.35	2

供应商A仅根据可能得到的潜在利润进行选择。表3－17从供应商A的角度列出了不同运输方式下可获得的利润。

表 3－17　　　　　　　　不同运输方式利润表

运输方式	销售量（箱）	毛利（元）	运输成本（元）	净利润（元）
铁路运输	1500	30000	3750	26250
卡车运输	1950	39000	11700	27300
航空运输	2250	45000	23287.5	21712.5

如果该设备制造商能够恪守承诺，物流供应商 A 应该转而采用卡车运输。当然，物流供应商 A 应该注意物流供应商 B 可能采取的任何反击手段，一旦对手采取相应措施可能会导致优势消失。

【例 3－8】 BBC 公司是生产系列箱包产品的公司。公司的配送计划是将生产的成品先存放在工厂，然后由第三方物流运往公司自有的基层仓库。目前，公司使用铁路运输将位于北方工厂的成品运往位于南方的仓库。铁路运输的平均时间为 21 天，箱包的平均价值为 30 元，箱包的年库存成本为其价值的 30%。

公司希望选择使总成本最小的物流运输方式。据估计，运输时间从目前的 21 天每减少一天，平均库存水平可以减少 1%。每年位于南方的仓库卖出 700000 件箱包。公司可以选择以下运输服务方式，如表 3－18 所示。

表 3－18

运输服务方式	运输费率（元/单位）	运送时间（天）	每年运输批次
铁路运输	0.10	21	10
整车运输	0.15	14	20
零担运输	0.20	5	20
航空运输	1.40	2	40

根据上述资料可知，企业选择不同运输方式将影响货物的在途时间，从而影响在途商品的持有成本，在途商品的持有成本计算公式如下：

$$\text{在途商品持有成本}=\text{商品全年配送总量}\times\text{单位商品平均价值}\times\text{年库存成本率}\times\frac{\text{平均运送时间}}{365}$$

此外，企业选择不同运输方式还会影响工厂库存持有成本和仓库库存持有成本，其计算公式如下：

$$\text{工厂库存持有成本} = \frac{\text{运输批量}}{2} \times \text{单位商品平均价值} \times \text{年库存成本率}$$

$$\text{仓库库存持有成本} = \frac{\text{运输批量}}{2} \times \left(\text{单位商品平均价值} + \text{运输费率}\right) \times \text{年库存成本率}$$

由此可计算各种运输方式决策相关总成本如下：

（1）铁路运输方式

运输成本＝700000×0.1＝70000（元）

在途商品持有成本＝700000×30×30％×21/365＝362466（元）

工厂库存持有成本＝30×30％×70000/2＝315000（元）

仓库库存持有成本＝30.1×30％×70000/2＝316050（元）

决策相关总成本＝70000＋362466＋315000＋316050＝1063516（元）

（2）整车运输方式

运输成本＝700000×0.15＝105000（元）

在途商品持有成本＝700000×30×30％×14/365＝241644（元）

工厂库存持有成本＝30×30％×93％×35000/2＝146475（元）

仓库库存持有成本＝30.15×30％×93％×35000/2＝147207（元）

决策相关总成本＝105000＋241644＋146475＋147207＝640326（元）

（3）零担运输方式

运输成本＝700000×0.2＝140000（元）

在途商品持有成本＝700000×30×30％×5/365＝86301（元）

工厂库存持有成本＝30×30％×84％×35000/2＝132300（元）

仓库库存持有成本＝30.2×30％×84％×35000/2＝133182（元）

决策相关总成本＝140000＋86301＋132300＋133182＝491783（元）

（4）航空运输方式

运输成本＝700000×1.4＝980000（元）

在途商品持有成本＝700000×30×30％×2/365＝34521（元）

工厂库存持有成本＝30×30％×81％×17500/2＝63788（元）

仓库库存持有成本＝31.4×30％×81％×17500/2＝66764（元）

决策相关总成本＝980000＋34521＋63788＋66764＝1145073（元）

从上述计算结果可以看出，采用铁路运输时的运输成本最低，采用航空运输时的库存持有成本最低，但采用零担运输时的总成本最低。因此企业应改为采用零担运输方式，运输时间减少到5天，两个端点的库存水平将减少50％。

（三）物流运输组织的决策

在物流过程中，运输组织问题是很重要的。例如，某产品现有几个工厂生产，又需供应几个客户或配送中心，怎样才能使企业生产的产品运到客户所在地或配送中心时达到总运费最小的目标？在企业到目的地的单位运费和运输距离，以及各工厂生产能力和消费量都已确定的情况下，可用线性规划技术来解决运输组织问题；如果工厂的生产量发生变化，生产费用函数是非线性的，就应使用非线性规划来解决。属于线性规划类型的运输问题，常用的方法有单纯形法和表上作业法。

【例3-9】 BT公司是一家由家族经营的大公司，它收购生菜并在食品加工厂中把它们加工成罐头，然后再把这些罐头食品分销到各地卖出。

该公司的一个主要产品是豌豆罐头，这些豌豆罐头分别在三个位于不同地区的食品加工厂加工，然后用卡车把它们运送到东南沿海地区的四个分销仓库，各加工厂的产量和各分销仓库的分配量如表3-19所示。

表3-19 **BT公司运输数据表** 单位：车

食品加工厂	产　量	仓　库	分配量
工厂1	75	仓库1	80
工厂2	125	仓库2	65
工厂3	100	仓库3	70
		仓库4	85
合　计	300	合　计	300

该公司目前的运输计划及每车的运输成本如表3-20和表3-21所示。

表3-20 **BT公司当前运输计划** 单位：车

从 \ 至	仓库1	仓库2	仓库3	仓库4
工厂1	75	0	0	0
工厂2	5	65	55	0
工厂3	0	0	15	85

表 3-21　　BT 公司的单位卡车运输成本　　单位：元

从＼至	仓库 1	仓库 2	仓库 3	仓库 4
工厂 1	464	513	654	867
工厂 2	352	416	690	791
工厂 3	995	682	388	685

该公司现在所要做的是检查当前的运输计划，分析是否能够制定出一个新的运输计划，使总运输成本下降到一个绝对最小值。

上述问题可运用线性规划方法求解，首先列出问题的目标函数和约束条件：

设用 x_{ij} 代表第 i 个工厂运送到第 j 个仓库的车数。其中 i＝1，2，3，j＝1，2，3，4。我们的目标是确定这 12 个变量的值，使得：

$$
\begin{aligned}
\min TC = & 464x_{11}+513x_{12}+654x_{13}+867x_{14}+352x_{21}+416x_{22}+690x_{23}+ \\
& 791x_{24}+995x_{31}+682x_{32}+388x_{33}+685x_{34}
\end{aligned}
$$

约束条件为：

$$
\begin{cases}
x_{11}+x_{12}+x_{13}+x_{14}=75 \\
x_{21}+x_{22}+x_{23}+x_{24}=125 \\
x_{31}+x_{32}+x_{33}+x_{34}=100 \\
x_{11}+x_{21}+x_{31}=80 \\
x_{12}+x_{22}+x_{32}=65 \\
x_{13}+x_{23}+x_{33}=70 \\
x_{14}+x_{24}+x_{34}=85 \\
x_{ij}\geqslant 0\ (i=1,2,3;\ j=1,2,3,4)
\end{cases}
$$

上述线件规划问题可采用单纯形法求解。在单纯形法的计算过程中，它是以初始单纯形表为基础，经过逐次迭代，最终可选择出最优方案。

在采用单纯形法求解时，如果变量数目较多，手工迭代计算相当复杂，而且容易出错。目前，有专门的计算线性规划的软件，对于用单纯形法求目标函数的最优解，只要输入数据，结果就可以很方便地得出。如根据上面我们所确定的目标函数和约束条件，运用 Excel 电子表格中的线性规划求解功能得出的计算结果如表 3-22 所示。

表 3-22　　BT公司最优运输计划

从＼至	仓库 1	仓库 2	仓库 3	仓库 4
工厂 1	0	20	0	55
工厂 2	80	45	0	0
工厂 3	0	0	70	30

按照上述运输计划安排运输，可使运输成本最低，即：

$$TC=20\times513+55\times867+80\times352+45\times416+70\times388+30\times685=152535\text{（元）}$$

二、物流仓储活动的成本决策

根据有关研究，在企业的物流活动中，仓储与仓储中的物料搬运成本一般要占到企业物流总成本的30%左右，因此，仓储成本决策对于降低企业物流成本水平、提高企业物流效益意义重大。

（一）仓储成本决策应考虑的主要因素

在实际工作中影响企业仓储成本的因素很多，但仓储数量和仓储方式无疑是最重要的，也是对仓储成本大小最具决定性的因素。

1. 仓储货物数量

仓储货物数量对企业物流活动的各项成本都有很重要的影响。一般说来，随着物流活动中仓储货物数量的增加，必然会导致企业仓储成本的增加。另一方面，企业的运输成本和销售损失成本则会相应地减少。这是因为由于仓储货物数量的增加，企业可以进行原材料或产成品的大批量运输，从而使单位运输成本下降；另外，在销售物流方面，仓储货物数量的增加，意味着仓库更加靠近客户和市场，因此减少了商品的运输里程，这不仅会降低运输成本，而且由于能够及时满足客户需求，提高了客户服务水平，减少了销售损失机会，从而降低销售损失成本。

由此可见，随着仓储货物数量的增加，由于运输成本和销售损失成本迅速下降，导致企业物流总成本的下降。但是，当仓储货物数量增加到一定规模时，仓储成本的增加额就会超过运输成本和销售损失成本的减少额，企业物流总成本又开始上升。

2. 企业仓储活动的类型

如何为库存的物料、商品规划仓储空间，企业通常有三种选择，即自建仓库、租赁公共仓库和采用合同制仓储。从成本和客户服务的角度看，选择其中之一或结合使用是仓储成本管理的一项重要决策。

(1) 自建仓库仓储

相对于公共仓储而言，企业利用自有仓库进行仓储活动具有可以更大程度地控制仓储、管理更加具有灵活性等优点。如果自有仓库得到长期充分利用，自有仓储的成本将低于公共仓储的成本。这是由于长期使用自有仓库保管大量货物会降低单位货物的仓储成本，在某种意义上这也是一种规模经济。如果企业自有仓库的利用率较低，说明自有仓储产生的规模经济不足以补偿自有仓储的成本，则应转向公共仓储。

(2) 租赁公共仓库仓储

企业租赁提供营业性服务的公共仓库进行仓储，一般具有以下优点：第一，从财务角度看，企业不需要自建仓库的资本投资；第二，可以满足企业在库存高峰时大量额外的存储需求；第三，使用公共仓储可以避免管理上的困难；第四，公共仓储的规模经济可以降低企业的仓储、运输成本；第五，使用公共仓储时企业的经营活动更加灵活；第六，便于企业掌握保管和搬运成本。

当然，使用公共仓库进行仓储也有一定的缺点：一是增加了企业的包装成本，二是增加了企业控制库存的难度。另外，企业还有可能由此泄露有关的商业机密。

(3) 合同制仓储

合同制仓储是指企业将物流活动转包给外部储运公司，由外部储运公司为企业提供综合物流服务。合同制仓储的优点在于：一是有利于企业有效利用资源；二是能够通过设施的网络系统扩大企业的市场覆盖范围；三是有利于企业降低运输成本。

尽管合同制仓储具有以上优势，但也存在一些不利因素，其中对物流活动失去直接控制是企业最担心的问题。由于企业对合同制仓储的运作过程和外部员工等缺乏控制，这一因素成为产品价值较高的企业利用合同制仓储的最大障碍。

(二) 仓储类型决策

自建仓库仓储、租赁公共仓库仓储和合同制仓储各有优势，企业进行物流仓储决策的依据就是物流的总成本最低。

租赁公共仓库和合同制仓储只包含变动成本，随着存储总量的增加，租赁的空间就会增加，由于公共仓库一般按所占用的空间收费，这样成本就与总周转量成正比，其成本函数是线性的。而自有仓储的成本结构中存在固定成本，而且自有仓储的可变成本的增长速率通常低于公共仓储成本的增长速率。当总周转量达到一定规模时，两条成本线就相交，即成本相等。这表明在总周转量较低时，公共仓储是最佳选择。随着周转量的增加，由于可以把固定成本均摊到大量的存货中，因此使用自有仓库更经济。自有仓库仓储与租赁公共仓库仓储的成本比较如图 3－9 所示。

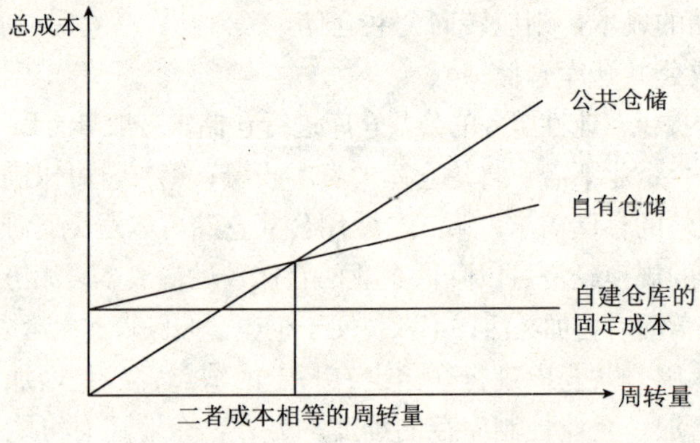

图 3－9　自建仓库仓储与租赁公共仓库仓储的成本比较

一个企业在对自建仓库还是租赁公共仓库或采用合同制仓储进行决策时，除考虑周转量因素外，还应考虑需求的稳定性。如果企业一定时期内库容需求的波动较小，则企业可只根据成本费用的高低采用一种仓储类型。但是，如果企业在一定时期内库容需求波动较大，则应采取混合策略更好。因为这时如按企业的高峰期库容需求来确定自营仓库的库容规模，那么在年度内可能会有一部分时间出现相当大的库容利用率不足，所以最好的策略是，不考虑库容需求以实现较高的库容利用率，并在短期内租赁公共仓库以满足高峰期库容的需求。该策略如图 3－10 所示。

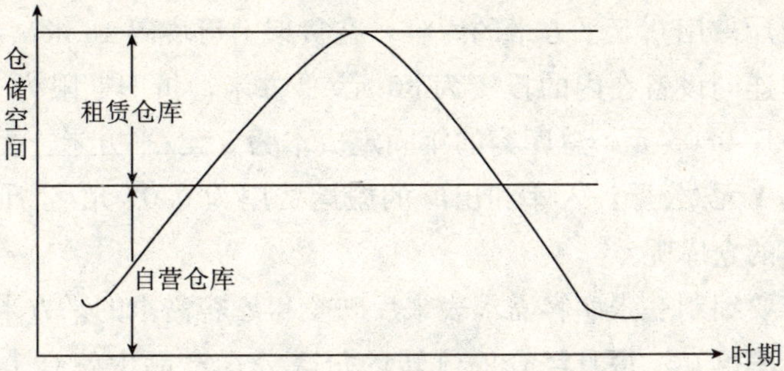

图 3-10　自营和租赁库容的混合策略

企业若实施最优的混合策略，一般是通过计算满足全年库容需求的相关总成本来确定一个最优的自营库存规模。自营库容的成本特征是固定成本与可变成本的综合，而租赁库容的成本特征从本质上说都是可变成本。因此，当自营库容的规模扩大时，综合成本起初会下降，直至某一点，固定成本不断上升，库容利用率越来越低，从而导致总成本上升，我们称该点为成本最低点，这时的自营库容规模为最佳。

【例 3-10】　某化工公司计划建造一个仓库，该公司平均的库存需求预测如表 3-23 所示。

表 3-23　　单位：公斤

月　份	库存需求	月　份	库存需求
1	66500	7	1303000
2	328000	8	160900
3	1048500	9	99900
4	2141000	10	15300
5	2820000	11	302200
6	2395000	12	556700
		总　计	11537000

预计该仓库每月库存周转率为 3 次，总库容中 50%为巷道，为了应对未来可能发生的库容需求变化，仅有 70%的库容被利用。一组普通化学产

品平均每公斤占用 0.5 平方米的库容，在货架上可堆码 16 米高。

该仓库连同设备在内的投资为 30 元/平方米，折旧期限为 20 年，运营成本为每公斤 0.05 元。总库容的年固定成本为 3 元/平方米。租赁仓库的租金为每月 0.1 元/公斤，入库和出库的搬运费用为 0.07 元/公斤。那么应建造多大规模的仓库呢？

首先需要编制一张库容需求表来反映全年库容需求的平方米数。从已知的库存周转率可知，每月经仓库流转的每 3 公斤产品中就有 1 公斤成为存货。每储存 1 公斤货物需要占用 0.5/16 平方米的空间。由于巷道占用空间，所以库容需求会翻一番，然后再乘以库容利用率（1/0.7），这样就可计算出用平方米表示的空间需求：

$$\text{库容需求（平方米）}=\text{每月库存需求（公斤）}\times\frac{1}{3}\times\frac{0.5}{16}\times2\times\frac{1}{0.7}$$

据此可编制公司库容需求表，如表 3-24 所示。

表 3-24

月份	库存需求（公斤）	仓库空间需求（平方米）	月份	库存需求（公斤）	仓库空间需求（平方米）
1	66500	1979	7	1303000	38780
2	328000	9762	8	460900	13717
3	1048500	31205	9	99900	2973
4	2141000	63720	10	15300	455
5	2820000	83929	11	302200	8994
6	2395000	71280	12	556700	16568
			总计	11537000	343362

根据公司的库存需求情况，应选择仓库规模，以 60000 平方米的仓库规模为例进行测算。一个 60000 平方米的仓库造价为 1800000 元（60000 平方米×30 元/平方米），在 20 年的折旧期限内摊销，年折旧成本为 90000 元。相关指标计算方法如下：

每月固定成本=（年折旧成本+3×60000）/12

每月可变成本=仓库吞吐量×自营份额×0.05

自营份额＝60000/仓储空间需求（仓储空间需求大于 60000 时，自营份额为 100%）

租用份额＝1－自营份额

每月存储成本＝（仓库吞吐量×租用份额）/3×0.1

每月搬运成本＝仓库吞吐量×租用份额×0.07

据此编制仓库规模方案的成本计算表，如表 3－25 所示。

表 3－25　混合策略的成本计算表——使用 60000 平方米自营仓库

月份	仓库吞吐量（公斤）	仓储空间需求（平方米）	自营份额（%）	每月固定成本（元）	每月可变成本（元）	租用份额（%）	每月存储成本（元）	每月搬运成本（元）	每月成本（元）
1	66500	1979	100	22500	3325	0	0	0	25825
2	328000	9762	100	22500	16400	0	0	0	38900
3	1048500	31205	100	22500	52425	0	0	0	74925
4	2141000	63720	94	22500	100627	6	4282	8992	136401
5	2820000	83929	71	22500	100110	29	27260	57246	207116
6	2395000	71280	84	22500	100590	16	12773	26824	162687
7	1303000	38780	100	22500	65150	0	0	0	87650
8	460900	13717	100	22500	23045	0	0	0	45545
9	99900	2973	100	22500	4995	0	0	0	27495
10	15300	455	100	22500	765	0	0	0	23265
11	302200	8994	100	22500	15110	0	0	0	37610
12	556700	16568	100	22500	27835	0	0	0	50335
合计	11537000	343362		270000	510377		44315	93062	917754

按此方法对各种仓库规模进行计算，可根据所得到的数据绘制年度总成本曲线，如图 3－11 所示。

从图 3－11 中可以看出，最经济的仓库规模是 60000 平方米。据此可预测，4～6 月期间需要租赁库容，5 月是需求的高峰期，需要租赁足以容纳 2820000 公斤化学品的库容空间。

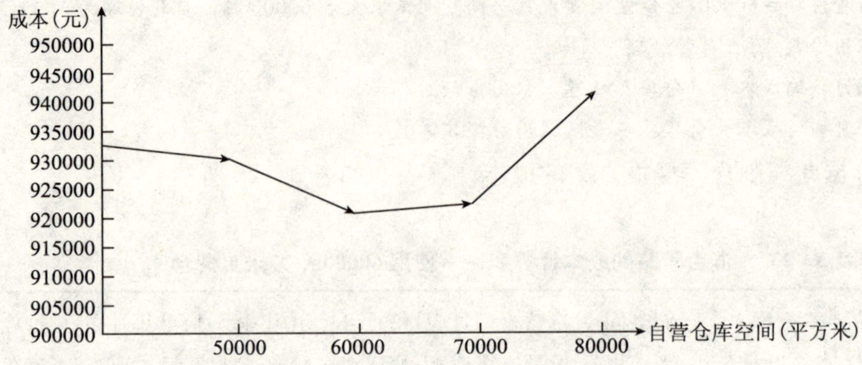

图 3-11 年成本曲线——使用自营—租赁库容的混合策略

三、物流包装活动的成本决策

包装成本约占物流成本总额的30%左右，仅次于运输成本。因此，若能在物流包装上采取有效措施，在提高包装质量、优化包装功能的前提下，降低包装成本，不仅可以降低物流成本，而且可以大大减少商品流通过程中的损失。

(一) 物流包装成本的构成

企业物流包装成本的构成通常包括以下几个方面：

1. 包装材料费用。常见的包装材料有木材、纸、金属、塑料、玻璃、陶瓷等，这些包装材料功能不同，成本相差也较大。商品包装花费在材料上的费用称为包装材料费用。

2. 包装机械费用。现代包装发展的重要标志之一是包装机械的广泛应用。包装机械不仅可以极大地提高包装的劳动生产率，也可以大幅度地提高包装的质量水平。随着包装机械的广泛应用，包装机械费用将以折旧为主的方式，转移到包装成本中。

3. 包装技术费用。由于商品在流通过程中可能受到外界不良影响，因此商品在包装时要采取一定的技术措施。比如，实施缓冲包装、防潮包装、防霉包装等。这些技术的设计、实施所支出的费用，合称为包装技术费用。

4. 包装辅助费用。包装成本除上述费用外，还有一些辅助费用。如包装标记、标志、标识的印刷，拴挂物费用的支出等。

5. 包装人工费用。是指从事包装工作的操作工人与其他有关人员的工资、奖金、补贴等费用的总和。

（二）物流包装成本决策

企业在进行物流包装决策时，应在商品包装设计时运用价值分析法从品质上、使用上、耐用性上、外观上考虑降低包装成本的可能性，主要是通过对包装材料的价值功能分析，剔除不必要的功能和过剩的质量，做到效果好、费用省。

采用价值分析法开展分析一般是从寻找有替代性的廉价材料开始，采取合理的包装工艺，发挥专业人员的作用，一步一步地进行调查分析。在包装功能不变的情况下，博取各家之长，并把它们集中起来，从而产生一种更新的物美价廉的包装。必须说明，运用价值分析法不是找到一种代用品使之比原来的价格低就行，而是为实现更大的效果进行的周密的研究。

采用价值分析法，收集具有同样功能的材料，核算它们所需要的成本，寻找和研究比它们更便宜的材料，以便替代原来的材料，这种方法称之为包装成本的改善分析或比较分析，其具体工作步骤如下：

1. 对象选择

对一个企业来说，包装物和企业的产品一样，品种规格众多，在众多的包装物中选择哪一种作为分析对象，需要具体分析确定。如某企业运用重点选择的方法，从众多的包装物中选择了产量最大的主体产品包装作为分析对象。然后，运用ABC分类分析法确定包装物的箱体作为具体分析对象，如表3-26所示。

表3-26　　某企业产品包装价值分析表

序号	零件名称	数量	成本（元）	占总成本比重（%）	占零件总数比重（%）
1	箱体	1	5.18	91.03	6.25
2	夹板	2	0.30	5.27	12.50
3	柏油纸	1	0.15	2.43	6.25
4	联结件	12	0.06	1.07	75.00
合计		16	5.69	100	100

2. 功能分析

（1）功能定义。包装物每个零件的功能定义如表 3－27 所示。

表 3－27

序号	零件名称	功能定义
1	箱体	承装物品、方便物流、造型美观
2	夹板	防止磕碰、缓冲外力
3	柏油纸	防尘、防潮、防雨
4	联结件	形成整体、紧密联结、坚固牢靠

（2）功能整理。包装物的总体功能是实现物流，它是上位功能，放在功能系统图的左侧，其他功能则按照目的—手段的逻辑关系整理成如图 3－12 所示的功能系统图。

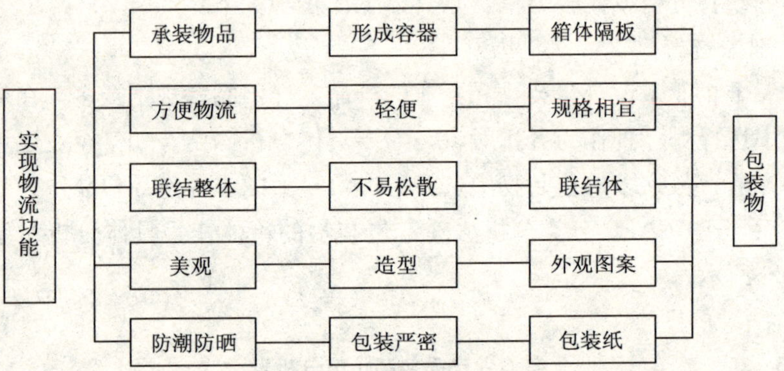

图 3－12　包装物功能系统图

（3）功能评价。采用功能分析法对包装物的功能进行评分，求出功能系数，如表 3－28 所示。

表 3-28

序号	零件名称	功能关系	评分值	相对重要性系数
1	箱体	$F_1>5F_2$	160	0.7442
2	联结件	$F_2>F_3F_4$	30	0.1395
3	夹板	$F_3>F_4$	15	0.0698
4	柏油纸	F_4	10	0.0465
合计			215	1.0000

从表 3-28 中可知箱体的功能系数为 0.7442，则箱体的成本系数和价值系数为：

$$\text{箱体成本系数}=\frac{5.18}{5.69}=0.910$$

$$\text{箱体价值系数}=\frac{\text{箱体的功能系数}}{\text{箱体的成本系数}}=0.8178$$

箱体价值系数<1，说明箱体的成本过高，应通过价值分析法合理选用箱体材料，以降低成本。

3. 方案创建

包装箱体的材料很多，有纸板、木板、金属、硬质塑料、复合材料等。经过概略评价，筛选出下列三个方案：①厚木质箱体；②用聚苯乙烯泡沫塑料作包装箱体的内包装，以瓦楞纸箱作外包装；③用五层瓦楞纸箱作外包装，每箱装一台。第二个方案的成本比原方案还高，不可取。选取第三个方案作进一步的评价。

4. 方案的技术经济评价

（1）技术可行性。采用瓦楞纸箱后，每箱装一台，采用集装托盘托运，产品不易被磕碰；外形美观，有利于提高商品的视觉效果；自身重量轻，搬运方便；装载效率高，运输周期短；箱体光滑，搬运条件好。

（2）经济可行性。纸箱箱体成本为 0.88 元/台，而木装箱箱体成本为 5.18/3=1.73 元/台，单台包装成本下降。

（3）资源的可行性。包装材料来源丰富。

5. 综合评价

改进后纸箱的价值系数为：

$$\text{价值系数}=\frac{\text{功能系数}}{\text{成本系数}}=\frac{0.7441}{0.88/1.21}=1.023$$

式中数据 1.21 为纸包装箱的成本。包装箱的价值系数有了较大的提高。因此应选择第三个方案。

本章小结

物流成本预测既是现代企业物流成本管理工作的起点，也是物流成本事前控制成败的关键。实践证明，合理有效的物流成本决策方案和先进可行的物流成本预算都必须建立在科学严密的成本预测基础上。物流成本作为经济预测的一项内容，具有预测的一般性，预测学中所常用的方法，如趋势预测法、指数平滑法、回归分析法等，均可用于企业的物流成本预测。

物流成本决策作为对企业未来物流活动中资金耗费与所获效益关系的评价与研究，与物流成本预测密切相关，概括来说，其内容涉及物流规划与物流活动过程两个方面。在企业的物流规划中，为了从成本角度对各种物流活动方案作出评价和选择，主要是进行物流投资项目可行性研究中的成本决策和物流系统设计的成本决策。在企业物流活动过程中，为了有效地控制各种劳动耗费，需要随时针对物流活动过程中影响物流成本水平发生变动的各种技术经济因素以及所出现的各种问题，研究调节措施，以降低物流成本水平、提高物流效益为目的作出成本决策。

企业物流成本决策中运用的决策分析方法主要有：物流相关成本最低法、价值工程分析法、线性规划法、成本计划评审法、经济批量模型等。

思考题

1. 什么是物流成本预测？它在企业物流成本管理中有何意义？

2. 物流成本预测的方法有哪些？

3. 在企业的物流成本决策中，为什么强调要追求物流相关总成本最低？它与企业物流成本管理有何关系？

4. 在价值工程分析法中，物流的功能和成本分别指的是什么？如何确定？

5. 运用线性规划法进行物流成本决策的核心和关键是什么？

6. 经济批量模型的含义是什么？它可以解决企业物流成本决策中的哪些问题？

案例

超级医疗设备公司的仓库选址决策

超级医疗设备公司生产的电子设备，是用在MRI、CAT扫描仪、PET扫描仪及其他医疗诊断设备中的零部件。该公司在亚利桑那州的菲尼克斯和墨西哥的蒙特雷设有生产厂，需要这些零部件的客户位于美国和加拿大的某些地方。目前，位于堪萨斯州堪萨斯城的一家仓库负责接收工厂生产出来的所有零部件，随后再分拨给客户。

由于竞争加剧和客户销售水平的变化，公司的销售量有所下降，公司管理层开始考虑仓库的选址问题。现有仓库的租赁期即将届满，管理层希望能够考察一下是对现有仓库再续租约还是另觅租赁地点。仓库所有人已经允诺若再续租约租金将极其优惠，为每年每平方英尺2.75美元，仓库面积为20万平方英尺。据估计若在其他任何地点租同等规模的仓库，租金将为每年每平方英尺3.25美元。

新租约或续租的期限均为5年。转移库存、主要人员的搬迁费用以及其他选址费用将导致一次性支出30万美元。各地的仓库运营成本估计基本相同。

最近一年，该公司的销售额达到近7000万美元。从各工厂到堪萨斯城仓库的运输费用为2162535美元，从仓库到客户的运输费用为4819569美元。仓库租赁费为每年100万美元。

为研究仓库选址问题而收集的数据见下表。

最近一年从工厂到堪萨斯城仓库整车（第 100 级货物）运输的运量、费率、距离及坐标值数据

工厂位置	年运量（担）	运输费率（美元/担）	距离（英里）	网格坐标值①	
				X	Y
菲尼克斯	61500	16.73	1.163	3.60	3.90
蒙特雷	120600	9.40	1.188	6.90	1.00
总计	182100				

① 英里＝230×坐标距离

最近年份从堪萨斯城仓库到客户用 5000 磅卡车（第 100 级货物）运输的运量、费率、距离及坐标值数据

客户位置	年运量（担）	运输费率（美元/担）	距离（英里）	网格坐标值①	
				X	Y
西雅图	17000	33.69	1858	0.90	9.10
洛杉矶	32000	30.43	1496	1.95	4.20
丹佛	12500	25.75	598	5.60	6.10
达拉斯	9500	18.32	560	7.80	3.60
芝加哥	29500	25.24	504	10.20	6.90
亚特兰大	21000	19.66	855	11.30	3.95
纽约	41300	26.52	1340	14.00	6.55
多伦多	8600	26.17	1115	12.70	7.80
蒙特利尔	10700	27.98	1495	14.30	8.25
堪萨斯城				8.20	6.00
总计	182100				

① 英里＝230×坐标距离

尽管运输成本一般并不表示为美元/担/英里，但已知最近一年的向外运输成本为 4819569 美元，加权平均运距为 1128 英里，年运量为 182100 担，可估计出以仓库为起点的外向运输平均费率为 0.0235 美元/担/英里。

第四章　物流成本预算

学习目的

物流成本预算的编制既是对物流成本预测与决策结果的反映，又是企业实施物流成本控制的依据，在物流成本管理中起着承上启下的作用。通过本章的学习，了解企业物流成本预算的基本内容与构成体系；掌握物流成本预算的各种编制方法，包括弹性预算方法、零基预算方法、滚动预算方法等，并能够在物流预算编制中灵活运用；熟悉各种物流成本预算的编制；理解预算控制的含义与特征。

第一节　物流成本预算概述

一、物流成本预算的含义及作用

物流成本预算是指所有的以货币形式及其他数量形式反映的有关企业未来一定时期全部物流活动的行动计划与相应措施的数量说明。

物流成本预算包括预算编制和预算控制两项职能。作为计划本身与计划实施、控制的中间环节，物流成本预算具有重要作用。

（一）目标作用

企业的物流活动要有目标，它不仅要指明未来行动的方向，而且还要说明行动结果的数量要求，否则就无法实现对物流活动的有效控制。物流成本预算加强了计划目标的可比性，在计划执行过程中作为依据即时明确地提供偏差信息，以便管理层采取有效措施，扩大收益或减少损失。同时，物流成本预算使计划目标明确化，便于个人与组织理解和把握，帮助其了解自身在企业整体工作中的地位和作用，从而强化了计划目标的指导性和激励性。

（二）协调作用

企业物流的总体经营目标，如成本降低，必须层层分解为物流各部门、人员和经营环节上的具体目标才能够得到落实。而最重要的是各部门、个人和经营环节的具体目标在方向上必须与总体经营目标保持一致，总体经营目标才有可能最终实现。通过编制物流成本预算可以把各组织层次、部门、个人和环节的目标有机地结合起来，明确它们之间的数量关系，有助于各个部门和经营环节通过正式渠道加强内部沟通并互相协调，从整个物流系统的角度紧密配合，取得最大的经济效益。

（三）控制作用

在日常物流活动中，各项物流活动进展如何，是否符合预定进程，能否实现计划目标，都需要根据一定的标准进行分析和判断，以便及时采取措施。有了物流成本预算，有关部门和单位就可以以预算为依据，通过计量、对比，及时提供实际执行结果与预算标准之间的差异数额，分析其原因，采取有效的措施，保证预算任务和目标的顺利实现。

（四）评价作用

物流成本预算在确立组织内部各部门、环节、个人行动目标的同时，也进一步明确了它们所承担的经济责任，使之能够被客观评价并具有可考核性，即通过实际数与预算数的比较分析，可以检查评价各部门、个人和环节的经济责任和计划任务的完成情况。

二、物流成本预算的内容

如前所述，企业的物流成本可以按各种不同的标准进行分类核算，与此相适应，物流成本预算也可以按照各种不同的标准进行分类编制，具体来讲存在下列三种形式。

（一）物流成本形态别预算

即按物流成本的形态编制的物流成本预算，它包括物流人员工资、物流设备折旧费、耗用品费、修缮费以及各种其他费用的预算。这种形式的物流成本预算有利于评价、分析一定时期内企业物流的财务状况，但不利于企业的物流管理。

（二）物流成本功能别预算

即按物流成本的功能编制的物流成本预算，它包括包装成本预算、运输成本预算和仓储成本预算等。这种形式的物流成本预算能够将预算同物流部门及其工作人员有机地结合起来，提高物流部门及其工作人员降低物流成本的积极性。只要将预算与实际作一比较，就能知道各物流部门的预算执行情况，便于明确责任，从而有利于物流成本的降低。

（三）物流成本对象别预算

即按物流成本的发生对象编制的物流成本预算，该预算通常是按不同商品、不同地区或不同用户编制的。这种形式的物流成本预算包括主要商品的物流成本预算、主要销售地区的物流成本预算和主要用户的物流成本预算。其中，主要商品的物流成本预算是按企业中若干主要商品编制的物流成本预算，它便于企业有效控制这些主要商品的物流成本支出，进行重点管理，从而达到降低物流成本的目的。主要采购和销售地区的物流成本预算是指企业在采购和销售商品的主要地区所花费的物流成本的预算，它有利于控制企业在主要采购和销售地区的物流成本支出，便于在主要采购和销售地区采取措施完成预算，进而降低物流成本。主要用户的物流成本预算是指企业在采购和销售商品时，向不同用户支付的物流成本的预算。这种形式的预算有利于调整企业与用户之间服务与成本的关系，经过努力可以实现既不影响对用户的服务质量，也不至于因过高的服务水平而花费巨额的物流成本，从而有利于物流成本的降低。可见，第三种形式的物流成本预算，其主要作用是通过编制不同地区、不同商品、不同用户的物流成本预算来实现重点管理，加强企业物流成本支出的重点控制，从而提高对物流管理的有效性。

三、物流成本预算编制的组织工作

编制物流成本预算是物流成本预算管理的首要内容，是实施物流成本预算控制的基础，同时也是一项非常复杂和综合性的工作。因此，物流成本预算的编制有赖于最高管理部门的支持和物流组织内各部门的通力合作，在实际中往往要专门成立一个预算委员会，其成员由总经理、财务副总经理和各职能部门的负责人组成。它的主要职责是：提出企业一定期间的总体经营目标，指导各部门形成自己的工作目标；审查协调各部门编制的预算，经过综合平衡确立组织的预算体系；监督检查预算的执行情况；分析评价预算执行的结果，并提出改进意见。

根据目标管理的原则，物流成本预算作为计划和控制物流活动的工具，其编制过程必须得到物流部门全体员工的参与。为此，在编制物流成本预算时，可以采取“自编预算”或“参与预算”的方法，广泛吸收预算执行者参加预算编制。其主要程序是：首先由企业最高管理部门会同预算委员会提出经营目标的总体内容和具体要求，然后由物流部门根据经营目标的总体要求，结合本部门具体工作目标，提出本部门的初步预算，预算委员会对其进行分析审查和调整，并在此基础上编制企业的总体预算，报送企业最高领导机构审核批准，最后作为正式预算下发给物流部门执行。通过这种方法编制的预算与上级编好再交下级执行的“强制预算”相比，往往更加切合工作和经营业务的实际，同时容易得到广大预算执行者的理解和支持，增强了执行预算的积极性和自觉性，从而能使预算充分发挥其应有的作用。

第二节　物流成本预算的编制

物流成本预算是整个物流预算体系的中心，也是物流预算的重点。如前所述，物流成本预算可按三种不同的划分标准进行分类，与此相对应，物流成本预算也有三种不同的编制方法。下面，我们将通过实例介绍几种不同的编制方法。

一、不同范围的物流成本预算的编制

不同范围的物流成本预算是对企业不同领域的物流成本编制的预算。这种预算规划出预算期内各物流领域中的物流成本支出数目，从而作为各领域的物流人员降低物流成本的目标。它包括供应物流预算、生产物流预算、销售物流预算、退货物流预算和废弃物物流预算等内容。

【例4-1】　某公司上年度发生的供应物流费为15000元，生产物流费为17000元，销售物流费为20000元，退货物流费为2000元，废弃物物流

费为5000元。据公司有关部门分析、预测，本期公司的原材料采购业务将大幅度增长，为此供应物流费将比上年增加10%，而生产物流费仍将控制在上年的水平，销售物流费预计可降低5%，退货物流费可望削减50%，废弃物物流费预计降低15%。根据上述资料，采用分析计算的方法，可编制不同范围的物流成本预算如表4-1所示。

表4-1　　某公司物流成本预算（按不同范围编制）

20××年　　单位：元

费用项目	上年实际数	预计增减比率	本年预算数
供应物流费	15000	+10%	16500
生产物流费	17000	—	17000
销售物流费	20000	-5%	19000
退货物流费	2000	-50%	1000
废弃物物流费	5000	-15%	4250
合　计	59000		57000

不同范围的物流成本预算除了可按年度编制以外，也可按季、按月分别编制，然后汇总编制年度预算。如果企业物流业务量较大，且不同月份的物流业务量增减变化较为明显，最好先按季分月编制预算，编制的方法与上述年度预算的编制相同。仍以上述企业为例，编制一季度的不同范围物流成本预算如表4-2所示。

表4-2　　某公司物流成本预算（按不同范围编制）

20××年一季度　　单位：元

月份 项目	预算数			
	一月份	二月份	三月份	一季度
供应物流费	1500	2000	1080	4580
生产物流费	1600	1950	2100	5850
销售物流费	2200	1850	1700	5750
退货物流费	80	75	81	236
废弃物物流费	280	295	285	660
合　计	5660	6170	5246	17076

二、不同功能物流成本预算的编制

不同功能的物流成本预算是指按不同的物流功能编制的费用预算。这种预算将不同功能的物流费用指标落实到具体的物流部门，从而有利于明确责任，便于正确考核和评价各物流部门在降低物流成本方面的贡献，并发现其存在的问题，确定奖惩。因此，这是一项有效控制物流成本的预算。这项预算具体包括包装费预算、运输费预算、仓储费预算和装卸费预算等方面的内容。

（一）包装费用预算的编制

包装费用是指商品包装过程中所发生的费用，它可分为直接包装费和间接包装费。直接包装费是指与商品包装业务量大小直接有关的各种费用，包括直接材料费、直接人工费和直接经费。直接材料费是指包装某种商品直接耗用的材料费用；直接人工费是指直接参加某种商品包装的人员的工资及福利费；直接经费主要是指这种商品的包装设计费用。间接包装费是指与各种商品包装有关的共同费用，同样，也是由间接材料费、间接人工费和间接经费所组成。间接材料费是指包装各种商品所共同耗用的材料费用，以及包装部门日常领用的耗用性材料费用；间接人工费是指包装管理人员的工资及福利费；间接经费是指包装设备的折旧费、设备维修费以及包装管理部门所耗用的水、电、气等。由于直接包装费随包装件数的增减而成比例增减，因此，直接包装费一般属于变动费用。相反，间接包装费则属于固定费用，但也有一部分间接包装费是变动费用，如电费、水费等。

编制某类商品的包装费预算时，直接包装费可按商品的包装件数乘以该商品每件的直接包装费计算确定。间接包装费可用企业间接包装费总额按一定的分配标准计算出一个分配率，然后分别乘以各种商品的分配标准数（如包装的件数、包装商品的产值、销售收入等）以确定某种商品的间接包装费。

【例 4-2】 假定某公司 20××年一季度某种商品包装总数为 5000 件，每件直接材料费为 0.20 元，直接人工费为 0.30 元，直接经费为 0.10 元，变动间接经费为 0.10 元（其中电费 0.05 元，煤气费 0.04 元，水费 0.01 元），分配记入该种商品的固定间接经费为 550 元（其中折旧费 100 元，包装管理人员工资300元，包装设备维修费150元）。根据上述资料，编制该类商品的包装费用预算如表4-3所示。

表4-3　　某商品包装费用预算表

20××年一季度　　单位：元

项目	一月份（1500件）		二月份（1700件）		三月份（1800件）		一季度（5000件）	
	单件	合计	单件	合计	单件	合计	单件	合计
直接包装费								
直接材料费	0.20	300	0.20	340	0.20	360	0.20	1000
直接人工费	0.30	450	0.30	510	0.30	540	0.30	1500
直接经费	0.10	150	0.10	170	0.10	180	0.10	500
变动间接经费								
电费	0.05	75	0.05	85	0.05	90	0.05	260
煤气费	0.04	60	0.04	68	0.04	72	0.04	200
水费	0.01	15	0.01	17	0.01	18	0.01	50
变动成本合计		1050		1190		1260		3500
固定间接经费								
折旧费		30		30		40		100
维修费		50		50		50		150
管理人员工资		100		100		100		300
固定包装费合计		180		180		190		550
合　　计		1230		1370		1450		4050

（二）运输费用预算的编制

企业的运输费用包括营业运输费用和自营运输费用两个组成部分。营业运输费用是指利用营业性运输工具进行运输所支付的费用；自营运输费用则是用自备运输工具进行运输所发生的费用。这两种费用的支付对象、支付形式及项目构成都有较大的差别，因而必须区别对待，分别编制预算。

1. 营业运输费用预算的编制

企业进行营业运输时，其运输费用是直接以劳务费的形式支付给承运单位（运输企业）的，营业运输费实质上是一种完全的变动费用，这种运输费的计算和预算的编制比较简单。如果企业采用汽车运输，运输费用可按汽车标准运费率乘以运输吨公里数计算确定；如果采用火车运输，其运费可按铁路标准运费率乘以运输吨公里数计算确定；水路、航空运输，以此类推。

【例 4-3】 假定某公司计划年度共需完成 7000 吨公里的运输任务。已知采用公路运输 1000 吨公里，铁路运输 4000 吨公里，水路运输 2000 吨公里，可使该批商品的运输效益最佳。又知公路运输的平均运费率为 0.30 元/吨公里，铁路运输的运费率为 0.20 元/吨公里，水路运输的运费率为 0.15 元/吨公里。根据上述资料编制该批商品营业运输的运输费用预算如表 4-4 所示。

表 4-4　　某商品营业运输费用预算表

20××年

项　目	运费率（元/吨公里）	运输量（吨公里）	运输费用（元）
公路运输费用	0.30	1000	300
铁路运输费用	0.20	4000	800
水路运输费用	0.15	2000	300
合　计			1400

2. 自营运输费用预算的编制

自营运输费用的发生情况比较复杂，既有随运输业务量增减而成比例增减的变动运输费用，如燃料费、维修费、轮胎费等；也有不随运输业务量成比例变化的固定运输费用，如运输工具的折旧费、保险费、养路费等。因此，为了有效地实施预算控制，需要在编制运输费用预算之前，首先区分变动运输费和固定运输费。为了计算预算期各项变动运输费，可以先以上年该项变动运输费总额除以运输业务量，求出上年的变动费用率，在此基础上考虑预算期可能发生的各种变动，适当调整变动费用率，再以调整后的变动费用率乘以预算期的运输业务量，则可得到预算期该项变动运输费用的数额。在确定各项变动运输费用之后，再根据上期各项固定费用的分配数，并考虑预算期可能变化的因素，求出预算期的各项固定运输费用。最后，便可得出自营运输费用的预算。

【例 4-4】 假定某公司 20××年度需完成某种商品的运输任务为 200 万吨公里。上年各项变动运输成本的变动费用率经计算为：燃料费 0.8 元/吨公里，维修费 0.5 元/吨公里，轮胎费 0.7 元/吨公里，其他为 0.4 元/吨公里。预算期的各项变动费用率不变。根据上期的实际情况，并考虑预算期的变化因素，确定预算期支付各项固定运输费用的数额如下：运输设备折旧费 50000 元，养路费 20000 元，交通管理费 30000 元，其他固定费 10000 元。根据上述资料，编制自营运输费用预算如表 4-5 所示。

表 4-5　　自营运输费用预算表

20××年　　单位：元

项　　目	变动费用率	计划运输量	费用预算
变动运输费			
燃料费	0.8	2000000	1600000
维修费	0.5	2000000	1000000
轮胎费	0.7	2000000	1400000
其他	0.4	2000000	800000
小计			4800000
固定运输费			
折旧费			50000
养路费			20000
管理费			30000
其他			10000
小计			90000
合　计			4890000

（三）仓储费用预算的编制

仓储费用预算也是物流成本预算的重要组成部分。根据所使用的仓库是否归本企业所有，又可将仓储形式分为自营仓储和营业仓储。由于自营仓储和营业仓储所支付的费用形式与内容都有很大差别，所以，在编制仓储费用预算时，要区别对待两种情况，即分别编制营业仓储费用预算和自营仓储费用预算。

1. 营业仓储费用的预算编制

如果使用营业性仓储设备储存保管商品，只需向仓储企业支付一笔保管费即可，保管费的多少，往往因储存商品价值的大小、保管条件的好坏以及仓库网点所处的地理位置而有所不同。因此，营业仓储费用预算可按两种标志来编制：一是按所保管的物资价值的大小、数量的多少、保管条件的好坏将物资分为A、B、C三个等级。其中，A级商品是单位价值大、数量少、保管条件好的商品；B级商品次之；C级商品为单位价值小、数量多、保管条件差的商品。与此相适应，所支付的仓储费用也有三个档次，即A级商品的保管费、B级商品的保管费和C级商品的保管费，并按上述三类费用的支出情况编制预算并进行控制。二是按仓库网点的地理位置不同、仓库条件不同、收费标准不同而将储存商品相应委托给不同仓储单位存储，并编制相应的仓储费用预算。

现举例说明上述两种仓储费用预算的编制方法。

【例4-5】 某公司实行A、B、C分类法进行仓储管理。预算年度有A类商品为20件，每月每件需支付保管费20元，B类商品为100件，每月每件需支付保管费2元，C类商品为500件，每月每件需支付保管费0.2元。现根据已知资料，编制营业仓储费用预算如表4-6所示。

表4-6　　营业仓储费用预算

20××年　　单位：元

类　别	件　数	每件所需保管费	年度预算金额
A类商品	20	20×12	4800
B类商品	100	2×12	2400
C类商品	500	0.2×12	1200
合　计			8400

【例4-6】 某公司将委托甲、乙、丙三家仓储企业存储商品。这三家仓库的收费标准各不相同，根据三家仓库所存储商品的数量和时间，预计向甲仓储企业支付3000元保管费，向乙仓储企业支付3800元，向丙企业支付

1600元。根据这一资料，编制营业仓储费用预算如表4－7所示。

表4－7　　营业仓储费用预算

20××年　　单位：元

仓储企业	年度预算金额			合　计
	A类	B类	C类	
甲企业	3000			3000
乙企业	1800	1500	500	3800
丙企业		900	700	1600
合　计	4800	2400	1200	8400

2. 自营仓储费用的预算编制

自营仓储费用预算的编制较营业仓储费用预算的编制复杂。这是因为自营仓储费用所包括的内容比营业仓储费用多，计算起来比较麻烦。为编制自营仓储费用预算，首先也要区分变动仓储费用和固定仓储费用。变动仓储费用就是随仓储业务量的增减而成比例增减的仓储费用，而固定仓储费用则是指不随仓储业务量的增减而成比例增减的仓储费用。属于变动仓储费用的有：①转库搬运费；②检验、挑选、整理费；③临时人员工资及福利费；④库存物资损耗等。属于固定仓储费用的有：①仓储设备及土地折旧费；②维修费；③管理人员工资及福利费；④保险费；⑤其他费用，如水费、电费、煤气费等。

自营仓储费用的预算可按月、季和年度编制。不论是月度、季度，还是年度预算，费用的计算方法基本相同，可根据上年统计资料在预算期的变化因素进行计算，然后编制预算表。现将年度自营仓储费用的预算表格设计如表4－8所示。

表 4-8 自营仓储费用预算表

20××年

成本项目	一季度	二季度	三季度	四季度	合　计
变动仓储成本					
转库搬运费					
检验、挑选、整理费					
临时人员工资					
临时人员福利费					
库存物资损耗					
小计					
固定仓储成本					
折旧费					
维修费					
管理人员工资及福利费					
保险费					
其他					
小计					
合　　计					

第三节　物流预算与控制

一、有效的预算编制方法

预算与控制密不可分。物流预算编制既是一个计划过程，同时也是确定控制标准的过程。而物流预算的执行过程也就是根据预算对实际物流经营过程进行控制的过程，即预算控制。在上一节，为了说明物流预算的编制，我们只按预算期内计划的一种业务量水平来编制相应的预算，这种预算称为固定预算或静态预算。一般而言，企业的物流活动及其所处的环境并非如此简单明确，作为控制手段的预算也就必须根据其特点而采用不同的形式。实际上，管理人员在编制物流预算时，就要考虑到预算控制的要求，针对不同企业和不同特点的物流经营活动进行有效控制的需要，使用比一般预算方法更先进的方法编制物流预算。物流预算编制的具体方法和技巧是否恰当是物流预算控制能否成功的一个重要方面。

（一）弹性预算

采用固定预算方法为企业物流成本费用编制预算时，其中的变动费用明细项目是根据预算期某一给定的业务量水平为基础来确定其预算金额的。这种固定预算编制方法有着明显的缺点：每当实际业务量与编制预算时所依据的业务量产生差异时，各费用明细项目的实际数与预算数就失去了可比的基础。而在实际中，由于市场行情的变化或季节性等原因，各月份的实际业务量水平常常与预算产生差异，致使无法准确地评价和考核物流费用预算的执行情况，从而也就难以对其实施预算控制。因此，为了控制物流预算的有效性，就有必要编制物流弹性预算。

弹性预算（Flexible Budget）又称变动预算，就是针对固定预算的上述问题，按照多种物流经营活动水平和收入、成本、费用与物流经营活动之间的数量关系来编制预算。具体地说，就是在编制物流成本费用预算时，预先估计到预算期间业务量可能发生的变化，编制出一套能适应多种业务量水平的成本费用预算，以便分别反映在各种业务量水平下所应开支的费用水平。弹性预算的特点是，在企业物流规模和业务量水平不断发生变化时，预算数额能够随着业务量水平的变化而做机动的调整，使之仍然能够准确真实地反映某一特定物流经营规模和业务量水平上所应当发生的成本费用或应当取得的收入。因此，即使预算期内实际业务量与预计的业务量不一致，通过编制弹性预算，也能够提供与实际业务量水平相适应的预算额，从而能够使预算指标与实际业绩进行比较，有利于对某些物流经营活动进行有效的控制。

由于物流成本费用中均包含变动费用和固定费用两部分，因此在为它们编制弹性预算时，应首先将有关预算中的全部成本费用分为固定和变动两部分。只要在相关范围内，固定费用不随业务量的增减而变动，因此，不论业务量多少都无须变动原先的预算数；对于变动成本，则应按不同的业务量对原定的预算数进行适当调整。调整方法如下：假定原定物流费用预算总数为Y，其中固定费用总数为a，原计划业务量按物流商品流转额计算为x，变动费用总额为bx，则每单位物流商品流转额变动费用分配率为b（即bx/x），原预算中的费用预算总数为$Y=a+bx$。假定实际业务量为X，按实际业务量调整后的物流费用预算总数即为 Y＝a＋bX。

【例 4－7】 假定某公司业务量（物流商品流转量）由 30000、25000、20000 到 15000 个单位发生变化，物流费用的弹性预算如表 4－9 所示。

表 4－9　　物流费用弹性预算　　单位：元

费用明细项目	变动费用分配率	物流商品流转量			
		30000	25000	20000	15000
变动费用					
包装费	0.4	12000	10000	8000	6000
运输费	0.6	18000	15000	12000	9000
搬运费	0.3	9000	7500	6000	4500
流通加工	0.5	15000	12500	10000	7500
装卸费	0.2	6000	5000	4000	3000
小计		60000	50000	40000	30000
固定费用					
保管费		15000	15000	15000	15000
订货处理		15000	15000	15000	15000
信息流通		25000	25000	25000	25000
物流管理		5000	5000	5000	5000
客户服务		2000	2000	2000	2000
小计		62000	62000	62000	62000
物流费用		122000	112000	102000	92000

应该注意的是，弹性预算不仅适用于物流费用预算的编制和控制。实际上，任何随业务量的变化而变化的预算项目均可以采用这种方法为其编制预算，从而为预算控制提供了一个坚实的基础。

（二）零基预算

按传统方法编制物流成本费用预算，一般是以基期的各种物流费用项目的实际开支数为基础，然后结合预算期内可能会使各种费用项目发生变动的有关因素的考虑，如业务量的增减等，从而确定预算期内应增应减的数额，即在原有的基础上增加或减少一定的百分率来编制物流预算，称为增量预算。这种传统的方法过分受基期的约束，往往不能做到实事求是、精打细算，造成较大的浪费，使企业的物流资源运用效率下降。20 世纪 60 年代美国人彼得·派尔（Peter Pyhrr）提出了“以零为基础的编制预算和计划的方法”（Zero-based Planning and Budgeting），即零基预算（ZPB），被认为是管理间接费用的有效方法。按照零基预算的思想，企业在编制物流成本费用预算时，对于任何一个预算期，任何一种项目的开支数，不是从原有的基础出发，即不考虑基期的费用开支水平，而是以零为起点，从根本上考虑各项费用项目的必要性和开支数目。编制物流零基预算的具体方法，大体可以分为三个步骤：

首先，提出物流预算目标。即由企业物流各部门和员工根据本企业在预算期内的总体经营目标和各部门应当完成的任务，在充分沟通酝酿的基础上提出必须安排的物流费用项目，并为每一物流费用项目编写一套开支方案，明确费用开支的目的和确切金额。

其次，进行成本效益分析。即对每一个预算项目的所得与花费进行比较，以计算、对比的结果评价各预算项目的经济效益，在权衡各个物流费用开支项目轻重缓急的基础上决定对所有预算项目资金分配的先后顺序。

最后，分配资金，落实预算。即根据以上确定的预算项目的先后次序，将企业物流活动在预算期内可动用的资金来源或经济资源，在有关项目之间进行合理分配，既保证优先预算项目的资金需要，又要使预算期内各项物流经营活动得以均衡协调发展。

【例 4－8】 假定某公司采用零基预算法编制下一年度物流费用预算，具体过程如下：

第一步，由物流部门根据企业下年度利润目标、销售目标和成本目标以及物流部门具体承担的物流经营任务的要求，提出计划期各项费用及其水平如表 4－10 所示。

表 4-10　　　　单位：元

项目	金额
物流部门人员工资及福利费	200000
有关设备、仓库折旧费	50000
生产要素采购费用	35000
广告宣传费	350000
仓库挑选、整理、保管费	25000
物流信息费	120000

第二步根据有关历史资料，对各种费用进行“成本效益”分析：

生产要素采购费用和仓库挑选、整理、保管费属于变动性物流费用，与特定的业务量相联系，是完成计划规定的物流业务活动必不可少的开支。

有关设备、仓库折旧费和物流部门人员工资及福利费属于约束性固定成本，是企业必不可少的开支项目。

广告宣传费和物流信息费属于酌量性固定成本，根据以往有关的平均费用金额和相应的平均收益金额，计算成本效益比率如表 4-11 所示。

表 4-11　　　　单位：元

明细项目	平均费用金额	平均收益金额	成本效益比率
广告宣传费	20000	400000	20
物流信息费	40000	400000	10

第三步是安排各项费用的开支顺序：

生产要素采购费用和仓库挑选、整理、保管费是必需支出项目，需全额保证，列为第一层次；

有关设备、仓库折旧费和人员工资、福利费，列为第二层次；

广告宣传费成本收益水平高于物流信息费，列为第三层次；

物流信息费列为第四层次。

最后，分配现有资金和落实预算，如果企业可供物流部门使用的资金为 730000 元，则分配结果如表 4-12 所示。

表 4-12　　单位：元

生产要素采购费用	35000
仓库挑选、整理、保管费	25000
有关设备、仓库折旧费	50000
物流部门人员工资及福利费	200000
广告宣传费	（730000－310000）×20/30＝280000
物流信息费	（730000－310000）×10/30＝140000

物流零基预算的优点是不受历史资料和现行预算的限制，对一切物流业务活动及其费用开支都要像组织第一次创立一样，以零为起点来考虑其必要性和重要程度，然后重新分配企业的物流预算资源。因此，这种预算方式可以有效地压缩经费开支，提高资金的使用效率和合理性。当然，零基预算法的工作量较增量预算要繁重得多，所以企业可以每隔几年编制一次物流零基预算，而在其他时间仍编制增量预算。

（三）滚动预算

通常情况下，物流成本预算的预算期是一年，以便和会计年度相配合，对预算执行结果进行分析和评价。但是，这种固定以一年为期的预算，在实际运用中存在诸多的缺陷。比如，由于对预算年度中靠后月份的物流经营活动无法准确预测，企业在编制物流预算时只能对其进行大致的估计和推测，这就使预算数往往不能符合实际情况，给预算执行造成很大的困难。再如，固定期间的预算，在执行一段时期后，往往会使管理人员只考虑剩余月份的物流经济活动，因而缺乏长期打算。为了解决固定预算的上述问题，企业可采用滚动预算（Rolling Budget）的方法编制物流成本预算。这种方法要求预算始终保持 12 个月的时间跨度，其中前几个月的预算详细完整，后几个月的预算可以笼统概括一些。每过去一个月（或季度），就根据新的情况修订调整后一个月（或季度）的预算使之逐渐细化，并在原有的预算期末补充一个月（或季度）的预算，逐期向后滚动。

由于滚动预算的预算期不是固定的，而是连续不断的，故又被称为永续预算。这种预算方法符合企业持续经营的一般假设，使预算具有连续性和完整性，帮助管理者通过动态的预算过程对企业未来较长一段时间的物流经营活动作出详细而全面的考虑。此外，滚动预算方法符合人们对事物的认识过程，允许对预算作出调整和修正以适应变化了的实际情况，从而提高预算的科学性和有效性。

滚动预算编制的示意图如下图所示。

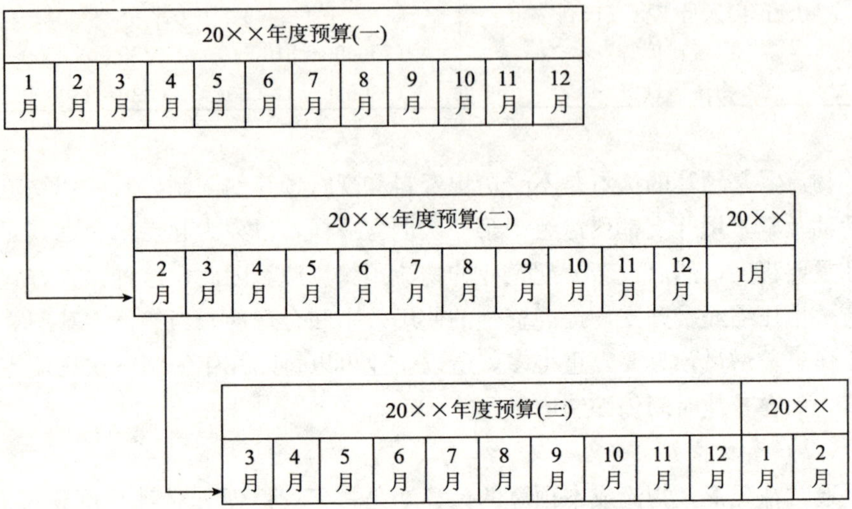

滚动预算示意图

二、物流预算控制的行为因素

物流预算控制能否成功的另一个重要问题是管理人员如何认识和把握企业内部的组织和个人对预算制度的反映方式，即认识和把握物流预算控制的行为内涵。组织中个体或团体在管理实践中的反映将会对组织中的有关事件过程产生显著影响。而相对于物流管理的所有其他主题来说，预算问题中的行为内涵具有更重要的意义，因为预算要涉及组织中每一个成员，即一些人要编制预算，一些人要使用预算来帮助其作出决策，还有一些人的工作要通过预算来得到评价。所有这些问题都涉及人们的行为倾向，它们集中表现为道德问题。

比如，物流预算用于判断物流经理人员的实际业绩，即经理人员追求的奖金、晋升和提薪能否实现取决于经理人员是否实现或超额实现预算目标。此时，物流预算将具有显著的行为效应，但这种行为效应可以是积极的，也可以是消极的，它取决于物流预算的运用方式。当物流经理人员的目标与组织的目标一致时，物流预算控制就会产生积极的行为效应，物流经理人员有动力去实现组织的目标；但当物流预算没有被恰当运用时，物流经理人员的失调行为就会妨碍组织目标的实现。产生物流预算的消极行为效应的根本原因是道德问题，即物流预算对物流经理人员的业绩评价和提薪、晋升的重要作用，常常会导致不道德行为的发生，如物流经理人员为了使预算易于实现而低估收入或高估成本等。

在实际中，能够保证物流经理人员与组织的目标完全一致而有效防止不道德行为发生的预算制度是不存在的，但企业仍然可以采用一些有效的措施使物流预算控制中的积极的行为效应达到一定的合理水平。

（一）运用参与预算方法

多数人在设法实现经过与其协商而制定的目标时常常表现出更高的积极性和自觉性。参与预算的思想就是在物流预算过程中调动组织中的所有成员，使人们感觉到“这是我们的预算”，而不是感觉到“这是你强加于我们的预算”。在实际中，可以采用目标管理的方法在组织中具体实施参与预算。按照目标管理的要求，将企业物流的整体目标进行层层分解，具体落实为每个物流部门和员工的目标，然后编制出各个目标之下的预算。而目标管理的实质就是要在目标确立与预算编制过程中，让管理人员与其下属就有关目标和预算进行充分的沟通和协商，从而使员工在预算实施过程中能够更大可能地实现“自我控制”。然而，参与预算也有其自身的缺点，过多的参与预算可能导致扯皮和延误，而且当组织不能对作出准确预算的行为提供恰当的激励时，虚报预算的问题就可能更加严重。

在参与预算中，物流预算赖以形成的有关信息绝大部分来自企业内部各物流部门的成员。如物流成本预测要依赖于企业财务人员的研究和分析，同时也要权衡考虑物流部门人员的推测。当物流经理人员的业绩是以低于物流成本预算为依据进行评价时，物流经理人员就具有在进行物流成本推测时提供较高成本估计的动机，这就是虚报预算的情况。物流部门提供的成本预测值与成本实际估计值之间的差异被称为预算松弛（Budget Slack）。物流部门之所以要虚报预算造成预算松弛，除了上述因素外，还由于物流部门企图用预算松弛来对付不确定性，物流部门主管人员会意识到预算期的某些不可预见事件会导致无法预计的成本，对付这种无法预见事件的一种方法就是虚报预算。这样一来，物流部门主管就可以在顺利的情况下超额完成预算，而在有不利事件发生的情况下，通过预算松弛缓解事件的影响并仍能达到预算要求。造成预算松弛的第三个原因是物流预算中的成本推测值在资源分配过程中常常遭到削减，这样一来就产生了恶性循环，即成本推测值虚报是因为可能被削减。而削减是因为它们可能被虚报了。组织要解决这一难题，第一应努力避免把预算作为一种消极的评价工具来过分依赖；第二是对物流部门主管超额完成预算的情况给予谨慎及富有辨别力的评价，使其降低成本预算虚报的倾向；第三是对物流经理人员不仅要提供完成预算目标的激励，也要对作出准确推测提供激励，即明确要求物流部门经理调整他们不准确的推测，同时奖励那些连续作出准确预测的经理人员。

（二）实施货币性与非货币性奖励

物流预算在业绩评价和经理人员提职加薪中的重要作用常常会导致一些不道德行为的发生，在物流经理人员个人目标与组织目标存在根本冲突时，就会妨碍预算的执行和组织目标的实现。行为理论的研究成果表明，有效的奖励制度可以促使物流经理人员的目标与组织目标趋于一致。但传统的行为理论认为，个人的积极行为主要来源于货币奖励，相应的预算控制就要求物流经理人员对预算中的每一个项目负责，重点是控制住下属逃避责任和浪费资源的倾向，同时把预算执行业绩与提薪、发放红利和晋升挂钩，以便达到这种控制的目的。但上述观点对人类行为的认识过于简单化了，人的积极性还应取决于工作本身的性质、责任、自尊心和出色完成工作的满足感等一系列复杂的心理和社会因素。在使用物质性激励手段的同时，应该看到工作丰富化、增加责任和自主权等非物质手段的激励作用。

（三）对业绩频繁反馈

对于物流经理人员，需要随时了解他们的工作情况，及时向他们提供业绩报告，让他们知道自己努力的结果，一方面可以增强物流经理人员的积极行为，给他们提供机会适应情况的变化；另一方面，组织可以运用弹性预算并采取措施改进计划，有选择地关注一些重要的差异，进行例外管理。

（四）采用现实标准

物流预算目标作为衡量物流经营业绩的标准，就应建立在对实际情况准确预计的基础上。物流预算要反映物流经营的实际情况，应考虑的因素包括实际的作业水平、季节性变动以及宏观积极因素。如对于受季节性影响较大的企业，就不应将收入或成本预算平均分配到各季或各月。又如，在预计到经济衰退的情况下，就不应作出基于业务量增加的预算。

另一方面，由于在参与预算中过分强调目标的挑战性，常使物流预算目标制定得过紧。目标无法实现就会挫伤物流经理人员的积极性并导致更差的业绩。参与预算的一个要点是使物流经理人员制定出既有激励性又现实可行的目标。

（五）识别成本的可控性

传统观点认为，物流经理人员仅仅对他们可以控制的成本负责，而无须对不可控成本负责。但应注意到，在实际中企业将不可控成本包括在下属的预算中可以使物流经理人员意识到弥补所有成本的重要性；同时可控成本是相对的，并非意味着物流经理人员永远能够完全控制它。因此，物流预算中包括了不可控成本，重要的是将其与可控成本相区别，并标明为不可控成本。

（六）采取多重业绩指标

企业将物流预算作为评价物流业绩的唯一标准，会导致物流经理人员的短期行为，即物流经理人员会采取一些措施，以损害企业长期运营为代价追求改善短期经营业绩，这是因为物流经理人员的任期总是相对较短，将为其短期行为付出代价的常常是他的后任，而不是其本人。如物流经理人员通过减少商品检验次数来降低物流成本，短期内可以改进业绩，但就长期而言，市场份额就会缩减。避免短期行为的办法是采用多重指标评价经理人员的业绩，甚至包括市场占有率、客户满意率等非财务指标。

三、ABC 法在物流预算中的应用

物流预算控制的第三个问题是如何与具有巨大潜在生命力的成本核算方法——作业成本法相结合。将物流预算建立在作业成本核算方法的基础之上，无疑会提升传统物流预算控制职能的适用范围和使用效果。作业成本法的概念和方法本书有关章节已做介绍，这里重点讨论作业成本法在物流预算中的应用。

本书第八章中指出，作业成本法的核心思想是强调以作业为基础，通过

对作业进行动态的追踪反映，计量作业和成本对象的成本，评价作业业绩和资源利用情况。它是用以作业为中心的成本计算方法取代了以物品实体或物流功能为中心的成本计算方法。其中作业是指企业在提供物流服务过程中的各工作程序和环节，即物流经营活动。作业成本则是维持作业所发生的耗费。按照作业成本法的观点，物流成本是企业物流活动中所需全部作业的成本总和，成本计算的最基本对象是作业。其理论基础是：作业耗用资源，成本计算对象耗用作业。作业成本法的本质是把作业作为确定和分配期间费用的合理基础，引导管理人员将注意力集中在成本发生的原因上，即成本动因上，而不是仅仅关注成本计算结果本身。将这种思想与方法应用到物流预算控制领域，无疑会使我们对预算差异的原因分析更加深入、准确，所采取的纠正措施更加得力，从而大大提高物流预算控制的效率和效果。

此外，由于作业充当了联系投入和产出的桥梁，资源通过作业来形成最终提供给客户的商品的价值，企业的物流经营过程表现为作业链，因此，企业可以将作业成本系统纳入到物流预算体系中，以作业中心为基础来确定责任中心并编制预算。这样就可以在很大程度上避免传统预算编制中经济责任，特别是间接费用责任不清的问题，便于加强间接费用的预算，同时提高预算的准确性以便进行更有意义的差异分析，并可为管理人员从非财务角度进行业绩评价与控制提供相应的工具和指标。

在应用作业成本预算方法时，首先应该注意到这里的预算控制点在概念上已经从传统责任部门转变为责任中心，即过程和团队。过程和团队作为物流预算控制点，是指由一个共同目标维系在一起的一系列作业，实际上可以涵盖传统的物流部门。其次应注意到作业成本预算在编制方法上是弹性成本预算，当然同时也可以涵盖固定预算范畴。作业成本法作为面向改变、改善和革新过程为特点的现代生产经营环境的成本计算方法，为更为精巧的弹性预算的构建提供了依据。下面就以某一作业中心的物流作业弹性预算为例，对作业成本法在物流预算中的应用作一比较分析。某公司的一般物流弹性预算和作业物流弹性预算分别如表 4 - 13 和表 4 - 14 所示。

表 4-13　　　　一般物流弹性预算

20××年　　　　作业中心：包装

项目	分类		弹性预算数（元）	
直接人工小时	固定（金额）	变动（分配率）	10000	20000
直接人工		8元	80000	160000
直接材料		10元	100000	200000
物料耗用		2元	20000	40000
维修	20000	3元	50000	80000
电力	15000	1元	25000	35000
检验	120000		120000	120000
包装准备	16000		16000	16000
验收	22000		22000	22000
合　计	193000	24元	433000	673000

表 4-14　　　　作业物流弹性预算

20××年　　　　作业中心：包装

项　　目	成本动因	分　　类		弹性预算数（元）	
		固定	变动		
	直接人工小时			10000	20000
直接材料			10元	100000	200000
直接人工			8元	80000	160000
物料耗用			2元	20000	40000
小计				200000	400000
	机器小时			8000	16000
维修		20000元	5.5元	64000	108000
电力		15000元	2元	31000	47000
小计				95000	155000
	包装准备次数			25	30
包装准备			800元	20000	24000
检验		80000元	2100元	132500	143000
小计				152500	167000
	订单数			120	150
验收		6000元	200元	30000	36000
合　计				477500	758000

一般物流成本预算中，假设成本是由单一的因素——直接人工小时驱动的，并以此来计算实际作业水平下的预计成本。而实际中成本常常是由多个动因驱动的，一般物流成本预算的作业成本就会产生误导。作业物流弹性成本预算建立在多个动因的基础之上，采用同一成本动因的作业归为一组，物流预算就可以准确预测不同作业用量水平下的成本。作业物流弹性预算中直接材料、人工和物料耗用的预算数与一般物流弹性预算相同，而其他项目的预算数则相差很大。

对于物流成本差异分析而言，假设实际成本与表 4－14 中的预计成本比较，实际作业用量水平与第一列预计水平相同，表 4－15 是相应的业绩报告，比较结果是存在 18000 元的有利差异。但是，这种比较分析不能说明经营过程、方式变化或改善情况下差异产生的原因。如果以检验成本为例，设预计固定检验成本 80000 是两个检验人员的工资 40000 元/人，每人的有效检验能力是 20 批/人，实际检验成本为 82000 元，实际变动成本为 43500 元，这样一来我们可以进一步看清差异产生的原因，如表 4－16，即不利的固定成本差异为 2000 元，有利的变动成本差异为 9000 元。

表 4－15　　作业业绩报告　　单位：元

项　目	实际成本	预计成本	预算差异
直接材料	101000	100000	1000
直接人工	80000	80000	
物料耗用	23000	20000	3500
维修	55000	64000	－9000
电力	29000	31000	－2000
检验	125000	132000	－7000
包装准备	21000	20000	1500
验收	24000	30000	－6000
合　计	459500	477500	－18000

表 4-16　固定作业与变动作业差异分析　单位：元

作　业	实际成本	预计成本	预算差异
检验			
固定	82000	80000	2000
变动	43500	52500	-9000
合　计	125500	132500	-7000

进一步扩展对固定作业差异的分析，其中检验作为非增值作业最终可以被消除，固定作业分配率为 80000/40＝20000，则耗费差异＝82000－2000×40＝2000 元，业务量耗费＝2000×40—2000×0＝80000 元。闲置能力差异是作业可用量和实际用量之间的差异，即 2000×40—2000×25＝30000 元，这说明检验资源的供给量超过了需求。

由以上分析可以看出，作业物流弹性预算具备了对作业产出计量变化引起的物流作业成本变动进行确认和分析的能力，管理人员可以据此进行详细的计划，监控过程变化和作业改善的实施。

本章小结

物流成本预算是一种重要的物流成本管理方法，可以用于预测未来成本、建立成本目标，进行业绩评价与成本控制。

企业物流成本预算的编制方法有弹性预算方法、零基预算方法和滚动预算方法等。其中，弹性预算方法是针对传统的固定预算方法所存在的缺陷和不足而产生的，它特别适用于多种业务量条件下的预算编制。零基预算和滚动预算方法也是与传统的增量预算和定期预算相对应的预算编制方法，可以解决预算编制中成本效益性、远期指导性、灵活性和连续性等一系列问题。

物流成本预算也可以按照各种不同的标准进行分类编制，通常存在下列三种形式：一是物流成本形态别预算；二是物流成本功能别预算；三是物流成本对象别预算。

思考题

1. 物流成本预算的作用是什么？如何组织物流成本预算的编制？
2. 物流成本预算包括哪些主要内容？它们之间的关系怎样？
3. 什么是弹性预算？为什么要编制弹性物流成本预算？
4. 为什么说零基预算方法可以激励职工提高成本效益？
5. 什么是滚动预算？滚动预算有什么优点？
6. 预算控制中存在哪些行为方面的问题？
7. 作业弹性预算方法有哪些优点？

案例

智能计算机有限公司

8 月份，李钠被指定为智能计算机有限公司总裁，他已在该公司工作了 5 年。在此之前，他担任销售部门副总经理。上任后不久，他就与公司总会计师会谈多次，研究探讨有关公司的预算控制问题。这位新任总裁对于现行物流费用控制制度不甚满意，他要求总会计师重新设计一套制度来控制成本支出。

智能公司生产一系列电子计算机，通过各地物流中心售予批发商与零售商，同时，公司对国营企业及大型工业用户采取直营方式。大部分产品都使用智能公司的商标名，该公司是这一行业中规模最大的公司。

在过去采取的制度下，物流费用是依据固定基础编制的。每年 10 月份，会计部门会送给各地物流中心经理有关上一年度物流费用支出及截至目前的当年物流费用支出的统计资料，经理们根据这份资料、来年的业务预估及本身的判断，提出次年部门物流费用预测，这份资料再送交负责地区业务的物流部门经理，由其审查是否合理及作出必要的修正。

物流部门经理与各相关部门主管研究并调整差异后，将各地物流中心费用预估汇总成一份物流费用总预算，这份预算再提交预算委员会作最后的核准。为了达到控制的目的，预算数字被均分 12 等份，以便能将每月实绩与预算数字比较，下表为月份比较表的格式。

各物流中心物流费用业绩评价

月份：10 月　　　　甲中心　　　　单位：百元

	本月				年度累计
	预算	实际	差异	占销售（%）	差异
包装费	1450	1432	18	0.55	1517
运输费	15500	13050	2450	5.00	3502
保管费	3420	3127	293	1.20	3012
装卸费	1042	890	152	0.34	360
搬运费	230	262	32	0.10	21
流通加工	134	87	47	0.03	128
挑选费	150	112	38	0.04	26
整理费	125	—	125	0.00	130
库存管理	2900	2700	200	1.03	1800
订货处理	1303	1138	165	0.44	183
客户服务	975	975	—	0.37	—
现场管理费	762	762	—	0.29	—
机构管理费	2551	2426	125	0.93	247
合　计	33042	29461	3581	11.29	4512

李钠认为现行办法有两个主要缺陷：

第一，任何人对物流中心主管提出的预估值都有相当的保留意见。由于前一年的费用支出随着销售环境和条件的变化，不可能与次年相同，不宜作为次年的标准。

第二，在确定物流预算后，情况可能发生重大变化，预算却未作出相应的调整。现行物流预算既未与实际业务量建立关系，也未与物流活动互相配合。李钠认为如果业务量增加，物流费用即使不是直线增加，也将呈同方向变化，但现行办法没有考虑到这一点。

为了改正现行制度的缺点，总裁希望将物流费用分为固定部分与变动部分来确定预算标准，目前制造部门费用支出即采取此种方式来控制。总会计师赞成采用此种观念，他开始着手研究物流费用的合理确定方式。几年来，会计部门曾对物流费用作过一番分析，分析结果用于产品、客户、地区等的成本分摊，有时候还用于解决特殊问题（如每一订单数量须达到多少才能获利），这些分析资料对于总会计师很有帮助。

总会计师认为固定物流费用可以根据最低可能业务量下的费用支出求算，因此，他要求物流部门经理找出公司最低业务量及该数量下的费用支出。助理人员利用公司几个景气循环、长期物流业务活动演变及同行业的成长状况进行资料分析，物流部门经理根据这一分析结果得出公司最低物流业务量不会低于现有能力的65%。

物流部门经理接着想求算在该业务量下应有的费用支出。经由助理人员的协助，他仿真了一个相当于65%物流业务量的物流分支单位，假定其所需要的人力依现行工资率标准确定这一组织的工资费用，同时也预估诸如折旧费、维修费、管理费等各项费用在最低业务量下应有的水平。

总会计师对于变动物流费用的估计是以每元物流流转额为基础，他也知道此种衡量基础有某些缺陷，诸如无法反映订单大小、销售区域难易有别、物流服务对象心理对成本产生的影响等因素，但由于资料容易取得，他仍决定采取该种衡量基础。他相信随着业务量调整的预算一定比一成不变的预算更佳，他也希望就长期而言，对影响物流费用的因素作出更准确的分析。

总会计师根据往年资料，利用线性回归导出许多成本项目与业务量间的函数关系，再以这些方程式估计变动费用。从历史资料求得的方程式，加上对各成本的未来判断，定出各项变动费用的单位变动率。

总会计师对各项物流成本费用图，已明确设定物流经营能力的65%及其斜率值，如此决定各项费用的方程式，也就是解析几何中通过一点的已知斜率直线。在业务量为零时的费用金额即为固定物流费用。

每年的物流费用预算即可根据新标准固定成本加上变动成本而得，这份预算提报预算审核委员会审查其可行性，经修改后核准实施。

总会计师还希望每月将各物流中心的实绩与预算比较，预算的变动部分将调整至当月份实际业务量水平，下表为该种报告的格式。

各物流中心物流费用预算报告

月份：10月　　　　甲中心　　　　单位：百元

	弹性预算		本　　月			年度
	固定	变动	预算	实际	差异	
物流流转额			261000	261000		
包装费	139	0.0041	1209	1432	—223	
运输费		0.0050	13050	13050		
保管费	568	0.0087	2839	3127	—288	
装卸费	282	0.0026	961	890	71	
搬运费	47	0.0006	204	262	—58	
流通加工	134		134	87	47	
挑选费	10	0.0005	141	112	29	
整理费	20	0.0003	98	—	98	
库存管理	35	0.0100	2645	2700	—55	
订货处理	177	0.0036	1117	1138	—21	
客户服务	975		975	975	—	
现场管理费	762		762	762	—	
机构管理费	318	0.0076	2302	2426	—124	
合　　计	3167	0.0880	28937	29461	—524	

第五章　物流成本控制

学习目的

物流成本控制是企业物流成本目标完成和实现的必要保证，它是企业物流成本管理的最主要的内容。通过本章的学习，了解物流成本控制的含义；熟悉物流成本控制的基本要求；掌握物流目标成本控制中的物流目标成本的制定与分解方法；掌握物流标准成本控制中物流标准成本的含义、制定，成本差异的计算与分析；掌握物流仓储成本控制的订货点控制法和订货批量控制法；熟悉物流成本日常控制的策略与方法。

第一节　物流成本控制概述

一、物流成本控制的含义

物流成本控制是指企业在物流活动中，以不断降低物流成本和提高物流服务水平为目的，对影响物流成本的各种因素加以管理，及时发现与预定目标成本之间的差距，采取一定的措施，保证物流成本目标和成本预算任务的完成。

物流成本控制在企业的物流管理中起着重要的作用，主要表现在以下两个方面：

首先，实施物流成本控制能够配合企业取得竞争优势。企业管理中，战略的选择与实施是企业的根本利益之所在，战略的需要高于一切。物流成本控制可以配合企业为取得竞争优势所进行的战略选择。企业的基本竞争战略有物流成本领先战略、差异化战略和目标聚集战略。物流成本领先战略的核心思想是以物流成本竞争为中心，利用低物流成本优势在竞争中取得超过竞争对手的高额利润，或者以低物流成本为依托，通过价格竞争来扩大市场份额，最终扩大企业的利润，确立企业的竞争优势。对于差异化战略和目标聚集战略，它们不可能单独实施，最终要与物流成本领先战略结合，在实施差异化战略和目标聚集战略过程中实现低物流成本，在低物流成本中走向差异化与目标聚集。可见，低物流成本既是一种战略，同时也是实施其他战略过程中追寻的一种目标。

其次，实施物流成本控制是企业增加赢利的主要途径。增加利润是企业经营的目的之一，而控制企业物流成本则直接服务于此目的，因为无论在何种情况下，降低物流成本都可以增加利润：(1) 在收入不变的情况下，降低物流成本可以增加利润。(2) 在收入增加的情况下，降低物流成本可使利润增加得更快。(3) 在收入减少的情况下，降低物流成本可抑制利润的下降。因此，降低物流成本是企业实现赢利目的的根本途径。

物流成本控制按物流成本发生的时间先后划分为事前成本控制、事中成本控制和事后成本控制三个阶段，也就是成本控制循环中的设计阶段、执行阶段和考核阶段。

事前成本控制是指物流活动发生前通过对物流活动的成本功能关系的分析研究，提出对物流功能和目标成本的要求，从根本上解决功能过剩、成本过高的问题。同时还要对影响物流成本的有关因素进行分析研究，制定出一整套物流成本控制制度，针对不同类型的物流成本采取不同方法约束成本开支，防止偏差和浪费的发生，它们又分别被称为成本的前馈控制和预防控制。

事中成本控制又称日常成本控制，就是指在物流成本形成过程中，企业内部各级对物流成本负有经营管理责任的单位，根据事先制定的成本目标或标准，对企业各责任中心日常发生的各项物流成本和费用进行严格的计量、监督，如发生偏差，就及时分析原因并采取措施进行调节，使各项物流成本费用不超过预定的标准，以保证物流目标成本的实现。

事后成本控制是指在物流成本发生后，把日常发生的成本差异及其原因汇总起来进行分析研究，找出成本升降的原因，明确经济责任，为下一期企业物流活动计划和物流目标成本的确定提供改进意见，又被称为成本的后馈控制。

二、物流成本控制的要求

从内容上看，物流成本控制属于企业成本控制的一个重要组成部分，因此，在企业的物流成本控制中首先应遵循企业成本控制的一般原则，如经济原则，全面原则，责、权、利相结合原则，目标控制原则以及重点控制原则等。另外，由于物流成本自身的二律背反等规律及物流成本管理自身的特征，在物流成本控制中还应注意以下几个结合。

（一）物流成本控制与物流服务质量控制相结合

物流成本控制的目的在于加强物流管理、促进物流合理化。物流是否合理，取决于两个方面，一是对客户的物流服务质量水平，二是物流成本的水平。如果只重视物流成本的降低，有可能会影响到客户服务质量，这是行不通的。一般说来，提高物流服务质量水平与降低物流成本之间存在着一种"效益背反"的矛盾关系。也就是说，要想降低物流成本，物流服务质量水平就有可能会下降，反之，如果要提高物流服务质量水平，物流成本又可能会上升。因此，在进行物流成本控制时，必须搞好服务质量控制与物流成本控制的结合。要正确处理降低物流成本与提高物流服务质量的关系，从二者的最佳结合上，谋求物流效益的提高。

（二）局部控制与整体控制相结合

这里所说的局部控制是指对某一物流功能或环节所耗成本的控制，而系统控制是指对全部物流成本的整体控制。物流成本控制最重要的原则是对总成本进行控制。物流是以整个系统作为本质的，这就要求将整个系统及各个辅助系统有机地结合起来进行整体控制。比如，航空运输比其他运输方式的运费高，但航空运输可以减少包装费，保管费几乎为零，而且没有时间上的损失。因此，从总成本的角度看，不应单看运输费用的削减与否。从一定意义上说，采取总成本控制比局部物流功能的成本控制更为合适。再比如，采取接受小批量订货、小批量发送的方针，交易额能够增加，销售费用也较便宜。但是，小批量会使发货次数增加，运输费用也会随之增加。因此，总成本的系统控制是决定物流现代化成败的决定性因素，物流成本控制应以降低物流总成本作为目标。

（三）全面控制与重点控制相结合

物流系统是一个多环节、多领域、多功能所构成的全方位的开放系统。物流系统的这一特点也从根本上要求我们进行成本控制时，必须遵循全面控制的原则。首先，无论产品设计、工艺准备、采购供应，还是生产制造、产品销售、售后服务，各项工作都会直接或间接地引起物流成本的升降变化。为此，要求对整个生产经营活动实施全过程控制。其次，物流成本的发生直接受制于企业供、产、销各部门的工作，为此要求实施物流成本的全部门和全员控制。再次，物流成本是各物流功能成本所构成的统一整体，各功能成本的高低直接影响物流总成本的升降。为此，还要求实施全功能的物流成本控制。最后，从构成物流成本的经济内容来看，物流成本主要由材料费、人工费、折旧费、委托物流费等因素构成。为此，要求实施物流成本的全因素控制。

需要指出的是，强调物流成本的全面控制，并非要将影响成本升降的所有因素事无巨细、一律平等地控制起来，而应按照例外管理的原则，实施重点控制。即要对严重影响物流活动及其经济效果的项目或因素，如物流设备投资项目、贵重包装物、能源等或管理上有特殊规定的项目以及物流活动中那些数量多、金额大、连续出现的差异严加控制。

（四）经济控制与技术控制相结合

经济控制与技术控制相结合就是要求把物流成本日常控制系统与物流成本经济管理系统结合起来，进行物流成本的综合管理与控制。物流成本是一个经济范畴，实施物流成本管理，必须遵循经济规律，广泛地利用利息、奖金、定额、利润等经济范畴的概念和责任结算、绩效考核等经济手段。同时，物流管理又是一项技术性很强的管理工作。要降低物流成本，必须从物流技术的改善和物流管理水平的提高上下工夫。通过物流作业的机械化和自动化，以及运输管理、库存管理、配送管理等技术的充分利用，来提高物流效率，降低物流成本。

（五）专业控制与全员控制相结合

对与物流成本形成有关的部门（单位）进行物流成本控制是必要的，这也是这些部门（单位）的基本职责之一。如运输部门对运输成本的控制，仓储部门对仓储成本的控制，会计部门对所有成本的控制等。有了专业部门的物流成本控制，就能对物流成本的形成过程进行连续的全面的控制，这也是进行物流成本控制的一项必要工作。有了全员的成本控制，形成严密的物流成本控制网络，可以有效地把握物流成本形成过程的各个环节和各个方面，厉行节约，杜绝浪费、降低物流成本，保证物流合理化措施的顺利进行。

三、物流成本控制制度

物流成本控制制度是指在对影响物流成本的有关因素分析和研究的基础上，制定出一整套适合于本企业具体情况的成本控制方法和相应的规章制度。其关键是要通过企业内部设置的规章制度，针对不同的物流成本采用不同的成本控制方法，约束成本开支，预防偏差和杜绝浪费现象的发生。物流成本控制制度是企业内部控制制度的重要组成部分。

从目前国外成本控制的实践看，物流成本控制方法繁多，一般有目标成本控制法、预算成本控制法、标准成本控制法、相对成本控制法、责任成本控制法等。对于这些适应现代化大生产和市场经济创造出来的行之有效的成本控制方法，应结合我国企业的具体情况、物流成本控制对象和内容的不同而灵活加以运用。

企业物流的全部成本按成本习性可以分为变动成本和固定成本两类。变动成本主要是通过制定标准成本和编制弹性预算进行控制。直接材料和直接人工在运输、包装、流通加工中一般占有较大的比重，数额易于分割，用标准成本控制比较简便易行；而变动制造费用通常由变动性的成本项目组成，金额分散，通过编制弹性预算控制较为适宜。对于固定成本，首先要根据其开支项目的性质和轻重缓急区别为约束性固定成本和酌量性固定成本，然后分别控制。对于约束性固定成本，控制关键在于作出长期投资决策之前的事前控制。因此，应根据相关的资本支出预算中的数据，分项目制定固定预算，作为事前控制的依据；而其他非约束性固定成本，则可以通过编制零基预算的方法来加强成本控制。另外，在企业物流系统设计阶段适合采取目标成本控制法来实施成本控制。

应该说明的是，标准成本控制与预算成本控制是兼容的，实质上等于预算控制，只是标准成本控制以标准成本为基础，按照成本项目反映单位产品的目标成本。而预算是企业总体规划的数量说明，无论对弹性预算或其他预算类型，以标准成本乘以业务量就可以得出预算总成本。采用标准成本可以使成本控制更加科学有效。

第二节　物流目标成本控制

一、物流目标成本控制的含义

物流目标成本控制是为了更有效地实现物流成本控制的目标，使客户需求得到最大程度的满足，从战略的高度分析，与战略目标相结合，使物流成本控制与企业经营管理全过程的资源耗用和资源配置协调起来，因而产生的成本控制方法。

物流目标成本是一种全过程、全方位、全人员的成本管理方法。全过程是指供应链产品从生产到售后服务的一切活动，包括供应商、制造商、分销商在内的各个环节；全方位是指从生产过程管理到后勤保障、质量控制、企业战略、员工培训、财务监督等企业内部各职能部门各方面的工作以及企业竞争环境的评估、供应链管理、知识管理等；全人员是指从高层经理人员到中层管理人员、基层服务人员、一线生产员工。

物流目标成本控制与传统成本管理方法的明显差异在于，物流成本按目标成本法管理不是局限于企业内部来计算成本。因此，它需要更多的信息，如企业的竞争战略、产品战略以及供应链战略。一旦有了这些信息，企业就可以从产品开发、设计阶段到制造阶段，以及整个物流的各环节进行成本管理。在目标成本法引用的早期，企业通常首先通过市场调查来收集信息，了解客户愿意为这种产品所支付的价格，以及期望的功能、质量，同时还应掌握竞争对手所能提供的产品状况。公司根据市场调查得到的价格，扣除需要得到的利润以及为继续开发产品所需的研究经费，计算出来的结果就是产品在制造、分销和产品加工处理过程中所允许投入的最大成本，即目标成本，用公式表示是：物流目标成本＝售价－利润。

一旦建立了目标成本，企业就应想方设法来实现目标成本。为此，要应用价值工程等方法，重新设计物流过程与分销物流服务体系。一旦企业寻找到在目标成本点满足客户需求的方法，或者企业产品被淘汰以后，目标成本法的工作流程也就宣告结束。目标成本法将客户需求置于企业制定和实施产品战略的中心地位，将满足和超越产品品质、功能和价格等方面的客户需求作为实现和保持产品竞争优势的关键。

二、物流目标成本的制定

物流目标成本的制定程序会因企业物流活动内容的不同而不同，但大体上可以分为五个阶段，即物流目标成本的初步确定、物流目标成本可行性分析、物流目标成本分解、实现物流目标成本、物流目标成本的追踪考核与修订物流目标成本。

(一) 初步确定物流目标成本

在这一过程中首先根据企业经营目标确定预计服务收入，其次是根据企业的物流经营决策确定目标利润，物流目标成本可以根据预计服务收入减去物流目标利润后的差额来确定，即：

物流目标成本＝预计服务收入—物流目标利润

预计物流目标利润的方法有：

1. 目标利润率法

目标利润率法是根据有关的目标利润率指标来测算企业的物流目标利润的一种方法，其计算公式为：

物流目标利润＝预计服务收入×同类企业平均服务利润率

或：　物流目标利润＝本企业净资产×同类企业平均净资产利润率

或：　物流目标利润＝本企业总资产×同类企业平均资产利润率

【例 5-1】　某企业物流运输的同业平均服务利润率为 17.764%，预计本年服务量为 408 万吨公里，服务的市场价格为 1 元/吨公里，则：

物流目标利润＝408×1×17.764%＝72.5（万元）

物流目标总成本＝408×1－72.5＝335.5（万元）

物流目标单位成本＝335.5/408＝0.82（元/吨公里）

采用目标利润率法的理由是：本企业必须达到同类企业的平均报酬水平，才能在竞争中生存。有的企业甚至使用同类企业先进水平的利润率来预计目标成本，其理由是别人能办到的事情我们也应该做到。

2. 上年利润基数法

上年利润基数法是指在上年利润的基础上计算物流目标利润，其计算公式为：

物流目标利润＝上年物流利润×利润增长率

采用上年利润基数法的理由是：未来是历史的继续，应考虑现有基础（上年利润）；未来不会重复历史，要预计未来的变化（利润增长率），包括环境的改变和自身的进步。有时候上级主管部门或董事会对利润增长率有明确的要求，也促使企业采用上年利润基数法。按上述方法计算出的物流目标成本，只是初步设想，提供了一个分析问题的合乎需要的起点。它不一定完全符合实际，还需要对其可行性进行分析。

（二）对物流目标成本进行可行性分析

物流目标成本的可行性分析，是指对初步测算得出的物流目标成本是否切实可行作出的分析和判断，包括分析预计服务收入、物流目标利润和目标成本。

企业分析预计服务收入有三种方法，可以进行市场调研，调查客户需要的物流服务功能和特色，也可以对竞争者进行分析，掌握竞争者物流服务的功能、价格、品质和服务水平等有关资料，并与本企业的资料进行对比。企业在进行客户需求研究、竞争者分析之后，可以通过比较确定自己的预计服务收入的可行性。企业分析物流目标利润应与企业的中长期目标及利润计划相配合，同时考虑销售、利润、投资回报、现金流量、物流服务的品质、成本结构、市场需求、销售政策等因素的影响。最后是企业根据自身实际成本的变化趋势、同类企业的成本水平，充分考虑成本节约的能力，分析物流目标成本的可行性。

（二）物流目标成本分解

所谓物流目标成本分解，是指设立的物流目标成本通过可行性分析后，将其自上而下按照企业的组织结构逐级分解，落实到有关的责任中心。物流目标成本的分解通常不是一次完成的，需要一定的循环，不断修订，有时甚至修改原来设立的目标。

物流目标成本分解的方法有以下几种：

1. 按管理层次分解。即将物流目标成本按总公司、分公司、部门、班组、个人进行分解。这是一种自上而下的过程，分解内容包括材料、人工、费用三项。

2. 按管理职能分解。即将物流目标成本在同一管理层次按职能部门分解。例如，推广部门负责推广费用、配送部门负责配送费用、运输部门负责运输费用、劳资部门负责工资成本、后勤部门负责燃料和动力费用、行政部门负责办公费用等。

3. 按服务结构分解。即把服务成本分成各种材料耗用成本或人工成本，分派给各责任中心。

4. 按服务形成过程分解。即按服务设计、服务材料采购、服务的提供、服务的推广过程分解成本，形成每一过程的目标成本。

5. 按成本的经济内容进行分解。即把服务成本分解成固定成本和变动成本；再把固定成本进一步分解成折旧费、日常费、办公费、差旅费、修理费等项目，把年度目标成本分解为季度或月份成本目标，甚至分解成旬或日的成本目标；把变动成本分解为直接材料、直接人工、各项变动费用。

上述方法，要根据企业物流组织结构和成本形成过程的具体情况，选择采用。

（四）实现目标成本

实现目标成本，首先要通过企业目前的物流成本与目标成本相比较，计算出成本差距。然后通过运用价值工程、成本分析等方法寻求最佳的物流过程设计，用最低的成本达到客户需求的功能、安全性、品质等。如果此时计算出的最佳物流过程设计下的成本仍高于目标成本，则重复应用上述手段寻求最佳成本。

（五）物流目标成本的追踪考核与物流目标成本的修订

此项工作包括对企业物流活动的财务目标和非财务目标完成状况的追踪考核、调查客户的需求是否得到满足、市场变化对物流目标成本有何影响等事项，并根据上述各阶段物流目标成本的实现情况对其进行修订。

三、物流目标成本的控制

由于企业物流成本管理的多层次和物流过程的多环节，使物流成本控制涉及企业生产经营活动的各个领域，因而，必须建立纵横交错、责任分明、互相衔接和制约的目标成本控制体系。该体系以企业总体物流目标成本控制为核心，横向以各职能管理部门和物流单位为目标成本控制分中心，纵向以各物流活动环节目标成本控制为基础，实施“横向到边，纵向到底”的目标成本管理，使各责任成本中心的控制状态与企业总体控制目标产生互动与共振。

企业物流目标成本控制在实施时，应针对企业物流活动不同环节采取不同的控制策略与措施，以保证预期的目标成本的完成与实现。

（一）运输成本的控制

运输成本是运输物料、商品所耗用作业的费用，是影响物流成本的重要因素。运输成本控制的关键点主要在运输方式、运输价格、运输时间、运输的准确性、运输的安全可靠性以及运输批量水平等方面。控制方式是加强运输的服务方式与价格的权衡，从而选择最佳的运输服务方式。

（二）仓储成本的控制

仓储成本是指货物在储存过程中所需要的费用。控制的关键点在于简化出入库手续、增加仓库的有效利用和缩短储存时间等。控制方式主要有强化仓储各种费用的核算与管理。

（三）包装成本的控制

包装起保护商品、方便储运、促进销售的作用。包装成本控制的关键是包装的标准化和包装材料的耗费。控制方式有：选择包装材料要进行经济效益分析；运用价值分析的方法优化包装的功能和成本；开展包装的回收和旧包装的再利用等；努力实现包装尺寸的标准化，包装作业的机械化；有条件时组织散装物流。

（四）装卸搬运成本的控制

装卸搬运成本是物品在装卸搬运过程中所支出费用的总和。装卸搬运活动是衔接物流各环节活动正常进行的关键，渗透到物流的各个领域。装卸搬运成本控制的关键点在于管理好储存物料与商品，减少装卸搬运过程中商品的损耗率、装卸时间、装卸搬运次数等。控制方式有：对装卸搬运设备的合理选择，防止机械设备的无效作业，合理规划装卸方式和装卸作业过程，如减少装卸次数，缩短操作距离，提高被装卸物品纯度等。

（五）流通加工成本的控制

商品进入流通领域后，按照客户的要求进行一定的加工活动，称为流通加工，由此而支付的费用为流通加工成本。不同的企业流通加工成本是有所不同的。首先应选择反映流通加工特征的经济指标，如流通加工的速度等，观察、测算这些指标，对标准值与观察值的差异，必要时进行适当的控制。控制方式有：合理确定流通加工的方式，合理确定加工能力和改进流通加工的生产管理。

四、物流目标成本的考核

物流目标成本完成情况的考核是建立物流目标成本控制体系的重要环节，考核目的在于充分调动职工的积极性，发挥激励机制的作用，将企业的兴衰同管理者和生产者的经济利益紧密挂钩，同时运用目标激励，榜样激励，参与管理激励，自我价值实现激励等精神激励作用，使全体职工的聪明才智和创造能力得到充分的体现。

物流目标成本完成情况考核分为两大部分：

其一，是对物流目标成本计划完成情况的考核。由于物流目标成本计划是按各物流部门和各物流活动环节纵横体制制定与分解下达的，因而目标成本考核同样按这一纵横体系设计，即公司对各职能部门实行归口成本指标考核，对物流单位则实行综合成本指标考核，同时，各职能管理部门又对物流单位实行分解分项归口成本指标考核，形成互相牵制，双重考核的体系。

其二，是对超额完成目标成本计划的考核。对于超额完成目标成本计划的部门、单位和职工个人，采取上不封顶的激励措施，按超额完成的情况，加大经济激励和精神奖励的力度，以充分肯定他们对企业效益和发展所作的贡献。

第三节　物流标准成本控制

一、物流标准成本的含义

物流标准成本是指经过调查分析和运用技术测定等科学方法制定的、在有效经营的条件下物流活动开展进行时应当发生的成本，是一种预定的目标成本。以此为基础，把成本的实际发生额区分为标准成本和成本差异两部分。成本差异是因实际成本脱离预定“目标”而向人们发出的一种“信号”，以此为线索进行分析研究，具体掌握差异形成的原因和责任，并据此采取相应的措施及时消除物流活动中各种不正常的、低效能的因素，进而避免各种“不利”差异的重新出现，以达到对物流成本进行有效控制的目的。

企业实施物流标准成本控制时，一般包括以下几个步骤：(1) 制定单位物流作业的标准成本。(2) 根据实际作业量和成本标准计算物流作业的标准成本。(3) 汇总计算物流作业的实际成本。(4) 计算标准成本和实际成本的差异。(5) 分析成本差异发生的原因。(6) 向成本负责人和单位管理者提供成本控制报告。

二、物流标准成本的制定

物流标准成本的制定是企业实施物流标准成本控制的第一步，也是计算标准成本差异、进行成本分析和提供成本控制报告的基础和先决条件。制定物流标准成本主要有三方面，包括直接材料、直接人工和物流间接费用的标准成本。制定标准成本的程序是先确定直接材料和直接人工的标准成本，再确定物流间接费用的标准成本，最后确定单位物流作业的标准成本。在制定时，无论哪一个成本项目，都需要分别确定其用量标准和价格标准，两者相乘后得出成本标准。其中用量标准包括单位物流作业材料耗用量、单位物流作业直接人工工时等，主要由生产技术部门主持制定；价格标准包括原材料单价、小时工资率、小时间接费用分配率等，由会计部门和其他有关部门共同研究确定。无论用量标准还是价格标准，都可以是理想状态或正常状态下的，下面主要讨论正常状态下的正常标准成本的制定。

（一）物流直接材料标准成本的制定

物流直接材料标准成本应根据物流直接材料的用量标准和物流直接材料的价格标准确定，其计算公式如下：

物流直接材料标准成本＝价格标准×用量标准

其中，用量标准即标准耗用量，是用统计方法、工业工程法和其他技术方法确定的，包括理想耗用和正常损失两部分；价格标准是预计下一年度实际需要支付的进料单位成本，包括发票价格、运费、检验费和正常损耗等成本。

（二）物流直接人工标准成本的制定

物流直接人工标准成本应根据物流直接人工的用量标准和物流直接人工

的工资率标准确定，其计算公式如下：

$$\text{物流直接人工标准成本}=\text{标准工资率}\times\text{工时标准}$$

在制定物流直接人工标准成本时，如果是计件工资，标准工资率就是计件工资单价；如果是计时工资，标准工资率是单位工时工资，可由标准工资总额除以标准总工时得到。对工时标准需要根据现有物流运作技术条件，测算提供某项物流服务所需的时间，包括调整设备时间、直接服务操作时间、工间休息时间等。

（三）物流间接费用标准成本的制定

物流间接费用标准成本分为变动物流间接费用标准成本和固定物流间接费用标准成本。

1. 变动物流间接费用标准成本

变动物流间接费用标准成本可根据变动物流作业数量标准和变动物流作业价格标准确定。物流作业数量标准可采用单位物流作业直接人工工时标准、机械设备工时标准或其他标准，但需与变动物流间接费用之间存在较好的线性关系。价格标准即每小时变动物流间接费用的标准分配率，可根据变动物流间接费用预算除以数量标准总额得到。在采用单位物流作业直接人工工时标准时，变动物流间接费用标准成本的计算公式为：

$$\text{变动物流间接费用标准成本}=\text{单位物流作业直接人工标准工时}\times\text{每小时变动物流间接费用标准分配率}$$

其中：

$$\text{每小时变动物流间接费用标准分配率}=\frac{\text{变动物流间接费用预算总额}}{\text{物流作业直接人工标准总工时}}$$

2. 固定物流间接费用标准成本

固定物流间接费用标准成本可根据固定物流作业数量标准和固定物流作业价格标准确定。物流作业数量和价格标准的确定与变动物流间接费用相同。

$$\text{固定物流间接费用标准成本}=\text{单位物流作业直接人工标准工时}\times\text{每小时固定物流间接费用标准分配率}$$

其中：

$$\text{每小时固定物流间接费用标准分配率}=\frac{\text{固定物流间接费用预算总额}}{\text{物流作业直接人工标准总工时}}$$

将以上确定的物流直接材料、物流直接人工和物流间接费用的标准成本按物流作业加以汇总，就可确定有关物流作业全部的标准成本。

三、物流成本差异的计算与分析

所谓物流成本差异，是指企业物流的实际成本与标准成本之差。物流标准成本是由物流直接材料、物流直接人工和物流间接费用三大部分组成，物流成本差异也相应可分为物流直接材料成本差异、物流直接人工成本差异和物流间接费用成本差异三部分。

管理部门通过观察、分析物流成本差异，就可以了解物流各部门的效率，提高对物流经营活动的调控能力，并利用差异来评价物流各部门的业绩。导致物流成本差异的原因是多种多样的，总差异往往是由多种因素综合作用的结果，但从计算的角度看，这些因素可归结为“用量因素”和“价格因素”两类，由这两种因素变动形成的差异分别称之为用量差异和价格差异。成本差异分析的基本方法就是将物流直接材料、物流直接人工和物流间接费用三部分差异分别分解为用量差异和价格差异。计算差异的通用模型为：

成本差异＝实际成本－标准成本
＝实际数量×实际价格－标准数量×标准价格
＝实际数量×实际价格－实际数量×标准价格＋实际数量×标准价格－标准数量×标准价格
＝实际数量×（实际价格－标准价格）＋（实际数量－标准数量）×标准价格
＝价格差异＋数量差异

在计算物流直接材料成本差异、物流直接人工成本差异和物流间接费用成本差异时可直接运用该模型公式。

（一）物流直接材料成本差异的计算与分析

物流直接材料成本差异是物流直接材料实际成本与标准成本之间的差额，其形成原因为：一是价格脱离标准，二是用量脱离标准。前者按实际用量计算，称为价格差异；后者按标准价格计算，称为用量差异。其计算公式如下：

物流直接材料价格差异＝材料实际用量×（材料实际价格－材料标准价格）

物流直接材料用量差异＝（材料实际用量－材料标准用量）×材料标准价格

计算出价格差异和用量差异后，应对此进行分析。一般地，材料价格差异是在采购过程中形成的，不应由耗用材料的操作部门负责，而应由采购部门作出解释。采购部门未能按标准价格进货的原因很多，如物价上涨、违反合同被罚款、采用了不必要的快速运输方式等，企业应针对各种原因确定合理的责任归属。而材料用量差异是在材料耗用过程中形成的，反映操作部门的成本控制业绩。材料数量差异形成的具体原因有许多，如操作失误造成废品和废料增加、机器不适用造成用料增加等。有时多用料也不一定是操作部门的责任，如购入的材料质量低劣、规格不符等，故应具体问题具体分析，合理确定责任归属。

（二）物流直接人工成本差异的计算与分析

物流直接人工成本差异是指物流直接人工实际成本与标准成本之间的差额，它也可分为“价差”和“量差”两部分。价差是指实际工资率脱离标准工资率的差额，按实际工时计算确定，又称工资率差异；量差是指实际工时脱离标准工时的差额，按标准工资率计算确定，又称人工效率差异。其计算公式如下：

物流直接人工工资率差异＝实际工时×（实际工资率－标准工资率）

物流直接人工效率差异＝（实际工时－标准工时）×标准工资率

计算出工资率差异和人工效率差异之后，应对此进行分析。一般地，工资率差异形成的原因包括直接操作工人升级或降级使用、奖励制度未产生实效、工资率调整、出勤率变化等因素，应归属于人事劳动部门管理，其差异的具体原因会涉及操作部门或其他部门；而直接人工效率差异形成的原因则包括工作环境不良、劳动情绪不佳、作业计划安排不当、作业量太少无法发挥批量优势等因素，应主要由操作部门负责，但在实践中还需具体问题具体分析。

（三）物流间接费用成本差异的计算与分析

物流间接费用成本差异，可分为变动物流间接费用成本差异和固定物流间接费用成本差异。

1. 变动物流间接费用成本差异的计算与分析

变动物流间接费用差异是指实际变动物流间接费用与标准变动物流间接费用之间的差额，它也可分解为“价差”和“量差”两部分。价差是指变动物流间接费用的实际小时分配率脱离标准，按实际计算的差额，它反映耗费水平的高低，故称为变动物流间接费用耗费差异；量差是指实际工时脱离标准工时，按标准小时费用率计算确定的差额，它反映工作效率变化引起的费用节约或超支，故称为变动物流间接费用效率差异。其计算公式如下：

$$\begin{matrix}\text{变动物流间接}\\\text{费用效率差异}\end{matrix}=\left(\begin{matrix}\text{实际}\\\text{工时}\end{matrix}-\begin{matrix}\text{标准}\\\text{工时}\end{matrix}\right)\times\begin{matrix}\text{变动物流间接}\\\text{费用标准分配率}\end{matrix}$$

$$\begin{matrix}\text{变动物流间接}\\\text{费用耗费差异}\end{matrix}=\left(\begin{matrix}\text{变动物流间接费用}\\\text{实际分配率}\end{matrix}-\begin{matrix}\text{变动物流间接费用}\\\text{标准分配率}\end{matrix}\right)\times\text{实际工时}$$

引起变动物流间接费用效率差异的原因与引起物流直接人工效率差异的原因基本相同。变动物流间接费用耗费差异的形成往往是因为变动物流间接费用开支额或工时耗费发生变化，责任一般在物流操作部门。

2. 固定物流间接费用成本差异的计算与分析

固定物流间接费用成本差异由固定物流间接费用耗费差异、闲置能量差异和效率差异组成，其计算公式为：

$$\begin{matrix}\text{固定物流间接}\\\text{费用耗费差异}\end{matrix}=\begin{matrix}\text{固定物流间接}\\\text{费用实际成本}\end{matrix}-\begin{matrix}\text{固定物流间接}\\\text{费用标准成本}\end{matrix}$$

$$\begin{matrix}\text{固定物流间接费用}\\\text{闲置能量差异}\end{matrix}=\left(\begin{matrix}\text{计划物流作业量}\\\text{标准工时}\end{matrix}-\begin{matrix}\text{实际物流作业量}\\\text{实际工时}\end{matrix}\right)\times\begin{matrix}\text{标准费用}\\\text{分配率}\end{matrix}$$

$$\begin{matrix}\text{固定物流间接}\\\text{费用效率差异}\end{matrix}=\left(\begin{matrix}\text{实际物流作业量}\\\text{实际工时}\end{matrix}-\begin{matrix}\text{实际物流作业量}\\\text{标准工时}\end{matrix}\right)\times\begin{matrix}\text{标准费用}\\\text{分配率}\end{matrix}$$

固定物流间接费用效率差异产生的原因与人工效率差异产生的原因大致相同；导致闲置能量差异的原因往往是开工不足、车辆开动率和仓容利用率低，责任往往在管理部门；耗费差异的原因比较复杂，如成本制定得不切实际，实际物流服务量少于计划等。对这类差异要进行深入分析，才能分清责任部门。

通过分析标准成本差异产生的原因，找到责任部门，就可以采取经济有效的措施，控制不恰当差异，降低物流成本。

【例 5-2】 假设某企业某项物流作业活动的标准成本和实际成本资料如表 5-1、表 5-2 所示。

表 5-1　　物流标准成本资料

成本项目	标准单价或标准分配率	标准用量	标准成本（元）
物流直接材料	1（元/千克）	150（千克）	150
物流直接人工	5（元/工时）	10（工时）	50
变动物流间接费用	2（元/工时）	10（工时）	20
物流变动成本合计			220
固定物流间接费用	1（元/工时）	10（工时）	10
单位物流标准成本			230

表 5-2　　物流实际成本资料

成本项目	实际单价或实际分配率	实际用量	实际成本（元）
物流直接材料	1.10（元/千克）	148（千克）	162.8
物流直接人工	5.20（元/工时）	9.5（工时）	49.4
变动物流间接费用	1.80（元/工时）	9.5（工时）	17.1
物流变动成本合计			229.3
固定物流间接费用	1.20（元/工时）	9.5（工时）	11.4
单位物流标准成本			240.7

该项物流作业活动预计全月的计划物流作业量标准总工时为 5000 工时，计划提供物流服务 500 次，实际提供物流服务 520 次，购入直接材料 80000 千克。有关物流成本差异计算如下：

第一步，计算物流直接材料成本差异。

①物流直接材料价格差异以采购量为基础计算：

物流直接材料价格差异＝（1.1－1）×80000＝8000（元）

物流直接材料用量差异＝（148×520－150×520）×1＝－1040（元）

由于价格差异以采购量为基础计算，与实际耗用量不同，故无法计算实际成本与标准成本的总额。这一计算方法的优点在于能给管理部门及时提供材料采购的差异信息，在责任会计制度下，该方法有利于分清经济责任。

②直接材料价格差异以耗用量为基础计算：

物流直接材料价格差异＝［（1.1－1）×148］×520＝7696（元）

物流直接材料用量差异＝（148×520－150×520）×1＝－1040（元）

物流直接材料成本差异＝7696－1040＝6656（元）

物流直接材料价格差异以耗用量为基础计算，其优点在于它与用量差异以同一耗用量为基础计算，能给管理部门提供物流直接材料差异的信息。

第二步，计算物流直接人工成本差异：

物流直接人工工资率差异＝（5.2－5）×9.5×520＝988（元）

物流直接人工效率差异＝（9.5－10）×520×5＝－1300（元）

物流直接人工成本差异＝988－1300＝－312（元）

第三步，计算变动物流间接费用成本差异：

变动物流间接费用耗费差异＝（1.8－2）×9.5×520＝－988（元）

变动物流间接费用效率差异＝（9.5－10）×520×2＝－520（元）

变动物流间接费用成本差异＝－988－520＝－1508（元）

第四步，计算固定物流间接费用成本差异：

固定物流间接费用耗费差异＝1.2×9.5×520－1×10×500＝928（元）

固定物流间接费用闲置能量差异＝（10×520－9.5×520）×1＝60（元）

固定物流间接费用效率差异＝（9.5×520－10×520）×1＝－260（元）

固定物流间接费用成本差异＝928＋60－260＝728（元）

第四节　物流成本的日常控制

在实际工作中，物流成本的日常控制可以按照不同的对象进行，一般说来，物流成本的日常控制对象可以分为以下几种形式：

一是以运输、包装、仓储、装卸搬运、流通加工等物流功能作为控制对象，也就是通过对构成物流活动的各项功能进行技术改善和有效管理，从而降低其所耗用的物流责任成本费用。

二是以物流成本的形成过程为控制对象，即从物流系统（或企业）投资建立，产品设计（包括包装设计），材料物资采购和存储，产品制成入库和销售，一直到售后服务，凡是发生物流成本费用的各个环节，都要通过各种物流技术和物流管理方法，实施有效的成本控制。

除了以上两种成本控制对象划分形式之外，物流系统还可以按照各责任中心（运输车队、装卸班组、仓库等）、各成本发生项目（人工费、水电汽费、折旧费、利息费、委托物流费等）进行日常成本控制，而这些成本日常控制的方式往往是建立在前面所述的物流成本管理系统的各种方法基础上的，需要与物流成本的经济管理技术有效结合起来运用。

一、物流运输成本的控制

运输是物流系统的核心功能。物流运输成本控制的目的，是使运输总成本最低，但又不影响运输的可靠性、安全性和快捷性要求。在实际工作中，影响运输成本的因素很多，因此，运输成本的控制要根据不同的情况采取不同的措施。

（一）合理选择运输方式

对于不同货物的形状、价格、运输批量、交货日期、到达地点等特点，都有与之相对应的适当运输方式。运输方式的经济性与迅速性、安全性、便利性之间存在着相互制约的关系。因此，在目前多种运输方式并存的情况下，在控制运输成本时，必须注意根据不同货物的特点及对物流时效的要求，对运输方式所具有的不同特征进行综合评估，以便作出合理选择运输方式的策略。表 5-3 为各种运输方式选择的一般原则。

表 5-3　　各种运输方式的选择原则

运输方式	技术经济特点	运输对象
铁路	初始投资大，运输容量大，成本低廉，占用的土地多，连续性强，可靠性好	适合于大宗货物的中长途运输
公路	机动灵活，适应性强，短途运输速度快，能源耗用大，成本高，空气污染严重，占用土地多	适合于短途、零担运输，门到门的运输
水路	运输能力大，成本低廉，速度慢，连续性差，能源耗用及土地占用较少	适合于中长途大宗货物运输，海运，国际货物运输
航空	速度快，成本高，空气和噪声污染严重	适合于中长途及贵重货物运输，保鲜货物运输
管道	运输能力大，占用土地少，成本低廉，连续输送	适合于长期稳定的流体、气体和浆化固体货物运输

（二）合理确定拥有车辆的数量

车辆的拥有数量要根据发货量的多少来安排，当拥有台数过少，发货量多时，难免出现车辆不足的现象，要从别处租车。相反，拥有台数过多，发货量少时就会出现车辆闲置现象，造成浪费。因此，应综合考虑自备用车费用、自备用车闲置费用和租车费用等因素。

（三）通过合理装载，降低运输成本

在单位运输费用一定时，通过改善装载方式，提高装载水平，充分利用运输车辆的容积和额定载重量，可以使单位运输成本降低，最终减少运输总成本。合理的装载方式包括：

1. 拼装整车运输。由于整车运输和零担运输的运费差别较大，进行拼装整车运输可以减少部分运输费用。拼装整车运输的做法有：零担货物拼整车直达运输；零担货物拼整车接力直达运输；整车分卸、整装零担等。

2. 轻重配载。即将重量大、体积小的货物与重量小、体积大的货物组装，可以充分利用运输工具的装载空间和载重定额，提高运输工具的使用效率。

3. 解体运输。即对于体积大、笨重、不易装卸、易损坏的货物，可拆卸装车，分别包装。这样既缩小占据的空间，又易于装卸和搬运，可以提高运输效率。

4. 多样堆码。根据运输工具的货位情况、所载货物的特点，采用不同的堆码方式，如多层装载等，以便提高运输工具的装载量。

5. 利用组合运输，减少空载。运输中经常存在回程空载现象，这样，运输同一批货物到同一地点，就多花了一倍的费用。在运输工具回程前，通过各种方式安排好回程的货物，尽可能利用回程车辆进行运输，可以减少运输成本。

（四）运用现代技术降低运输成本

各种新技术在物流实践中的推广使用，也可以使运输成本得到降低。

1. 托盘化运输。全程以托盘作为单元货载进行运输，可以缩短中转时间、加快中转速度，同时可以提高实际操作的可靠性和机械化程度。

2. 集装箱化运输。集装箱作为现代运输的重要载体，既是一种包装容器、又是一种有效的运输工具。通过集装箱运输可以提高装载效率、减轻劳动强度，可以起到强大外包装的作用，节约大量商品包装费用和检验费用，并防止货损货差。

3. 特殊运输工具和运输技术。新运输工具和运输技术的运用，解决了原先运输的许多难题。例如，专用散装罐车使粉状、液态状运输的损耗大、安全性差的问题得到解决；集装箱高速直达车船加快了运输速度。

（五）开展直达运输降低运输成本

直达运输，就是在组织货物运输过程中，越过商业、物资仓库环节或铁路、交通中转环节，把货物从产地或起运地直接运到销地或用户，以减少运输中间环节，降低相关费用。

直达运输是追求运输合理化的重要形式，它对合理化的追求要点是通过减少中转换载，从而提高运输速度，节省装卸费用，降低中转货损。直达运输的优势尤其是在一次运输批量和客户一次需求量达到了一整车时表现最为突出。此外，在生产资料、生活资料运输中，通过直达，建立稳定的产销关系和运输系统，也有利于提高运输的计划水平，考虑用最有效的技术来实现这种稳定运输，从而提高运输效率。特别需要一提的是，直达运输的合理性也是在一定条件下才会有所表现，不能绝对认为直达一定优于中转，这要根据客户的要求，从物流总体出发做综合判断。如果从客户需要量看，批量大到一定程度，直达是合理的；批量较小时则中转是合理的。

（六）采用集运方式降低运输成本

在商品运输中，运输批量越大费率越低，这样企业通过采用大批量运输方式，即将小批量货物合并成大批量进行运输是降低单位运输成本的主要方法。集运一般有四个途径：

1. 库存合并，即形成库存以服务需求。这样做可以对大量的货物，甚至是整车物品进行运输，并转化为库存。这也是库存控制的根本要求。

2. 运输车辆合并。这是在拣取和送出的货物都达不到整车载重量的情况下，为提高运载效率可以安排同一车辆到多个地点取货或送货。为实现这种形式的规模经济就需要对行车路线和时间表进行整体规划。

3. 仓库合并。企业进行仓储的根本原因是可以远距离运送小批量货物。例如，用于拆装作业的仓库。

4. 时间合并。在这种情况下，企业将在一定时间内积累客户的订单，这样可以一次性发运大批量的货物，而不是多次小批量送货。通过对大批量的运输路径进行规划，使单位运输费率降低，企业可以获得运输中的规模经济效益。当然，由于没能在收到订单之后及时发货可能会造成服务水平的下降，因此我们还应在运输成本和对服务的影响之间寻求平衡。

二、物流仓储成本的控制

仓储成本具有经济上的合理性，因为它能平衡运输和生产采购成本。也就是说，储备一定数量的库存，企业常常可以调整经济生产批量和生产批次来降低生产运营成本。同时，储备库存也可以通过更大、更经济的运输批量来降低运输成本，保证运营总成本的节约。因此，企业在进行仓储成本控制时应权衡其利弊得失，合理确定控制的策略与措施。

（一）优化仓库布局，做到适度库存集中

库存集中是指利用储存规模优势，以适度集中储存来代替分散的小规模储存，以实现仓储成本的优化。目前，包括海尔在内的许多企业通过建立大规模的物流中心，把过去零星库存集中起来进行管理，并对一定范围内的用户进行直接配送，从而显著降低了仓储成本。所以，进行适度库存集中，可以提高对单个用户的保证能力，有利于采取机械化、自动化方式，也有利于形成一定批量的干线运输，并有利于形成支线运输的始发点。但是，在进行仓库布局时注意仓库的减少与库存的集中，有可能会增加运输成本。因此，企业要在运输成本、仓储成本和配送成本综合平衡的基础上考虑仓库布局与集中储存，在总储费与运输费之间取得最优。

（二）合理选择适当的订货方式控制仓储成本

不同的企业，可以根据自身的特点，通过采用订货点控制法和订货批量控制法来安排货物的采购，以降低仓储成本。

1. 订货点控制法

订货点控制法是以固定订货点为基础的一种存货控制方法。即当存货库存量下降到预定的最低的库存数量（订货点）时，按规定数量进行订货补充的一种库存管理方式。

订货点控制法的重点在于确定订货批量和订货点，订货批量一般采用经济订货批量，订货点的高低主要由三个因素所决定：①订货提前期。这段时间主要由两部分组成，即货物在途时间和生产销售准备时间。②平均每日需

要量。存货平均日需要量有两种情况，一是平均每日正常需要量，二是平均每日最大需要量。③安全储备量。又称为保险储备，是为了应付产销量的突然扩大和采购货物不能按时到达所进行的储备。如前所述，在正常情况下，提前期时间是 7 天，但由于某种原因，采购的货物 10 天才到达，延迟了 3 天。在正常情况下，某种材料的正常需要量是 100 公斤，但有时的需要量达到 120 公斤。为了应付这些情况的发生，就需要建立安全储备量。

由以上分析得知，订货点的计算有四种情况：

第一，每天销售量和进货期基本不变：

订货点＝某种存货的平均每日正常需要量×正常订货提前期

平均每日正常需要量＝年需要量/360

第二，日需要量不够稳定，但订货提前期基本稳定：

订货点＝平均每日正常需要量×正常订货提前期＋安全储备量

安全储备量＝（平均每日最大需要量－平均每日正常需要量）×正常订货提前期

第三，日需要量基本稳定，仅订货提前期不够稳定：

订货点＝平均每日正常需要量×正常订货提前期＋安全储备量

安全储备量＝平均每日正常需要量×（最长订货提前期－正常订货提前期）

第四，日需要量和订货提前期都不够稳定的情况：

订货点＝平均每日正常需要量×正常订货提前期＋安全储备量

安全储备量＝平均每日最大需要量×最长订货提前期－平均每日正常需要量×正常订货提前期

使用订货点控制法管理方便，订货时间和订货量不受人为因素影响，可以保证库存管理的准确性，并便于按经济订货批量订货，节约库存成本。订货量确定后，便于按计划安排库内的作业活动，节约管理费用。但是也要注意使用该方法不便于对库存进行严格的管理，所以该方法适用于单价比较便宜、不便于少量订货的物品；或通用性强，需求总量比较稳定的物品；或消费量计算复杂，品种数量多，库存管理量大的物品。

2. 订货批量控制法

所谓订货批量是指一次订货所订的货物数量。订货批量是不能随意确定的，因为订货批量的高低直接影响库存量的高低，也直接影响货物供应的满足程度。订货批量过大，虽然可以较充分满足客户的需求，但将使库存量过高，成本升高；订货批量过低，库存量虽然可以降下来，但不一定能保证满足客户的需要，所以订货批量要确定得适当。

企业要降低库存成本，就要制定适当的订货策略，协调订货费用与保管费用的关系。订货批量的大小关系到订货费用与保管费用的高低。在一定时期内，物资的总需求量一定时，订货批量大，订货次数就会减少，订货费用就会降低，然而保管费用会提高；若订货批量小，保管费用就会降低，而订货次数就会增加，订货费用增加。

设企业一定时期内物资的总需求量为 D，每次订货费用为 K，单位物资在一定时期内的保管费用为 C，订货批量为 Q，则：

$$\text{一定时期内的保管费用}=\frac{Q}{2}gC$$

$$\text{一定时期内的订货费用}=\frac{D}{Q}gK$$

$$\text{一定时期内的订货费用与保管费用总额 } TC=\frac{D}{Q}gK+\frac{Q}{2}gC$$

由经济订货批量的含义可知，需找到能使总成本 TC 达到最小的每次订货数量 Q^*，Q^* 即为最佳订货批量。

以 Q 为变量，对 TC 求导，则有：

$$\frac{d(TC)}{dQ}=-\frac{D}{Q^2}K+\frac{Kc}{2}$$

$$\text{令}\frac{d(TC)}{dQ}=0，\text{又有}\frac{d^2(TC)}{dQ^2}=\frac{2DK}{Q^3}>0，$$

所以，对应的 Q^* 就是可以使总成本 TC 达到最小的经济订货批量，即：

$$Q^*=\sqrt{\frac{2DK}{Kc}}$$

【例 5－3】 某企业年需用的甲材料为 720 件，该材料的单位购置成本为 20 元/件，单位材料保管费用为 4 元/件，平均每次订货费用为 40 元/次。则材料的经济订货批量为：

$$Q^*=\sqrt{\frac{2DK}{C}}=\sqrt{2\times720\times\frac{40}{4}}=120\text{（件）}$$

（三）利用 ABC 分类法控制存货成本

ABC 分类管理就是将库存物品按品种和占用资金的多少分为特别重要的库存（A 类）。一般重要的库存（B 类）和不重要的库存（C 类）三个等级，然后针对不同等级分别进行管理与控制。

经济学家帕累托在研究财富的社会分配时得出一个重要结论：80%的财富掌握在20%的人手中，即关键的少数和次要的多数规律。后来人们发现这一普遍规律存在于社会的各个领域，称为帕累托现象。帕累托现象也出现在企业经营管理中，表现为企业多数的利润由少数品种的产品贡献。因此，对这些少数产品管理的好坏就成为企业经营成败的关键，有必要在实施库存管理时对各类产品分出主次，并根据不同情况分别对待、突出重点。

存货ABC分类的依据是库存物资所占总库存资金的比例和所占总库存物资品种数目的比例。A类商品指品种少而资金占用大的商品，即A类库存品种约占库存品种总数的5%～10%，而其占用资金金额占库存金额的60%～70%。B类库存品种约占库存品种总数的20%～30%，其占用资金金额占库存总金额的20%左右。C类库存品种约占库存品种总数的60%～70%，其占用资金金额占库存总金额的15%以下。

【例5-4】 某企业存货共有11800种，年占用资金8310万元，各类存货及资金占用见表5-4，要求列出ABC分类排列表，并说明管理方式。

表5-4　　某企业存货品种及资金占用表

存货编号	存货品种	占用资金（万元）
201	505	5130
202	585	990
203	540	540
204	1350	108
205	1170	720
206	1260	225
207	270	20
208	2700	217
209	630	290
210	2790	70
合计	11800	8310

根据表 5－4 所列资料，对各类存货按其资金占用多少，从大到小排序。分别计算各编号的资金占用占存货总金额的百分比和每个品种占总品种数的百分比。根据以上两个百分比，将存货分为 ABC 三类，并绘制 ABC 分析表，如表 5－5 所示。

表 5－5　　企业存货 ABC 分析表

类别	存货编号	占用资金（万元）	品种比重（%）	资金比重（%）	类别比重（%）	类别资金比重（%）
A	201	5130	4.28	61.73	9.24	73.64
	202	990	4.96	11.91		
B	205	720	9.92	8.66	14.50	15.16
	203	540	4.58	6.50		
C	209	290	5.34	3.49	76.26	11.20
	206	225	10.68	2.71		
	208	217	22.88	2.61		
	204	108	11.43	1.30		
	210	70	23.64	0.84		
	207	20	2.29	0.24		
合计		8310	100	100	100	100

在对库存进行 ABC 分类之后，要根据企业的经营策略对不同级别的库存进行不同的管理和控制。

A 类库存物资数量虽少但对企业却最为重要，是最需要严格管理和控制的库存。企业必须对这类库存定时进行盘点，详细记录及经常检查分析物资使用、存量增减、品质维持等信息，加强进货、发货、运送管理，在满足企业内部需要和顾客需要的前提下维持尽可能低的经常库存量和安全库存量，加强与供应链上下游企业合作，降低库存水平，加快库存周转率，最终达到控制库存成本的目的。

B 类库存居于一般重要的地位，对这类库存的管理强度介于 A 类库存和C类库存之间，对B类库存一般进行正常的例行管理和控制即可。

C类库存物资数量最大但对企业的重要性最低，因而被视为不重要的库存。就库存成本控制而言，由于该类存货的价值不大，所以可以采取尽可能简单的管理方式，以节约库存成本，如减少这类库存的管理人员和设施。

三、物流包装成本的控制

一般说来，包装是企业生产环节的终点，又是销售物流的起点。企业在进行物流包装成本控制时，应注意以下几个方面：

（一）选择包装材料时，要进行成本效益分析

企业在包装某一商品时，如有数种材料可供选择，那么在其效果相同的情况下，则应选择价格较低的材料。同时，应不断地开发新材料，采用新工艺，以代替那些质次价高的旧材料。

（二）在设计包装形态时要有区别

在设计包装形态时，外包装、内包装、个体包装应有明显的区别。外包装和内包装除设法降低形态本身的费用外，还必须考虑这种包装能否使运输费用和保管费用降低。

（三）发展包装机械化，降低包装费用

通过包装机械化降低包装费用主要表现在两个方面：一是可提高劳动生产率，从而有利于降低包装费用；二是可以大大降低劳动工资费用。例如，就瓦楞纸箱而言，分别有纸箱组装机、装箱机、贴封签机、钉合机等，将上述几种机器连接起来，组成全自动瓦楞纸箱机械系列，可比原来节约70％的劳动力，生产效率可大幅度提高。

（四）实现包装规格的标准化

包装规格的标准化，不仅能促进包装工业生产的发展，而且可使包装成本大幅度下降，主要表现在包装材料耗用的下降。

（五）组织散装运输，降低包装费用

散装是现代物流中备受推崇的技术，也被称为无包装运输。散装是指对水泥、谷物等颗粒状或粉末状的商品，在不进行包装的情况下，运用专门的散装设备（车或船）来实现商品的运输。从另一个角度上看，这种专用的散装设备，实际上本身是一种扩大了的包装。目前，美、日等物流发达国家水

泥散装率（散装运输总量与全部运输量之比）超过了90%，而中国仅为15%左右。显然，理想的包装费用为零，在有条件的情况下，组织散装运输和无包装运输应引起经营者的高度重视并加以推广。

（六）包装物的回收和旧包装的利用

商品包装回收是将使用过的商品包装和其他辅助包装材料，通过各种渠道和各种方式收集起来，然后由有关部门进行修复、清洁、改造、再次使用的过程。包装物的回收使用可以相对地节约包装材料，节约加工劳动，节约因包装而造成的能源、电力的耗用等。

四、物流装卸搬运成本的控制

在企业物流过程中，装卸搬运活动是不断出现和反复进行的，它出现的频率高于其他各项物流活动。因此，在物流装卸搬运成本控制中，加强装卸搬运的组织设计和搬运机械的操作管理，对于提高物流速度、降低物流成本、减少物流过程损耗具有重要意义。

（一）减少搬运次数，缩短搬运距离

减少搬运次数，缩短搬运距离，也就意味着减少了装卸搬运的作业量，这样不但可以减少装卸搬运成本，而且还能加快物流速度。采取的措施是：装卸搬运设备的参数要和建筑物的参数、特点相匹配，配备适应性强的物流设备；提高装卸搬运作业的组织调度水平；做好车间、库房、铁路专用线、主要通道的布局，缩短作业距离。

（二）利用重力因素，实现装卸作业的省力化

充分利用重力和消除重力影响进行少耗用的装卸，即在装卸时考虑重力因素，可以利用货物本身的重量，进行有一定落差的装卸，以减少或根本不耗用装卸的动力，这是合理化装卸的重要方式。例如，从卡车、铁路货车卸货时，利用卡车与地面或小搬运车之间的高度差，使用溜槽、溜板之类的简单工具，可以依靠货物本身重量，从高处自动滑到低处，这就无须耗用动力。

在装卸时尽量消除或削弱重力的影响，也会求得减轻体力劳动及其他劳动耗用的合理性。例如，在进行两种运输工具换装时，如采取落地装卸方式，即将货物从甲工具卸下并放到地上，一定时间之后或搬运一定距离之后

再装到乙工具上，这样在“装”时要将货物举高，这就必须耗用动力。如果进行适当安排，将甲、乙两工具进行靠接，从而使货物平移，从甲工具转移到乙工具上，就能有效消除重力影响，实现合理化。总之，采取各种措施优化装卸搬运作业，可以提高装卸搬运作业效率，减少各种耗费，降低装卸搬运成本。

（三）实现装卸作业的机械化、标准化

随着生产力的发展，装卸搬运的机械化程度将不断提高。此外，由于装卸搬运的机械化能把工人从繁重的体力劳动中解放出来，尤其对于危险品的装卸作业，机械化能保证人和货物的安全，这也是装卸搬运机械化程度不断提高的动力。

装卸搬运的标准化有利于节省装卸作业时间，提高作业效率。如货物的集装化中，托盘的使用标准、集装箱的使用标准等，都是为了使装卸搬运省力。

（四）充分利用机械，实现“规模装卸”

为了进一步降低单位装卸工作量的成本，对装卸机械来说，也有“规模”问题，装卸机械的能力达到一定规模，才会有最优效果。追求规模效益的方法，主要是通过各种集装处理，实现间断装卸时一次操作的最合理装卸量，从而使单位装卸成本降低，也可通过散装实现连续装卸的规模效益。

（五）合理规划装卸搬运作业过程

装卸搬运作业过程是指对整个装卸作业的连续性进行合理安排，以缩短运距和装卸次数。

装卸搬运作业现场的平面布置是直接关系到装卸、搬运距离的关键因素，装卸搬运机械要与货场长度、货位面积等相互协调。要有足够的场地集结货物，并满足装卸搬运机械工作面的要求，场内的道路布置要为装卸搬运创造良好的条件，有利于加速货位的周转。使装卸搬运距离达到最小的平面布置是减少装卸搬运距离的最理想的方法。

提高装卸搬运作业的连续性应做到：作业现场装卸搬运机械合理衔接；不同的装卸搬运作业在相互联结使用时，力求使其装卸搬运速率相等或接近；充分发挥装卸搬运调度人员的作用，一旦发生装卸搬运作业障碍或停滞状态，立即采取有力的补救措施。

（六）推广组合化装卸

在装卸搬运过程中，根据不同物品的种类、性质、形状、重量来确定不同的装卸作业方式。处理物品装卸搬运的方法有三种形式：普通包装的物品逐个进行装卸，叫做“分块处理”；颗粒状物品不加小包装而原样装卸，叫做“散装处理”；物品以托盘、集装箱、集装袋为单位进行组合后装卸，叫做“集装处理”。对于包装的物品，尽可能进行集装处理，实现单元化装卸搬运，可以充分利用机械操作。

（七）减少装卸搬运损失

装卸搬运是比较容易发生货损和事故的环节。对装卸搬运作业进行安全管理，既可以防止和消除货物损坏、人员伤亡事故，又可以减少装卸搬运的事故损失成本。

五、物流流通加工成本的控制

（一）确定合理的流通加工方式

物流部门的流通加工是以满足用户的需要而设定的。流通加工的方式很多，加工方式又与流通加工成本之间存在一定的联系。流通加工作业应根据服务对象，选择适当的加工方法和加工深度，因为不同的加工方法和加工深度的成本支出是不同的，所以在确定加工方式时必须进行经济核算和可行性研究，合理确定加工成本的支出。

（二）确定合理的加工能力

流通加工成本与加工的批量、加工数量存在正比关系，即加工批量越大、加工数量越多，流通加工成本也相应增加。但是，加工批量是否均衡，加工数量是否稳定，会给加工带来很大的影响。当被加工的批量和数量大于加工能力时，表现为加工能力不足；反之，则表现为加工能力过剩。前者会因加工能力不足而失去获得加工利润的机会；后者会因加工能力过剩而造成加工设备、加工人员的闲置，即成本损失。因此，应根据物流需要和加工者的实际能力来确定加工批量和数量。

（三）加强流通加工的生产管理

流通加工的生产管理与流通加工成本之间的联系十分密切。一般说来，生产管理的水平越高，其成本水平越低。流通加工生产管理的内容很多，如劳动力、设备、动力、物资等方面的管理，无一不与流通加工成本密切相关。例如套裁型流通加工，其最有特殊性的管理是出材率管理，当加工出材率高，物资利用率高时，流通加工成本相对下降，从而经济效益好。由此涉及的耗用定额管理、套裁规划设计等，都非常重要。

（四）指定相应的经济指标

流通加工的对象是已经成为商品的产品，因而它不同于生产过程中的加工，它是对生产加工的一种辅助和补充。为了更好地反映流通加工的经济效益，应制定能反映流通加工特征的经济指标，如利用反映流通加工后单位产品增值程度的增值率、反映流通加工在材料利用方面的材料出材率、利用率等指标来进行考核。

本章小结

在企业日常的物流运营过程中，需要通过各种物流管理技术和方法的应用来提高物流效率，达到降低物流成本的目的。物流成本控制是全过程、全方位和全员性的控制活动。

物流目标成本控制是为了更有效地实现物流成本控制的目标，使客户需求得到最大程度的满足，从战略的高度分析，与战略目标相结合而产生的成本控制方法。物流目标成本控制一般可分为物流目标成本的初步确定、物流目标成本可行性分析、物流目标成本分解、实现物流目标成本、物流目标成本的追踪考核与修订五个阶段。

企业实施物流标准成本控制时，一般包括以下几个步骤：(1) 制定单位物流作业的标准成本。(2) 根据实际作业量和成本标准计算物流作业的标准成本。(3) 汇总计算物流作业的实际成本。(4) 计算标准成本和实际成本的差异。(5) 分析成本差异发生的原因。(6) 向成本负责人和单位管理者提供成本控制报告。

物流成本日常控制可以将包装、运输、仓储、装卸搬运、流通加工等物流功能作为控制对象进行分析，也可以将物流成本的形成过程作为控制对象进行分析。物流成本日常控制的方式往往是建立在物流成本管理系统的基础上，需要与物流成本的经济管理技术有效结合起来运用。

思考题

1. 物流成本控制应遵循的原则有哪些？

2. 企业物流目标成本制定时应注意哪些问题？如何对企业的物流目标成本进行分解？

3. 物流标准成本可分为哪几种形式？如何制定企业的物流标准成本？

4. 如何计算和分析物流成本差异？

5. 物流成本日常控制的策略和方法有哪些？

6. 如何理解物流成本控制的全过程控制观念？

案例 1

全能五金供应公司

全能五金供应公司（CHS）的总部坐落在俄亥俄州的克利夫兰，蒂姆先生是该公司分销部经理。CHS 最近被一家控股公司——统一公司收购。统一公司的管理人员坚持认为要制定严格的管理制度来限制 CHS 的库存投资。

CHS 向俄亥俄州东北部地区的地方五金店分销各种五金制品。公司从全国各地的供应商那里采购种类繁多的五金制品。

五金店的订单由 CHS 在克利夫兰的仓库履行。以前，蒂姆使用再订货点法确定向供应商再次订购的数量，并控制库存水平。

为解决新的库存资金限额问题，蒂姆从 500 种产品中选择了 30 种具有代表性的产品进行分析。他收集的关于需求、产品价值和提前期的数据如下表所示。

产品需求、产品价值和提前期

产品序号	周需求预测	周需求预测误差①标准差	单价②（美元）	提前期③（天）
1	18	6	37.93	10.5
2	9	2	85.06	10.5
3	113	30	1.32	10.5
4	20	5	2.41	9.5
5	7	2	5.19	10.5
6	490	101	0.51	9.5
7	44	11	2.36	10.0
8	68	23	1.30	10.0
9	48	15	7.38	10.0
10	7	1	9.69	10.0
11	6	2	1.38	10.0
12	4	1	3.25	10.0
13	90	22	7.79	9.5
14	5	1	5.48	16.9
15	3	1	19.04	16.9
16	7	2	2.03	16.9
17	6	2	68.97	13.0
18	3	1	21.65	16.9
19	14	4	56.28	11.4
20	5	1	19.85	10.0

①预测误差近似服从于正态分布。

②含到克利夫兰的运输费用，平均为5%。

③提前期是工作日平均天数，设每周五天工作制。

企业准备和传输一份采购订单的成本是15美元，企业的年库存持有成本是25%。现在，蒂姆将提前期内的现货供应比例设定为98%来控制客户服务水平，该比例是在征求销售人员意见后设定的。

这30种产品来自全国各地的供应商，起运地如下表所示。

产品供应商起运地及到CHS的距离

产品号	供应商起运地	到CHS的距离（英里）
1、2、3、5、22、23	纽约州纽约市	471
4、6、13	俄亥俄州克利夫兰	25
7、8、9、10、11、12、20、30	伊利诺依州芝加哥	348
19、24、29	佐治亚州亚特兰大	728
14、15、16、18、25、26、27、28	加利福尼亚州洛杉矶	2382
17、21	得克萨斯州达拉斯	1189

补货的提前期由三个部分组成：①准备和传输订单的时间；②供应商履行订单的时间；③将货物运送到克利夫兰的时间。目前，订单是手工准备的，经邮寄到达供应商处。准备订单需要2天的时间，邮寄需要2天的时间。货物用卡车送到CHS。每运送300ft大约需要1天。供应商履行订单需要5个工作日。

将统一公司的资金限额分摊到所有产品上，这30种产品的总资金不能超过18000美元。但蒂姆认为，要保持收入不变，每年的缺货比率不能高于现在。

身处困境，蒂姆面临的问题是采取以下哪些措施来降低库存水平：

(1) 更快地传输订单。

(2) 要求供应商使用更快的运输方式。

(3) 降低预测误差。

(4) 牺牲一定的客户服务水平。

蒂姆可以购买一台价值1500美元的传真机（寿命5年），使订单传输时间缩短为几秒。不过，他估计，采购订单的成本将由于电话费用从15美元涨到17美元。如果与联合包裹服务公司UPS签订特殊协议，可以保证到美国各地的递送服务在2天时间之内完成。这将对运距在600ft以上的货物产生影响，产品价格会增加5%。

最后，蒂姆还可以购买价值50000美元的新型预测软件。他希望软件被应用后，预测误差能降低30%。

案例 2

透视零库存

一汽大众汽车有限公司目前仅捷达车就有七八十个品种、十七八种颜色，而每辆车都有2000多种零部件需要外购。从1997年到2000年年末，公司捷达车销售从43947辆一路跃升至94150辆，市场兑现率已高达95%至97%。与这些令人心跳的数字形成鲜明对比的是公司零部件居然基本处于“零库存”状态，而造成这一巨大反差的就是一整套较为完善的物流控制系统。

一个占地9万多平方米，可同时生产三种不同品牌汽车的亚洲最大的整车车间，它的仓库也一定非常壮观吧？可这里的人却告诉记者：我们这儿没有仓库，只有入口。

走进一个标有“整车捷达入口处”牌子的房子，只见在上千平方米的房间内零零星星地摆着几箱汽车玻璃和小零件，四五个工作人员在有条不紊地用电动叉车往整车车间送零件。在入口处旁边的一个小亭子里，一位姓孙的小伙子正坐在电脑前用扫描枪扫描着一张张纸单上的条形码——他正在把订货单发往供货厂。这时，一辆满载着保险杠的货车开了进来，两个工作人员见状立即开着叉车跟了上去。几分钟后，这批保险杠就被陆续送进了车间。据保管员讲，一汽大众的零部件的送货形式有三种：第一种是电子看板，即公司每月把生产信息用扫描的方式通过电脑网络传递到各供货厂，对方根据这一信息安排自己的生产，然后公司按照生产情况发出供货信息，对方则马上用自备车辆将零部件送到公司各车间的入口处，再由入口处分配到车间的工位上。刚才看到的保险杠就采取这种形式。第二种叫做“准时化（Just in time)”，即公司按过车顺序把配货单传送到供货厂，对方也按顺序装货直接把零部件送到工位上，从而取消了中间仓库环节。第三种是批量进货，供货厂每月对于那些不影响大局又没有变化的小零部件分批量地送一到两次。他说，过去这是整车车间的仓库，当时库里堆放着大量的零部件，货架之间只有供叉车勉强往来的过道，大货车根本开不进来。不仅每天上架、下架、维护、倒运需要耗用大量的人力、物力和财力，而且储存、运送过程中总要造成一定的货损货差。现在每天平均两个小时要一次货，零部件放在这里的时间一般不超过一天。订货、生产零件、运送、组装等全过程都处于小批量、多批次的有序流动当中。公司原先有一个车队专门在各车间送货，现在车队已经解散了。为什么短短几年的时间一汽大众就会有如此大的变化？陪同记者采访的公司生产服务部规划员丁一飞自豪地说：我们用不到 300 万元的人民币打造了“傻子工程”。

该公司流行着这样一句话：在制品是万恶之源，用以形容大量库存带来的种种弊端。在生产初期，捷达车的品种比较单一，颜色也只有蓝、白、红三种，公司的生产全靠大量的库存来保证。随着市场需求的日益多样化，传统的生产组织方式面临着严峻的挑战。1997 年，“物流”的概念进入了公司决策层。考虑到应用德方的系统不仅要一次性投入 1500 万美元，每年的咨询和维护费用也需要数百万美元，中方决定自己组织技术人员和外国专家进行物流管理系统的研究开发。1998 年年初，公司开发的物流控制系统获得成功并正式投入使用。如今，这仅用了不足 300 万元人民币的系统已经受住了十几万辆车的考验。在整车车间，记者看到生产线上每辆车的车身上都贴着一张生产指令表，零部件的种类及装配顺序一目了然。计划部门按装车顺序通过电脑网络向各供货厂下计划，供货厂按照顺序生产、装货，生产线上的工人按顺序组装，一伸手拿到的零部件保证就是他正需要的。物流管理就这样使原本复杂的生产变成了简单而高效的“傻子工程”。令人称奇的是，整车车间的一条生产线过去只生产一种车型，其生产现场尚且拥挤不堪，而如今在一条生产线同时组装两到三种车型的混流生产方式下，不仅做到了及时、准确，而且生产现场比原先节约了近 10%。此外，零部件的存储量减少了，公司每年因此节约的成本达六七亿元人民币。同时，供货厂也减少了 30%至 50%的在制品及成品储备。先进的管理带来了实实在在的效益，也引发了一场深刻的管理革命。难怪公司总经理陆林奎感慨地说：一个单位谁是头儿？电脑！

随着物流控制系统的逐步完善，电脑网络由控制实物流、信息流延伸到公司的决策、生产、销售、财务核算等各个领域中，使公司的管理科学化、透明化。现在公司主要部门的管理人员人手一台微机，每个人及供货厂方随时可以清楚地了解每一辆车的生产和销售情况。公司早已实现了“无纸化办公”，各部门之间均通过“E-mail”联系。德国大众公司每年的改进项目达1000多个，一汽大众依靠电脑网络实现了与德方同步改进，从而切实改变了过去那种对方图纸没送来就干不了活儿的被动局面。工作方式的改善，不仅使领导层得以集中精力研究企业发展的战略性问题，也营造了一个充满激烈竞争的环境，促使每个员工不断提高自身的业务素质。

透过“零库存”，我们看到，对于一个企业来说，进行物流管理，领导者的超前意识、一批兢兢业业的专业技术人员和企业较强的开发能力是必不可少的前提。

第六章　物流成本分析

学习目的

物流成本分析既是对企业过去物流成本管理工作的总结，又为企业未来开展物流成本预测与决策提供参考资料，因此在企业物流成本管理中起着承上启下的作用。通过本章的学习，了解企业物流成本分析的原则与方法；掌握物流成本效益分析的各项财务比率指标的含义、计算及计算结果的评价；了解物流效率分析的基本原理及其在物流成本分析中的作用。

第一节　物流成本分析概述

一、物流成本分析的含义

分析是人们认识客观事物本质特征及其发展规律的一种逻辑思维方法。物流成本分析就是利用物流成本核算结果及其他有关资料，分析物流成本水平与构成的变动情况，研究影响物流成本升降的各种因素及其变动原因，寻找降低物流成本的途径。

（一）物流成本分析是企业成本管理的重要组成内容

企业物流成本是反映企业物流经营管理工作质量和劳动耗费水平的综合指标。企业在物流过程中原材料、能源耗用的多少，劳动生产率的高低，产品质量的优劣，物流技术状况，设备和资金利用效果以及生产组织管理水平等，都会直接或间接地反映到企业物流成本中来，因而，加强物流成本分析，有利于揭示企业物流过程中存在的问题，总结经验，改善管理工作。

通过物流成本分析，可以查明影响成本升降的原因，不断挖掘企业内部降低物流成本的潜力，以节约求增产，为社会提供更多更好的产品，为企业积累更多资金，同时也为降低产品价格，增强企业竞争力创造条件。

物流成本分析并不只是对过去成本管理工作的回顾、总结与评价，更重要的是通过对过去企业物流资金耗费活动规律的了解，正确评价企业物流成本计划的执行结果，揭示物流成本升降变动的原因，为编制物流成本预算和成本决策提供重要依据，达到对未来成本管理工作展望和指导的目的。

（二）物流成本分析的任务

物流成本分析的任务是：依据物流核算资料，对照成本计划和历史同期成本指标，了解物流计划完成情况和变动趋势，查找影响物流成本变动的原因，测定其影响程度，为改进物流成本管理工作，降低产品成本提供依据和建议。

二、物流成本分析的内容

物流成本分析的内容可以概括为以下三个方面：

第一，在核算资料的基础上，通过深入分析，正确评价企业物流成本计划的执行结果，提高企业和职工追求经济效益的积极性。

第二，揭示物流成本升降的原因，正确地查明影响物流成本高低的各种因素及其原因，进一步提高企业管理水平。

第三，寻求进一步降低物流成本的途径和方法。物流成本分析还可以结合企业物流经营条件的变化，正确选定适应新情况的最合适的物流成本水平。

目前在企业财务会计核算制度中，还没有专门针对物流成本核算的方法，这样在物流成本分析过程中我们必须借助本书前面关于物流成本核算的内容取得有关物流成本的相关资料。

实际上，无论是物流成本管理的哪个环节，最终的目的都是为了提高企业的经济效益。由于物流过程分为许多作业过程，很显然，除了通过成本管理来提高企业的效益以外，提高物流作业效率也是最终节约成本的有效途径，因此，本章第三节将对物流作业过程的效率也进行专门的分析。

三、物流成本分析的原则与方法

（一）物流成本分析的原则

1. 物流成本分析必须与技术经济指标的变动相结合

技术经济指标，是反映企业物流技术经济状况，与企业物流技术、工艺特点密切相关的一系列指标。企业各项技术经济指标完成情况，直接或间接地影响到物流成本的高低。因而，只有结合技术经济指标的变动对物流成本进行分析，才能使物流成本分析深入到技术领域，从根本上查明影响物流成本波动的具体原因，寻求降低物流成本的途径。另一方面，通过物流成本的技术经济分析，也可以从资金耗费效果上促进企业各部门更好地完成各项技术经济指标，有利于从经济的角度，改善物流技术。

2. 物流成本分析必须与经济责任制相结合

在企业内部，建立健全完善的经济责任制，把物流成本分析工作与物流各部门经济效果和工作质量的考核、评比和奖惩结合起来，是物流成本分析工作深入持久的必要保证。在完善的经济责任制下，企业应依据各物流部门的特点和责任范围。开展功能成本分析，构成成本分析和总成本分析，把物流成本分析植根于广泛深入的调查研究之中。尤其是物流过程的成本分析，应根据企业物流情况，适当选择一定专题作为分析的主要内容，缩短分析的时间。

（二）物流成本分析的方法

概括而言，物流成本分析有定性分析和定量分析两种方法。

企业物流成本状况及其变动，既有质的特征，又有量的界限，企业成本分析，也包括定性与定量两个方面。对物流成本变动性质的分析，称为定性分析，目的在于揭示影响资金耗费各因素的性质、内在联系及其变动趋势。对物流成本变动数量的分析，称为定量分析，目的在于确定物流成本指标变动幅度及各因素对其影响程度。定性分析是定量分析的基础，定量分析是定性分析的深化。仅有定量分析结果而无定性分析说明，或者仅有定性的说明而无定量分析资料作依据，都不可能发挥成本分析应有的作用。因而，定性分析与定量分析是相辅相成，互为补充的。

物流成本定量分析方法主要有对比分析法，连环替代法，相关分析法。

1. 对比分析法

对比分析法是通过成本指标在不同时期（或不同情况下）的数据对比，来揭露矛盾的一种方法，成本指标的对比，必须注意指标的可比性。比较形式有：

（1）绝对数比较，如上年物流成本与本年物流成本的比较；

（2）增减数比较，如本年物流成本比上年降低若干元；

（3）指数比较，如本年物流成本比上年降低的百分比。

2. 连环替代法

连环替代法也称因素分析法。它是确定引起某经济指标变动的各个因素影响程度的一种计算方法。

（1）适用范围

在几个相互联系的因素共同影响着某一指标的情况下，可应用这一方法来计算各个因素对经济指标发生变动的影响程度。

（2）计算分析思路

第一，在计算某一因素对一个经济指标的影响时，假定只有这个因素在变动而其他因素不变；第二，确定各个因素替代顺序，然后按照这一顺序替代计算；第三，把这个指标与该因素替代前的指标相比较，确定该因素变动所造成的影响。

（3）计算原理

设某一经济指标 A 是由 x，y，z 三个因素组成。其计划指标 A_0 是由 x_0，y_0，z_0 三个因素相乘的结果；实际指标 A_1 是由 x_1，y_1，z_1 三个因素相乘的结果：

$$A_0 = x_0 \times y_0 \times z_0$$

$$A_1 = x_1 \times y_1 \times z_1$$

其计划与实际的差异（V）为：

$$V = A_1 - A_0$$

在分析各因素的变动对指标影响时，首先，确定三个因素替代的顺序依次为 x，y，z；其次，假定其他两个因素 y，z 不变，先计算第一个因素 x 变动对指标的影响；最后，在第一个因素已变的基础上，计算第二个因素 y 变动的影响；依此类推，直到各个因素变动的影响都计算出来为止。

第一个因素变动的影响（V_1）计算如下：

$$A_0 = x_0 \times y_0 \times z_0 \quad (1)$$

$$A_2 = x_1 \times y_0 \times z_0 \quad (2)$$

$$V_1 = (2) - (1) = A_2 - A_0$$

上述计算，也可用下列公式计算出 V_1 来：

$$V_1 = (x_1 - x_0) \times y_0 \times z_0$$

第二个因素变动的影响（V_2）计算如下：

$$A_3 = x_1 \times y_1 \times z_0 \quad (3)$$

$$V_2 = (3) - (2) = A_3 - A_2$$

第三个因素变动的影响（V_3）计算如下：

$$A_1 = x_1 \times y_1 \times z_1 \quad (4)$$

$$V_3 = (4) - (3) = A_1 - A_3$$

将各因素变动的影响加以综合，其结果应与实际脱离计划的总差异相等：

$$V = V_1 + V_2 + V_3$$

3. 相关分析法

企业的各种经济指标，存在着相互依存关系，一个指标变了，就会影响到其他经济指标。例如：生产数量的变化，必然会引起成本的相应变化。利用数学方法进行相关分析，找出有关经济指标之间规律性的联系，即为相关分析法。

相关分析法是利用物流成本相关的两项数值的比率揭示企业物流成本规律的一种分析方法。在物流成本的分析过程中，相关分析法应用的比较广泛，因为只采用有关数值的绝对值对比不能深入揭示物流成本的许多内在的东西，而采用相对值则能做到这一点，因此相关分析法在物流成本分析中占有重要的地位。当然，相关分析法常常和其他的方法结合起来共同揭示物流成本中的内在规律。

第二节　物流成本效益分析

计算出物流成本之后，可以计算出各种比率，再用这些比率同企业以前时期比较来考察物流成本的实际状况，还可以与同行业其他企业比较，或者与其他行业比较来发现问题，找出差距，为企业未来改进物流系统设计，为提高物流效益提供依据。

一、用于物流成本效益分析的财务指标

全面分析是以企业整体的物流成本为依据，通过物流成本和其他要素的相关关系来分析评价企业物流活动的水平。

（一）物流成本率

物流成本率是用于反映每单位销售额需要支出的物流成本的指标，其计算公式为：

$$物流成本率=\frac{物流成本}{销售额}\times 100\%$$

在运用本指标进行成本分析的时候，我们可以把物流部门作为独立利润中心进行考核，物流成本更为直接地与产品事业部或销售部门经营业绩挂钩，考核产品事业部或销售部门所发生的物流成本。

这里的物流成本是完成特定物流活动所发生的真实成本。在企业统计中的物流成本是采购成本、运输成本、配送成本、库存成本和包装成本等，由于没有统计和成本划分的标准，很多隐性的物流成本被划入生产成本和销售成本。科学的物流成本应该是以物流活动为基础的，所有与完成物流功能有关的成本都应该包括在以活动为基础的成本分类中。

指标评价：这个比率越高则其对价格的弹性越低，说明企业单位销售额需要支出的物流成本越高，从企业历年的数据中，大体可以了解其动向，另外，通过与同行业和行业外进行比较，可以进一步了解企业的物流成本水平。

该比率受价格变动和交易条件变化的影响较大，因此作为考核指标还存在一定的缺陷。

（二）单位成本物流成本率

单位成本物流成本率是用于反映企业物流成本占企业总成本的比重的指标，其计算公式为：

$$单位成本物流成本率=\frac{物流成本}{企业总成本}\times 100\%$$

在用该指标进行分析时，我们把物流部门作为一个成本中心来考核，物流成本仍然以统计的企业物流活动的全部成本为依据。

在物流成本分析中，该指标一般作为考核企业内部的物流合理化或检查

企业是否达到合理化目标的指标来使用。该指标越大，说明物流成本在企业总支出的比重越大，应分析原因，找出改进的方法。

（三）单位营业费用物流成本率

单位营业费用物流成本率是用于反映企业物流成本占营业费用的比重的指标，其计算公式为：

$$单位营业费用物流成本率=\frac{物流成本}{销售费用+一般管理费用}\times100\%$$

在该指标中，物流成本还是以统计的企业物流活动的全部成本为依据，销售费用指企业销售过程中发生的全部支出，一般管理费指企业日常经营过程中发生的支出。

通过物流成本占营业费用的比率，可以判断企业物流成本的比重，而且，这个比率不受进货成本变动的影响，得出的数值比较稳定，因此，适合作为企业物流过程物流合理化的评价指标。

（四）物流功能成本率

物流功能成本率是用于反映企业物流各项功能成本占物流总成本比例的指标，其计算公式为：

$$物流功能成本率=\frac{物流职能成本}{物流总成本}\times100\%$$

该指标可以明确包装费、运输费、保管费、装卸费、流通加工费、信息流通费、物流管理费等各物流职能成本占物流总成本的比率，为企业物流成本控制提供依据。

在采用该项指标进行成本分析时，企业应合理划分企业的物流职能，采用科学可行的方法统计和计算各项物流职能的成本，为提高物流过程的管理水平提供依据。

（五）产值物流成本率

产值物流成本率是用于反映企业创造单位产值需要支出的物流成本的指标，其计算公式为：

$$产值物流成本率=\frac{物流成本}{企业总产值}\times100\%$$

一定时期的产值物流成本率反映了该时期物流过程耗费的经济效果，企业投入产出率高，物流成本耗费低，产值物流成本率也低。通过与不同时期或与计划指标的比较，可以说明企业生产耗费经济效果变动情况。

（六）物流成本利润率

物流成本利润率是用于反映一定时期生产和销售一定数量产品所发生的物流成本总和与获得利润总额的比率的指标，其计算公式为：

$$物流成本利润率=\frac{利润总额}{物流成本}\times 100\%$$

该指标表明在物流活动中，耗费一定量的资金，所获得经济利益的能力。一般说来，物流效率高，市场竞争能力强，产品成本水平低，则盈利能力增强，该指标也相应提高。通过不同时期的比较与计划指标的比较，可以说明企业资金耗费经济效益的状况。

该指标受到众多复杂因素的影响。主要有：各功能物流成本的大小，生产和销售产品的结构，销售产品价格，产品销售数量，产品销售税金及其他销售收支和营业外收支的情况。

值得指出的是：物流成本的变动，不仅影响该指标的分母，同时也影响该指标的分子，且影响的性质相反，因而该指标对于企业物流成本水平的变化反应是十分敏感的。另外，由于企业生产的连续性以及产销平衡关系协调性，本期销售的产品并不一定全部是本期的劳动成果，本期获得的利润总额也不一定完全是本期生产经营的经济利益，同样，物流成本也不一定完全是本期发生的资金耗费，因而，不能把该指标的变动完全归结为本期资金耗费经济效益的体现。

（七）物流部门收益分析指标

该指标是将各物流部门作为一个利润中心，分析其物流成本和物流销售收益的关系。其计算公式如下：

物流部门毛收益＝年物流收益总额—年物流成本总额

物流部门收益额＝（物流部门毛收益—管理费用）×物流费用率权重的修正

虽然物流部门是一个利润中心，其利润贡献的最直接衡量指标是销售收益，但为了达到降低物流成本的目的，物流销售收益必须是一定物流费用率下的收益，超过规定物流费用率，部门收益需要打折扣（这里的物流费用只包括运输费用、仓储费用、管理费用，不包括存货成本等）。

如果实际物流费用率比标准费用率高出很多，超过权重上限，则部门收益为零，甚至为负数。物流费用率标准的制定采用目标期望法，为达到费用率逐年降低的目标，可依据去年的物流费用率为本年度物流费用率，同时排除能源、劳动力的价格上涨或下跌，及交通法规等变化的影响。

（八）物流效用增长率

物流效用增长率是用于反映企业物流成本变化和销售额变化之间关系的指标，其计算公式为：

$$物流效用增长率=\frac{物流成本本年比上年增长率}{销售额本年比上年增长率}\times 100\%$$

该指标用来说明物流成本随销售额的变化而变化的水平。该指标合理的比率应该小于1，如果比率大于1，说明物流成本增加的速度超过销售额的增加速度，应引起企业的重视，考核物流费用控制具有的降低空间。

二、用于物流成本效益分析的非财务指标

传统上，财务评价指标一直在物流成本分析中占主导地位，在各类企业中被广泛应用。但是以会计计量为基础的多数财务指标存在着自身的局限性，除了由于会计数据计量方面存在难以克服的局限性，导致财务数据并不总是能准确地反映企业的经营成果和财务状况，导致影响业绩评价结果外，还有其他方面不利于企业业绩进行评估的因素。①多数财务指标只是一种短期业绩的计量，这样会使管理者过分注重取得和维持短期财务成果，不利于企业的长期战略目标的实现；②有些因素难以用财务指标加以衡量，如物流服务的质量水平、市场占有率、创新和服务、员工的努力程度，等等，而这些因素在竞争日益激烈的信息时代，往往会成为企业关键成功因素中的重要方面；③财务指标着眼于过去，不能反映当前状况，对变动的反映比较迟缓，依赖于会计惯例，并且不能报告物流的重要方面。所以仅仅以财务指标进行物流成本的分析是不全面的，为此，在实务中还常常需要采取一些非财务指标作为辅助及补充指标。

由于不同企业的物流规模不同，所面临的市场环境不同，所涉及的行业不同，所采用的生产技术与管理技术不同，各企业采用的非财务指标相差很大，而且种类繁多。最常用的非财务指标是劳动生产率和客户满意度。

（一）劳动生产率

劳动生产率是使用最广泛的物流业绩评价指标。企业物流劳动生产率可以从不同的角度衡量，最常采用的是物流总劳动生产率，它把企业物流的吞吐量和资源使用量联系起来，用公式表示如下：

物流总劳动生产率＝物流总吞吐量/资源使用总量

但这个指标在操作上有一定困难。首先吞吐量和资源必须要使用统一单位，一般使用的是货币单位。然而货币数量依赖于所采用的会计处理惯例，自身的局限性会导致指标的不客观。另外，当确定所有的投入和产出量时，对那些无形的投入（如光照、环境等）和产出（如污染、废品、声誉等）的量化比较困难。基于上述原因，几乎没有哪个组织使用总劳动生产率，而一般使用局部劳动生产率或单因素劳动生产率。局部劳动生产率用公式表示如下：

物流局部劳动生产率＝物流总吞吐量/某种资源的使用量

一般常用的局部劳动生产率指标有四类，将物流吞吐量和不同类型的资源相联系：①设备生产率，如每辆客车可载人数、每辆铲车可移动的货物重量、每架飞机的可飞行距离等；②劳动生产率，如每人的送货次数、每班工人所移动的货物吨数、每小时处理的订单份数等；③资本生产率，每元投资所购买的存货量、每单位资本所支付的交货量或投资于机器设备的一元钱所得到的产量；④能源生产率，如每公升燃料可行驶的距离、每千瓦时电的存量或每一元钱能源所带来的附加值。

【例 6－1】 某公司经营几个仓库。他们收集了过去两年关于物流的数据资料，吞吐量使用标准单位，货币单位为万元，有关资料如表 6－1 所示。

表 6－1　　某公司物流的数据资料

项　目	20××年	20××年
移动物流重量（公斤）	1000	1200
销售价格（万元）	100	100
原材料使用量（公斤）	5100	5800
原材料成本（万元）	20500	25500
工时（小时）	4300	4500
直接劳动成本（万元）	52000	58000
能源耗费量（千瓦时）	10000	14000
能源成本（万元）	1000	1500
其他成本（万元）	10000	10000

试描述该公司的劳动生产率状况。

根据上述资料，我们可以使用若干劳动生产率指标：

20××年物流总劳动生产率＝总吞吐量/资源使用总量＝（100×1000）/（20500＋52000＋1000＋10000）＝1.2，到20××年，该指标已上升到120000/95000＝1.26，提高了5%，其他一些指标的计算如表6－2所示。

表6－2 某公司劳动生产率指标

指　标	20××年	20××年	提高百分比（%）
总生产率（%）	1.200	1.260	5.0
总吞吐量/原材料（公斤）	0.196	0.207	5.6
总吞吐量/原材料（万元）	0.049	0.047	－4.1
总吞吐量（工时）	0.233	0.267	14.6
总吞吐量/劳动力（万元）	0.019	0.021	10.5
总吞吐量/能源（千瓦时）	0.100	0.086	－14.0
总吞吐量/能源（万元）	1.000	0.800	－20.0

（二）客户满意度

客户满意度是指客户接受产品和服务的实际感受与其期望值比较的程度，即客户期望值与最终获得值之间的匹配程度。客户的期望值与其付出的成本相关，付出的成本越高，期望值越高。提高客户的满意度首先需要了解客户的需求，也就是对客户的满意度进行一定的分析和归纳，以方便企业有针对性地作出相应的战略改变。客户满意度有两种含义：即行为意义上的客户满意度和经济意义上的客户满意度。从行为角度来讲，满意度是客户经过长期沉淀而形成的情感诉求，它是客户在历次交易活动中状态的积累，是一种不仅仅限于“满意”和“不满意”两种状态的总体感觉。从经济角度来讲，客户满意度显得更为重要。企业的客户服务处于一般水平时，客户的反映不大；一旦其服务质量提高或降低一定程度，客户的赞誉或抱怨就会呈指数倍的增多。根据美国《财富》杂志对全球500强企业的跟踪调查发现，企业的客户满意度指数若每年提升一个点，则5年后该企业的平均资产收益率将提高11.33%。但无论从哪个角度看，客户满意度都是个难以量化的主观评价。但是该指标又如此重要，我们可以通过受到客户的投诉次数来衡量客户的满意度，也可以通过下面的公式来计算：

客户满意度=客户满意次数/客户服务总次数

客户满意度=实际产品价格/客户期望的产品价格

客户满意度数据的收集大多是通过调查方法进行的。调查可以是书面或口头问卷、电话或面对面的访谈，以及专题小组和拦截衡量。可以使用多种形式和设计方案进行调查，关键是使接受调查的人觉得"轻松友好"、容易理解和容易回答。同时，不要把调查做得太长，因为人们在宽泛的调查中会失去兴趣。此外还可以使用包括座谈会、探访、客户投诉文件分析等定性分析法。

第三节 物流效率分析

我们知道，物流成本管理的最终目的是提高物流效益，为企业创造更多的利润。毫无疑问，通过我们上一节所介绍的各种方法可以达到这样的目的。成本效益分析是从价值量的角度来设计各种环节和方法，我们还可以通过分析物流实施过程中的生产效率来找到提高效益的途径。

目前来看，国内企业物流与欧、美、日等国的水平仍有一段差距，其落后原因很多，物流过程效率低下导致经营效率不佳、员工缺乏成本意识、生产管理方法不善、销售方式不当等都是原因，其中物流过程效率不佳是个重要的原因。因而应对物流过程深入研究，切入关键点评估其效率，找出病因或发现企业物流较弱的环节，以便进一步达到提高企业物流效益的目标。

在物流运作中，许多先进的技术已经得到了应用，但若无正确有效率的系统规划配合，则不管多先进的设备也无法发挥最大功效，这也就是经营合理化的重点。事实上不论何种行业与规模，提高效率都能阻止人员不断地增加及抑制固定费用的增大，从而提高经济效益。尤其在物流业界，如今已进入强者生存、弱者淘汰的高竞争时期，厂商不能总像以往一样，一味的以扩大生产、增加销售来弥补人工费用的上涨与各项费用的增加，因此，必然要实行能削减固定费用、提高附加值或提升物流过程效率的办法来降低公司的损益平衡点比率，这样才能独占先机。所以，企业物流效率的分析实在是不可忽视的问题，也是企业实现提高经济效益目标的必要手段。

一、物流效率分析的基本原则

第一，以各部门或各物流过程为单位来评价物流营运过程的实绩，以促进其责任意识及完成企业下达的任务的意识，以利于提高公司整体的业绩。

第二，通过公正的效率分析方式，整合公司目标与员工个人的目标，以便提高员工的干劲。

第三，进行效率分析时，首先必须明确经营方针及计划目标，以便由公司的发展方向来判断效率的好坏。

第四，要建立完善的评估制度，应确立公司内每一部门的分析体制，也就是要设定各部门所考核的评估项目或基准值；同时，应让员工了解对实绩资料以及分析结果的看法及分析方式。

在实施分析前，须向有关人员说明分析的内容及目的，征询他们的意见，以建立上下层之间的信赖关系。若未能建立信赖关系，效率分析将难以发挥成效。

第五，为能不断提高效率，应确实以分析结果评价实绩，并迅速采取对策。

二、物流效率分析的基本原理

由于传统业者不重视客观数据，且用非量化的方法来管理的主观意识较强，较不易让人信服，再则，物流流通速度极快，更应掌握能快速反映现状的量化指标，因此，物流效率分析就是将各项物流过程进行的状况予以量化，再进 步加以分析检讨。

虽然要掌握一个企业的物流状况，无法完全以量化指标来表示质的特征，如：产品的成长潜力、研究开发能力、员工的积极性、劳资关系等。但如能掌握可以量化的资料，经详细的分析推敲，将能使物流的效率评估结果更客观、正确，对增进企业的经营能力很有益处。

（一）物流效率评估指标设置的基本原理

效率分析的基本原理是对产出量和投入量的评价，即衡量每一项投入资源能获得多少产出成果。然而，有些事物的分析以“每一项产出，须投入多少资源”较“每一项投入资源能得到多少产出”来得更让人印象深刻，也较能反映现状，因而投入量、产出量是主要的分析指标。

此外，物流过程中，光是观察产出、投入之比并不足以反映全貌，必须进一步找出投入和投入间的比率，以确定投入与投入间的关系是否合理。例如：存货管理费率=存货管理费用/存货数量，即是观察每一单位投入的存货数量需花费多少管理费用。另外，也有些物流过程要分析其绩效，需要掌握产出和产出即两两产出量间的比率，以衡量产出与产出间的相关程度是否令人满意。例如：客户单位收益=销货收入/订单数量，即是观察在现行销售情况下，获得每张订单能够赚得（产出）多少收益。

综合上述，我们在进行物流效率评估时，所设置的指标应包括：产出/投入、投入/产出、投入/投入、产出/产出四项。

（二）设置分析指标的原则

由前述产出/投入、投入/产出、投入/投入、产出/产出等分析形式必然能推导出不少分析指标，然而导出的指标如不能反映企业现状，对公司营运的改善没有帮助的话，则这一指标就没有存在的必要。因此，对分析指标的选择，应满足以下原则：

第一，选出的指标能反映组织整体或个别物流过程单位的效率。

第二，选出的指标能确实反映负责人或经理人的努力程度，对于非其所能控制的因素也应该能适当显示。

第三，选出的指标要有助于问题点的分析，能协助企业找到加强改善的方向。

因此，我们所推导的指标将包含物流整体及个别物流过程部分，如果一味追求个别物流过程的细节可能会导致出现个别物流过程绩效高但对于整体利益反而有害的情况；同样的，若只集中于整体企业效率的分析，则可能无法找出个别物流过程的潜在问题，而使得企业逐渐走下坡路。另外，对于人员努力度的掌握，将由各个物流过程切入。

三、物流效率指标的推导步骤

在物流的运作中，几乎每一物流过程都有其不同的人力与设备，且每一物流过程的重点考虑均不相同，有些物流过程集中在劳力的付出，有些物流过程取决于管理决策，而有些物流过程则与设备的多寡、设施的大小有密切关联。因此，我们先针对各项物流过程的内容，推导出详尽的具体指标，才能根据这些指标分析出问题的症结，决定由哪一物流过程哪一要素着手改善，最能有效快速地提升企业的效率，而后再配合管理人员来一起观察公司整体的绩效。为确实掌握每一物流过程的关键点，我们将依阶段性程序来推导出各物流过程的量化指标，并概略地介绍每一指标的内容与意义。

（一）第一阶段：划分物流分析的物流过程项目

既然前面已提及我们要针对各物流过程来进行效率评估，第一阶段便划分物流活动过程的各项职能。虽然特性或规模不同的企业，其经营的物流过程管理方式不完全相同，但我们大致可将物流的活动划分为进出货、储存、盘点、订单处理、拣货、配送、采购及整体评估八部分。

（二）第二阶段：针对每一物流过程设定分析指标

我们将物流划分成上述八部分后，接下来的步骤就是选定各物流过程欲分析的要素，也就是每一物流过程的不同重点。因此，针对每一项物流过程，究竟应集中在哪些资源耗费的掌握？哪些资源才是此项物流过程分析的重点？以大多数物流过程而言，设定分析指标不外乎以下几点：设施空间生产力——衡量整个厂房空间设施是否已充分利用；人员生产力——衡量每一位人员有无尽到自己最大能力；设备生产力——衡量资产设备有无发挥最大效能；货物、订单效益——衡量货物销售贡献是否达到预定目标；物流过程规划管理力——衡量目前管理阶层所做的决策规划是否适合；时间生产力——衡量每一物流过程有无掌握最佳时间；成本力——衡量此项物流过程的成本费用耗费大小；品质力——衡量产品及服务品质有无达到客户满意的水准。

这些评估指标间的关系可以这样来概括：物流必须先要有设施空间、人员、设备、货物才能准备营运，而后管理者对这些资源做规划管理，经营运后，由营运结果才产生出时间、成本、品质三个评估要素。

（三）第三阶段：设定各物流过程效率评估的要素

要针对物流的各项物流过程选定效率评估要素，了解各项物流过程的涵盖范围及其重点考核。以下我们就依进出货物流过程—储存物流过程—盘点物流过程—订单处理物流过程—拣货物流过程—配送物流过程—采购物流过程—整体物流过程的评估顺序，由各物流过程的运作内容来选择主要的效率评估要素。

（四）第四阶段：建立基本资料

基本资料是指企业营运的成果数据及各项资源的运用情形。因为不论我们建立何种分析模式，或是选择哪些分析指标，都要有公司的一些基本资料来配合，像出货量、销售金额、成本、收益、工资奖金、员工投入量等；能搜集到的资料愈多，对于企业的分析就能愈详尽。

为方便起见，可以将基本资料划分成仓管资料、运输资料、会计财务资料、订货验收资料、人事资料五个部分来分别收集，希望能以最短时间收集到完整的资料。此外，由于有些资料量是会随着时间（每月、季、年）改变，但有些资料在短期间内（二三年）并不会变动，因此，将基本资料划分为固定资料与变动资料两大类，以减少基本资料填写的数量。

（五）第五阶段：导出各物流过程生产力量化指标

划分了物流过程，也选定了效率分析指标，依照所收集的厂家营运基本资料，接下来便是由四种效率指标运算方式（产出—投入、投入—产出、投入—投入、产出—产出）来导出各物流过程效率分析的量化指标。经过详细分析物流过程与问题点后，拟出基本指标来对物流过程进行分析。在进出货、储存、盘点、订单处理、拣取、配送、采购及物流整体过程评价等方面拟定分析指标。而这些指标对业者的助益在于：

1. 能掌握资料投入与产出的量化数值比率，让企业可用的资源发挥最大功效。

2. 辅助业者对自身产业做评估，让业者能由这些细部指标了解整体营运物流过程生产力状况。

3. 希望借助于生产力指标来突显出企业较弱的环节，以便进一步辅助厂商做到经营合理化的目标。

4. 能借助于与其他公司愿意提供之指标数据间的比较，来了解并预期企业本身能再进一步发展的空间。

本章小结

物流成本分析就是利用物流成本核算结果及其他有关资料，分析物流成本水平与构成的变动情况，研究影响物流成本升降的各种因素及其变动原因，寻找降低物流成本的途径。

物流成本分析的基本方法有定性分析和定量分析两种。定性分析是定量分析的基础，定量分析是定性分析的深化。仅有定量分析结果而无定性分析说明，或者仅有定性的说明而无定量分析资料作依据，都不可能发挥成本分析应有的作用。因而，定性分析与定量分析是相辅相成，互为补充的。

物流成本效益分析主要是采用比率分析法，通过计算有关的财务比率指标来对企业物流成本效益进行分析和评价，其中主要的财务比率指标有：物流成本率、单位物流成本率、单位营业费用物流成本率、物流功能成本率、产值物流成本率、物流成本利润率、物流部门收益、物流效用增长率等。

思考题

1. 企业物流成本分析的基本方法有哪些？

2. 企业进行物流成本效益分析时，可以通过计算哪些财务比率指标来分析和评价？各项指标如何计算？

3. 非财务指标在物流成本效益分析中有何作用？

4. 如何理解物流效率分析与物流成本分析之间的相互关系？

5. 物流效率分析的基本步骤是什么？

案 例

CC集团自营配送与代理配送选择中的成本分析

一、企业背景介绍

CC集团是一家家电企业，2001年下半年以前，其产品配送一直采用自营模式，该模式将商流与物流相结合，把商品配送活动作为企业的一种商业促销手段而与商品交易活动紧紧联系在一起。因此，各地销售部门均要建立并管理属于自己的仓库，从而导致CC在JX省内租用了7个中小型仓库，分布在省内7个不同的城市，最小仓库面积为200平方米，最大的为1000平方米。从2001年下半年开始，CC集团对其下游物流配送体系进行了改革，将原有配送模式从自营模式转变到第三方物流代理配送模式，在华中地区由TPL企业代理其在JX省境内开展某品牌家电产品及其配件的整体物流业务，同时，对仓库布局重新进行了规划：在NC市设立区域中心仓库(RDC)，覆盖JX省中南部和东部地区的配送；在JX省北部的JJ市设立一个调节仓库（DC)，覆盖JX省西北部地区的配送。

二、CC集团两种物流模式下物流成本比较及分析

（一）物流成本构成

配送过程中的物流总成本一般由三个部分组成：运输成本、库存成本和管理成本。同时，根据被调研供应链的运输形式，将运输过程分为干线运输和区域配送两个阶段。产品从生产基地（核心企业）到区域配送中心为干线运输；从区域配送中心到终端客户为区域配送，故运输成本又包括干线运输费用和区域配送费用。

库存成本要考虑三个方面的因素：存货的资金成本、仓库的使用费用和库存作业费用。存货的资金成本根据银行利率和库存占用资金计算得到。仓库使用费用在自营配送模式下为每个月固定的租金，CC集团每半年与仓库所有者签订一次租赁合同，费用比较稳定。而在TPL代理配送模式下，则与每个月CC集团产品的库存数量相关。库存作业费用在两种模式下均与产

品出入库数量有关。

物流管理费用包括三个方面：库存管理成本、管理信息费用和单据处理费用。由于在两种配送模式下，企业均是租用第三方仓库，故库存管理成本主要是仓库管理人员的工资。同时，通过分析调研，发现管理信息费用和单据处理费用均与库存管理成本相关，故管理信息费用和单据处理费用可按比例由库存管理成本计算得到。

（二）两种模式下物流成本比较分析

1. 物流总成本比较

根据CC集团2001年1月到2002年4月间的物流成本数据，对两种配送模式下的物流成本进行了比较，数据见表1。

表1 单位：元

项　目		自营配送	TPL代理配送	节约费用	节约百分比（%）
运输成本		156566.68	154603.82	1962.86	1.3
	干线运输	147556.18	109308.16	38248.02	25.9
	区域配送	9010.50	45295.66	−36285.16	−402.7
库存成本		79302.86	44002.39	35300.47	44.5
	资金成本	58581.86	19457.29	39124.57	66.8
	仓库租金	17875.00	15328.50	2546.50	14.2
	库存作业	2846.00	9216.60	−6370.60	−223.8
管理成本		12660.00	3120.00	9540.00	75.4
	仓库管理	12000.00	3000.00	9000.00	75.0
	管理信息	600.00	60.00	540.00	90.0
	单据处理	60.00	60.00	0.00	0.0
合　计		248529.54	201726.21	46803.33	18.8

从表中可以看到，在该案例中采用TPL代理配送模式后，物流总成本降低了18.8%，物流总成本的三个构成部分均有不同程度的下降，其中运输成本降低1.3%，库存成本降低44.5%，管理成本降低75.4%。降低幅

度最大的项目是物流管理成本，其中管理信息费用的降低主要依赖于TPL企业拥有完善的管理信息系统，该系统构建立在基于Internet的电子商务平台上，可以让客户在网上进行远程指令下达、货物状态查询、异常作业处理等，提高了配送过程中信息传递的速度和准确性。而仓库管理费用的降低则主要是CC集团有效地利用了TPL企业专业化的物流管理，减少了本身不必要的人员设置。虽然物流管理成本在总的成本构成中所占比例不大，但是却说明采用TPL代理配送模式有利于企业提高管理水平，集中主要精力于自己的核心业务。

2. 两种模式下单位物流成本的比较

表1给出的是CC集团在JX省配送业务的总成本，表中数据并没有直接体现出配送模式变化前后，单位产品物流成本的变化情况。事实上，由于物流与商流分离，在实施TPL代理配送策略后，CC集团的销售部门就只从事商品的交易活动，集中精力于其核心业务，使JX地区的销售量有了明显的提高，该品牌产品的月销售量增加了约45.4%。仓库管理成本是固定投入，不随产品销售量的变化而改变，同时，管理信息费用和单据处理费用在物流总成本中所占比例很小，分摊到单位产品上的金额可以忽略不计。表2给出了两种配送模式下单位产品物流成本的对比情况。

表2 单位：元

项　目	自营配送	TPL代理配送	节约费用	节约百分比（%）
运输成本	83.85	57.03	26.82	32.0
干线运输	79.12	40.32	38.80	49.0
区域配送	4.83	16.71	−11.88	−246.0
库存成本	42.52	16.32	26.20	61.6
资金成本	31.41	7.18	24.23	77.1
仓库租金	9.58	5.65	3.93	41.0
库存作业	1.53	3.40	−1.87	−122.2
合　计	126.47	73.35	53.12	42.0

可以看到，考虑了销售业绩的变化后，单位产品的物流成本节约了42%，其中费用降低最多的是库存资金成本，达到了77.1%。这表明实施TPL代理配送策略后，能够有效地提高仓库利用效率，缩短库存周转周期，从而可以有效地缩短整个供应链的多阶响应周期。事实上，JX地区的成品库存周转周期由自营配送模式下的95天，缩短到TPL代理配送模式下的20天，仅为前者的21.1%，库存资金成本也随之下降。区域配送成本的增加是企业为缩短配送周期，提高客户服务水平而付出的代价：在自营配送模式下，单件、小批量的订货由于运输成本问题一般不会单独进行配送，而是将几次订货积累在一起，然后成批进行配送，导致配送周期被人为地延长；而在TPL代理配送模式下，对于这种情况一般采用零担运输（LTL）的方式，将单件、小批量的订货与其他货物一起配送，充分发挥了运输的规模优势，并保证了区域配送的及时性，有效地缩短了配送周期。在本案例中，CC集团产品在JX省内任何一个地方的配送周期均小于48小时，NC市及周边县市的配送周期则是不超过6小时。库存作业成本的增加则是企业为保证产品在运输过程中的完好性、物流信息的准确性而付出的代价。

通过对该案例的分析，我们清楚地看到，企业运用第三方物流可以有效地缩短供应链周期，对市场快速做出反应，使企业能集中精力于自身核心业务上，这样有助于企业培养核心竞争力。而且，在缩短供应链周期的同时，企业的物流成本也得到了控制，不论是物流总成本，还是构成物流总成本的几个部分，都有不同程度的下降。

三、管理启示

运输和库存在供应链管理中占有重要地位，这两个相互关联的活动不但构成了配送体系中成本的绝大部分，同时也对客户服务水平有着重要影响。企业在采用TPL代理配送模式的情况下，针对区域配送和库存作业成本有所增加这一现象，应采取一些相应的措施，以达到进一步降低成本的目的：一是科学地评估TPL代理提出的网络规划方案，优化设计配送系统的网络结构，这是降低区域配送成本的大前提；二是加强对TPL代理配送业务的监督与指导，促使TPL代理强化车辆调度、运输线路选择及货物配载优化等方面的管理，切实提高配送作业的效率，有效降低区域配送物流成本；三是利用仓储管理信息系统强化库存管理，制定合理的库存策略和仓储方案，采用先进的设备和技术（如液压拖车、电动叉车、条码技术等），降低搬运、盘点、拣货等库存作业费用。

第七章 物流业绩评价

学习目的

物流业绩评价是以企业物流成本数据资料为基础，对企业各物流部门的经营业绩进行核算、考核和控制的一项重要工作。通过本章的学习，熟悉物流业绩评价的基础和条件；掌握物流责任中心的划分及各类物流责任中心的基本特征与业绩评价的方法；熟悉各类物流责任中心的责任预算编制、责任报告提供与业绩考核的工作程序与方法；掌握各物流部门之间的内部转移价格的制定方法；了解平衡计分法在企业物流业绩评价中的应用。

第一节 物流业绩评价的基础和条件

业绩评价通常有两类评价者与被评价者：一是所有者对经营者，这种情况更多地是一个经济学问题，即所谓的法人治理结构；二是经营管理者对属下各级责任者，这是一个管理学或管理实务问题，也是本章的主题，即在企业组织内部，高层管理者通过制定预算或编制计划等方式，对下级责任者设定业绩标准，而后进行业绩计量，据以反映实际执行情况，对之作出业绩评价。

物流业绩评价是以对物流活动实施分权管理为基础，将企业整个物流过程划分为各种不同形式的责任中心，对每个责任中心明确其权力、责任及其业绩计量和评价方式，建立起一种以责任中心为主体，责、权、利相统一的机制，通过信息的积累、加工、反馈而形成的物流系统内部的一种严密控制系统。

进行物流业绩评价需具备一些基本的基础和条件，主要包括以下方面：

一、合理划分责任中心，明确规定权责范围

实施物流业绩评价制度，首先要按照分工明确、责任分明、成绩便于考核的原则，合理划分物流责任中心。其次必须依据各个物流责任中心的特点，明确规定其权、责范围，使每个物流责任中心在其权限范围内，独立自主履行其职责。

二、编制责任预算，明确各物流责任中心的考核标准

编制责任预算，使物流活动的总体目标按各物流责任中心进行分解、落实和具体化，并以此作为它们开展日常物流经营活动的准则和评价其工作成果的基本标准。业绩考核标准应当具有可控性、可计量性和协调性等特征，即其考核内容应为物流责任中心能够控制的因素；考核指标的实际执行情况，要能比较准确地计量和报告，并能使各个物流责任中心在完成物流活动总目标的过程中，明确各自的目标和任务，以实现局部与整体的统一。

三、区分各个物流责任中心的可控与不可控费用

对各个物流责任中心工作成果的评价与考核，应仅限于能为其工作成效所影响的可控项目，不能把不应由它负责的不可控项目（如运输线路中断）列为考核项目。为此，要对企业所发生的全部物流费用一一判别责任归属，分别落实到各个物流责任中心，并根据可控费用来科学地评价各物流责任中心的成绩。

四、合理制定内部转移价格

为了分清经济责任，便于正确评价各个物流责任中心的工作成果，各物流责任中心之间相互提供的产品、劳务或服务，应该根据各物流责任中心经营活动的特点，合理地制定内部转移价格，并据此计价结算。企业所制定的内部转移价格，必须既有利于调动各方面开展物流活动的主动性、积极性，

又有助于实现局部和整体之间的目标一致。

五、建立健全严密的记录、报告系统

就是要建立一套完整的日常记录、计算和考核有关责任预算执行情况的信息系统，以便为计量和考核各物流责任中心的实际经营业绩提供可靠的依据，并能对实现各物流责任中心的实际工作业绩起反馈作用。一个良好的报告系统，应当具有相关性、适时性和准确性等特征，也即报告的内容要能适应各级管理人员的不同需要，只列示其可控范围内的有关信息；报告的时间要适合报告使用者的需要；报告的信息要有足够的准确性，保证评价和考核的正确合理性。

六、制定合理而有效的奖惩制度

这也就是对每个物流责任中心制定一套既完整又合理有效的奖惩制度，根据其实际工作成果的好坏进行奖惩，做到功过分明，奖惩有据。奖惩制度及其执行包括以下内容：①奖惩制度必须结合各物流责任中心的预算责任目标制定，体现公平、合理、有效的原则；②要形成严格的考评机制，包括建立考评机构、确定考评程序、审查考评数据、依照制度进行考评和执行考评结果；③要把过程考核与结果考核结合起来，即把即时奖惩与期间奖惩结合起来，这一方面要求在业绩评价过程中随时考核各物流责任中心的责任目标和执行情况，并根据考核结果当即奖惩，另一方面要求一定时期终了，根据预算的执行结果，对各物流责任中心进行全面考评，并进行相应奖惩。

七、评价和考核实际工作业绩

根据原定的业绩考核标准对各物流责任中心的实际工作成绩进行比较，据以找出差距，分析原因，判明责任，采取有效措施，巩固成绩，改正缺点，及时通过信息反馈来保证物流活动沿着预定的目标前进。

八、定期编制业绩报告

通过定期编制业绩报告，对各物流责任中心的工作情况进行全面的分析和评价，并以此为依据实行奖惩，以促使各物流责任中心相互协调并卓有成

效地开展物流活动，共同为最大限度降低物流费用水平、提高物流经济效益而努力。

第二节　物流责任中心

一、物流责任中心的含义与特征

为了对企业的物流活动实行有效的业绩评价，通常都按照统一领导、分级管理的原则，将企业的物流经营过程划分为若干责任单位，明确各责任单位应承担的经济责任、应有的权力和利益，促使各责任单位尽其职责协同配合。物流责任中心就是承担一定经济责任，并享有一定权力和利益的各级物流组织和各个物流管理层次。

企业为了保证预算的贯彻执行和最终实现，必须把总预算中确定的目标和任务，按照物流责任中心逐层进行指标分解，形成物流责任预算，以此对各物流责任中心的预算执行情况进行检查并完成业绩的评价。由此可见，建立物流责任中心是进行物流业绩评价的基础。

物流责任中心通常具有以下特征：

第一，物流责任中心是一个责权利相结合的实体。它意味着每个物流责任中心都要对一定的财务指标承担完成的责任；同时，赋予物流责任中心与其所承担责任的范围和大小相适应的权力，并规定出相应的业绩考核标准和利益分配标准。

第二，物流责任中心具有承担经济责任的条件。它有两方面的含义：一是物流责任中心具有履行经济责任中各条款的行为能力，二是物流责任中心一旦不能履行其经济责任，能对其后果承担责任。

第三，物流责任中心所承担的责任和行使的权力都应是可控的，每个物流责任中心只能对其责权范围内可控的成本、收入、利润和投资负责，在物流责任预算和业绩考核评价中也只应包括他们能控制的项目。可控是相对于不可控而言的，不同的责任层次，其可控的范围并不一样。一般而言，责任层次越高，其可控范围越大。

第四，物流责任中心具有相对独立的经营业务和财务收支活动。它是确定经济责任的客观对象，是物流责任中心得以存在的前提条件。

第五，物流责任中心便于进行单独核算。物流责任中心不仅要划清责任而且要能单独核算，划清责任是前提，单独核算是保证。只有既划清责任又能单独核算的物流内部单位，才能作为一个物流责任中心。

根据企业内部各物流责任中心的权责范围及业务活动的特点不同，它可以分为物流成本中心、物流利润中心和物流投资中心三大类。

二、物流成本中心

物流成本中心是指对成本或费用承担责任的责任中心。它不会形成可以用货币计量的收入，因而不对收入、利润或投资负责。物流成本中心一般包括企业内部从事物流活动的采购、仓储、流通加工、配送和运输等部门以及给予一定费用指标的物流管理部门。

物流成本中心的应用范围最广，从一般意义出发，在企业的物流活动过程中凡有成本费用发生，需要对成本费用负责，并能实施成本费用控制的单位，都可以成为一个物流成本中心。物流成本中心的规模不一，各个较小的物流成本中心共同组成一个较大的物流成本中心，各个较大的物流成本中心又共同构成一个更大的物流成本中心。从而，在企业形成一个逐级控制，并层层负责的物流成本中心体系。

企业的物流成本中心可分为技术性物流成本中心和酌量性物流成本中心。技术性物流成本中心是指其成本发生的数额可以通过技术分析相对可靠地估算出来。如商品在包装和流通加工过程中发生的直接材料、直接人工、间接制造费用等。其特点是这种成本的发生可以为企业提供一定的物质成果，在技术上投入量与产出量之间有着密切的联系。技术性成本可以通过弹性预算予以控制。

酌量性物流成本中心是指其成本是否发生以及发生数额的多少是由管理人员决定的，主要包括各种物流管理费用和某些间接成本项目，如商品的研发费用、物流信息系统费用等。这些费用的发生主要是为企业物流活动提供一定的专业服务，一般不能产生可以用货币计量的成果，在技术上，投入量与产出量之间没有直接关系。酌量性成本的控制应着重于预算总额的审批上。

由于物流业绩评价是围绕着物流责任中心来组织，以各物流责任中心为对象进行有关资料的收集、整理和分析对比，因而，物流成本中心的成本与一般在完全成本法下所计算的成本有很大的不同。其主要特点如下：

（一）不是传统的物流成本，而是责任成本

传统的物流成本是按照费用承担的客体进行收集、核算，其原则是“谁收益，谁承担”，而物流成本中心的成本是以物流责任中心为对象进行成本的收集、核算，其原则是“谁负责，谁承担”。两者既有区别又有联系。两者的区别是：①成本的收集对象不同。传统物流成本是按费用承担的客体（如产品、物流服务方式等）收集，而责任成本则按物流责任中心收集。②目的不同。计算责任成本的目的在于对各物流责任中心的业绩进行评价和考核，因而要将成本划分为可控成本与不可控成本两部分；而传统的物流成本则不必这样划分。两者的联系则表现为：在一定的期间内，责任成本与传统的物流成本的成本发生额是相同的。

（二）作为物流成本中心，其所需要计量与考核的成本是可控成本，而不是应归属于该中心的全部成本

所谓可控成本是指可以预先知道的、有办法计量的、能为该物流成本中心所控制、为其工作好坏所影响的成本。成本的可控性是就特定的责任中心、特定的期间和特定的权限而言的。首先，某项物流成本对某个物流责任中心是可控的，而对另一个物流责任中心却是不可控的。例如，包装材料的耗用量，从产品包装部门来看是可控的，而对于采购部门来说，则是不可控的；而包装材料的价格则相反，从采购部门看是可控的，但对于产品包装部门来说，则是不可控的。其次，正如经济学家所指出的，就长期而言，所有成本都是可控的；而就短期而言，则所有成本都是不可控的。例如，企业的物流中心在布局时，管理部门可以决定物流中心规模的大小、成本的多少，因而，此时物流中心构造的成本是可控的；但物流中心一旦构建完成，则其所发生的构造成本就成为不可控成本。又如运输部门的保险费，一般的保险期为一年，因此，如果就期间为一年而言，运输部门有权决定投保与否，因而对其而言是可控的；但一旦投保，则月度或周的保险费就成为不可控成本。另外，可控性还与特定的权限有关。有些费用，就基层单位来说是不可控的，但就高层管理部门来说，则是可控的。例如，流通加工设备的租赁费，对流通加工部门来说，是不可控的，因为它无权购进新设备来替代租用

的旧设备；但就部门经理而言，则是可控的，因为他有权决定是否购进新设备取代目前从外界租用的旧设备。

由此可见，某个物流成本中心的责任成本，即为属于该中心的各项可控成本之和，因而，对物流成本中心的业绩评价与考核应以其可控成本作为主要依据，不可控成本仅作参考。各个物流成本中心的责任成本又可分为预算责任成本和实际责任成本，前者是指由预算分解确定的各个物流成本中心应承担的责任成本，后者是指各物流成本中心从事物流活动实际发生的责任成本。对各物流中心业绩进行评价与考核，应以各物流成本中心的预算责任成本为依据，检查实际成本是否完成预算规定的任务，通过二者的比较，确定其成本控制的绩效，并采取相应的奖惩措施。

三、物流利润中心

物流利润中心是指既能控制成本，又能控制销售收入的物流责任中心。它不但有成本发生，而且还有收入发生，因此，它不但要对收入、成本负责，而且也要对收入与成本的差额即利润负责。这类责任中心一般是指在物流活动开展中有独立经营决策权的物流组织和部门。

物流利润中心一般有两种形式：一是自然物流利润中心。这种利润中心虽然是企业内部的一个责任单位，但它既可以向企业内部其他物流责任单位提供劳务或服务，也可像一个独立经营的单位那样，直接向外界市场提供劳务或服务，即其功能与独立企业相近，如企业内实现独立核算的运输、配送等物流部门。二是人为物流利润中心。这种利润中心仅对本企业提供各种物流服务，不面向市场开展业务。成为人为物流利润中心应具备两个条件：首先该中心可以向其他责任中心提供劳务或服务；其次能为该中心的劳务或服务确定合理的内部转移价格，以实现公平交易，等价交换。企业物流活动开展中的许多物流部门都可以转化为人为物流利润中心。人为物流利润中心一般也应具备相对独立的经营权，即能自主决定本中心的劳务或服务的种类、数量和质量、作业方法、人员调配、资金使用等。

物流利润中心业绩的考核和评价，主要是通过一定期间实际实现的利润同“责任预算”所确定的预计的利润数进行比较，并进而对差异形成的原因和责任进行具体分析，借以对其在经营上的得失和有关人员的功过作出全面而正确的评估。物流利润中心通常以“贡献毛益”作为业绩评价指标，其计算公式为：

贡献毛益＝销售收入总额－变动成本总额

对物流利润中心进行业绩评价时，必须正确区分部门经理业绩与部门业绩。因此贡献毛益指标用于物流利润中心业绩评价时，可引申出分部毛益和分部经理毛益两种。

（一）分部经理毛益

衡量分部经理业绩的分部经理毛益的计算公式为：

销售收入
减：变动成本
贡献毛益
减：经理人员可控的可追溯的固定成本
分部经理毛益

即：分部经理毛益—销售收入 经理人员可控的可追溯的固定成本　　(1)

（二）分部毛益

衡量分部业绩的分部毛益的计算公式为：

销售收入
减：变动成本
贡献毛益
减：分部经理可控的可追溯的固定成本
分部经理毛益
减：分部经理不可控但高层管理部门可控的可追溯的固定成本
分部毛益

即：分部毛益＝销售收入—经理人员可控的可追溯的固定成本　　(2)

公式（1）（2）可看做严格意义上的贡献毛益在物流利润中心业绩评价中的自然延伸，是可控性原则的具体体现。公式（1）主要用于评价责任中心（分部）负责人的经营业绩，因而必须就经理人员的可控成本进行评价、考核。为此，必须在各分部可追溯性固定成本的基础上，进一步将之区分为分部经理可控成本和不可控成本，并就经理人员可控成本进行业绩评价、考核。这是因为，有些成本尽管可以追溯到分部，却不为分部经理所控制。例如，折旧费、保险费等。分部经理毛益所反映的是，分部经理对其控制的资源有效利用程度。而公式（2）则主要用于对责任中心（分部）的业绩评价和考核，因而仅将分部可控制的可追溯固定成本从贡献毛益中扣除，其所反映的是分部补偿共同性固定成本后为企业利润总额所作的贡献。

四、物流投资中心

物流投资中心是指既对收入、成本和利润负责，又对投资效果负责的物流责任中心。它与物流利润中心相比较，区别有二：一是权力不同。物流利润中心没有投资决策权，它只是在企业物流投资形成后进行具体的经营；而物流投资中心则不仅在经营管理上享有较大的自主权，而且能相对独立地运用所掌握的资产，有权购建或处理固定资产，扩大或缩减现有的经营能力。二是考核办法不同。考核物流利润中心业绩时，不联系投资多少或占用资产的多少，即不进行投入产出比较；相反，考核物流投资中心业绩时，必须将所获得的利润与所占用的资产进行比较。

物流投资中心是最高层次的责任中心，它具有最大的决策权，也承担最大的责任，投资中心的管理特征是较高程度的分权管理。一般而言，大型企业集团中承担母公司物流业务的物流子公司往往都属于物流投资中心。

为了准确地计算各物流投资中心的经济效益，应对各物流投资中心共同使用的资产划定界限；对共同发生的成本按适当的标准进行分配；各物流投资中心之间相互调剂使用的资金、存货、固定资产等，均应计息清偿，实行有偿使用。在此基础上，根据物流投资中心应按投入产出之比进行业绩评价与考核的要求，除考核利润指标外，更需要计算、分析利润与投资额的关系性指标，即投资利润率和剩余收益。

（一）投资利润率

投资利润率又称投资报酬率，是指物流投资中心所获得的利润与投资额之间的比率。计算公式可以表述为：

投资利润率＝利润/投资额×100％

投资利润率这一指标，还可以进一步展开：

投资利润率＝资本周转率×销售成本率×成本费用利润率

以上公式中投资额是指物流投资中心的总资产扣除负债后的余额，即物流投资中心的净资产。所以，该指标也可以称为净资产利润率，它主要说明物流投资中心运用“公司产权”供应的每一元资产对整体利润贡献的大小，或物流投资中心对所有者权益的贡献程度。

为了考核物流投资中心的总资产运用状况，也可以计算物流投资中心的总资产息税前利润率。它是物流投资中心的息税前利润除以总资产占用额。总资产是指物流经营中占用的全部资产。因资金来源中包含了负债，相应分子也要采取息税前利润，它是利息加利润总额。投资利润率总资产占用额计算，主要用于评价和考核由物流投资中心掌握、使用的全部资产的盈利能力。值得说明的是，由于利息或息税前利润是期间性指标，故上述投资额或总资产占用额应按平均投资额或平均占用额计算。

投资利润率是广泛采用的评价物流投资中心业绩的指标，优点如下：

1. 投资利润率能反映物流投资中心的综合盈利能力。从投资利润率的分解公式可以看出，投资利润率的高低与收入、成本、投资额和周转能力有关，提高投资利润率应通过增收节支、加速周转，减少其他投入来实现。

2. 投资利润率具有横向可比性。投资利润率将各物流投资中心的投入与产出进行比较，剔除了因投资额不同而导致的利润差异的不可比因素，有利于进行各物流投资中心经营业绩的比较。

3. 投资利润率可以作为选择投资机会的依据，有利于调整资产的存量，优化资源配置。

4. 以投资利润率作为评价物流投资中心经营业绩的尺度，可以正确引导物流投资中心的经营管理行为，使其行为长期化。由于该指标反映了物流投资中心运用资产并使资产增值的能力，如果物流投资中心资产运用不当，会增加资产或投资占用规模，也会降低利润。因此，以投资利润率作为评价和考核的尺度，将促使各物流投资中心盘活闲置资产，减少不合理的资产占用，及时处理过时、变质、毁损资产等。

总的说来，投资利润率的主要优点是能促使管理者像控制费用一样地控制资产占用或投资额的多少，综合反映一个物流投资中心全部经营成果。但是，该指标也有其局限性。一是在通货膨胀的情况下，使企业资产账面价值失真失实，以至相应的折旧少计，利润多计，使计算的投资利润率无法揭示各物流投资中心的实际经营能力。二是使用投资利润率往往会使各物流投资中心只顾本身利益而放弃对整个企业有利的投资项目，造成物流投资中心的近期目标与整个企业的长远目标的背离。三是投资利润率的计算与资本支出预算所运用的现金流量分析方法不一致，不便于项目建成运营后与原定目标的比较。四是从控制角度看，由于一些共同费用无法为各物流投资中心所控制，投资利润率的计量不全是投资中心所能控制的。为了克服投资利润率的某些缺陷，应采用剩余收益作为各物流投资中心的业绩评价指标。

（二）剩余收益

剩余收益是一个绝对数指标，是指各物流投资中心所获得的利润扣减其最低投资收益后的余额。最低投资收益率是物流投资中心的投资额（或资产占用额）按规定或预期的最低报酬率计算的收益。其计算公式如下：

剩余收益＝利润—投资额×规定或预期的最低投资报酬率

以剩余收益作为物流投资中心经营业绩评价指标，各物流投资中心只要投资利润率大于规定或预期的最低投资报酬率，该项投资（或资产占用）便是可行的。剩余收益指标具有两个特点：

1. 体现投入产出关系。由于减少投资（或降低资产占用）同样可以达到增加剩余收益的目的，因而与投资利润率一样，该指标也可以用于全面评价与考核物流投资中心的业绩。

2. 避免本位主义。剩余收益指标避免了各物流投资中心的狭隘本位倾向，即单纯追求投资利润而放弃一些有利可图的投资项目。这是因为以剩余收益作为衡量各物流投资中心工作成果的尺度，各物流投资中心将尽力提高剩余收益，也即只要有利丁增加剩余收益的绝对额，投资行为就是可取的，而不是尽量提高投资利润率。两个指标的差异，可以举例说明如卜：

【例 7－1】 某公司下设 A、B 两个物流配送中心，具有独立的经营权和投资决策权，该公司加权平均最低投资利润率为 10%，现两中心追加投资，有关资料如表 7－1 所示。

表 7－1　　物流投资中心指标计算表　　单位：万元

项　目		投资额	利润额	投资利润率	剩余收益
追加投资前	A	20	1.0	5%	1－20×10%＝－1
	B	30	4.5	15%	4.5－30×10%＝＋1.5
	Σ	50	5.5	11%	5.5－50×10%＝＋0.5

续表

项　目		投资额	利润额	投资利润率	剩余收益
A中心追加投资10万元	A	30	1.8	6%	1.8－30×10%＝－1.2
	B	30	4.5	15%	4.5－30×10%＝＋1.5
	Σ	60	6.3	10.5%	6.3－60×10%＝＋0.3
B中心追加投资20万元	A	20	1.0	5%	1－20×10%＝－1
	B	50	7.4	14.8%	7.4－50×10%＝＋2.4
	Σ	70	8.4	12%	8.4－70×10%＝＋1.4

根据表7-1中资料评价A、B两个物流投资中心的经营业绩可知，如果以投资利润率为考核指标，追加投资后A的利润率由5%提高到了6%，B的利润率由15%下降到了14.8%，则向A投资比向B投资好；但以剩余收益作为考核指标，A的剩余收益由原来的－1万元变成了－1.2万元，B的剩余收益由原来的1.5万元增加到2.4万元，应当向B投资。如果从整个公司角度进行评价，就会发现A追加投资时全公司总体投资利润率由11%下降到10.5%，剩余收益由0.5万元下降到0.3万元；B追加投资后，全公司整体投资利润率由11%上升到12%，剩余收益由0.5万元上升到1.4万元，这和以剩余收益指标评价各物流投资中心的业绩的结果一样。所以，以剩余收益作为评价指标可以保持两个物流投资中心获利目标与公司总的获利目标达成一致。

第三节　物流责任预算、责任报告和业绩考核

一、物流责任预算

（一）物流责任预算的含义

物流责任预算是以物流责任中心为主体，以其可控成本、收入、利润和投资等为对象编制的预算。通过编制物流责任预算可以明确各物流责任中心的责任，并通过与物流总预算的一致性，以确保其实现。通过编制物流责任预算也为控制和考核物流责任中心经营管理活动提供了依据，物流责任预算

是物流总预算的补充和具体化。

物流责任预算是由各种责任指标组成的，这些指标分为主要责任指标和其他责任指标。在上述物流责任中心中所提及的各物流责任中心的考核指标都是主要指标，也是必须保证实现的指标，这些指标反映了各种不同类型的物流责任中心之间的责任和相应的权利区别。其他责任指标是根据物流其他总奋斗目标分解而得到的为保证主要责任指标完成而确定的责任指标，这些指标有劳动生产率、设备完好率、出勤率、材料耗用率和职工培训等。

（二）物流责任预算的编制

物流责任预算的编制程序有两种：一是以物流责任中心为主体，将物流总预算在各物流责任中心之间层层分解而形成的各物流责任中心的预算。它实质上是由上而下实现物流总预算目标。这种自上而下、层层分解指标的方式是一种常用的预算编制程序。其优点是使整个物流活动浑然一体，便于统一指挥和调度。不足之处是可能会遏止各物流责任中心的积极性和创造性；二是各物流责任中心自行列示各自的预算指标、层层汇总，最后由企业专门机构或人员进行汇总和调整，确定企业的物流总预算。这是一种由下而上，层层汇总、协调的预算编制程序，其优点是有利于发挥各物流责任中心的积极性，但往往各物流责任中心只注意本中心的具体情况或多从自身利益角度考虑，容易造成彼此协调困难、互相支持少，以致冲击物流的总体目标。而且，层层汇总、协调，工作量大、协调难度大，影响预算质量和编制时效。

物流责任预算的编制程序与企业组织机构设置和经营管理方式有着密切关系。因此，在集权组织结构形式下，公司的总经理大权独揽，对企业所有的成本、收入、利润和投资负责。他既是利润中心，也是投资中心，而公司下属的各部门（包括物流部门）都是成本中心，它们只对其权责范围内控制的成本负责。因此，在集权组织结构形式下，首先要按照各物流责任中心的层次，从上至下把公司的物流总预算逐层向下分解，形成各物流责任中心的物流责任预算；然后建立物流责任预算执行情况的跟踪体系，记录预算执行的实际情况，并定期由下至上把物流责任预算的实际执行数据逐层汇总，直到最高管理层。

在分权组织结构形式下，物流经营管理权分散在各物流责任中心，企业的物流部门与公司自身一样，可以都是利润中心或投资中心，它们既要控制成本、收入、利润，也要对所占用的全部资产负责。而在其之下还有许多物流成本中心，只对它们所控制的成本负责。在分权组织结构形式下，首先也应按各物流责任中心的层次，将公司的物流总预算从最高层向最底层逐级分解，形成各物流责任单位的责任预算。然后建立物流责任预算的跟踪系统，记录预算的实际执行情况，并定期从最基层物流责任中心把物流责任成本的实际数，以及销售收入的实际数，通过编制业绩报告逐层向上汇总，一直到达最高管理层。

现举例说明物流责任预算的编制过程。

【例 7－2】 某公司物流组织结构形式如图 7－1 所示。

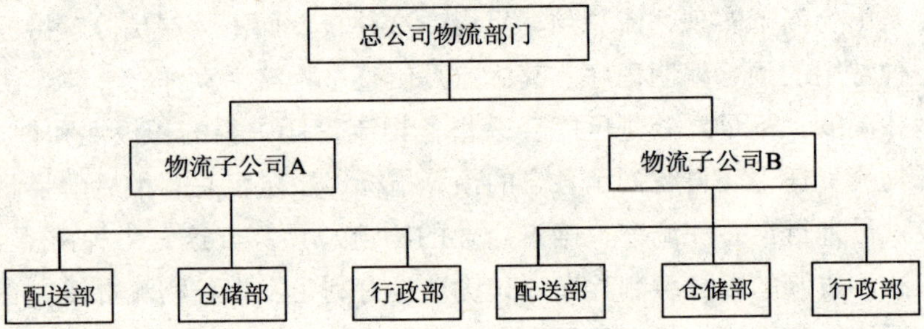

图 7－1 公司物流组织结构

假设该公司采取分权组织结构形式，各物流成本中心发生的成本费用均为可控成本，则该公司物流责任预算的简化形式如表 7－2、表 7－3、表 7－4、表7－5、表 7－6 所示。

表 7－2 **某公司物流责任预算**

20××年 单位：万元

责任中心类型	项 目	责任预算	责任人
利润中心 利润中心	A 子公司物流利润 B 子公司物流利润	2000 1500	A 子公司经理 B 子公司经理
利润中心	合计	3500	公司物流经理

表 7-3　　A 子公司物流责任预算

20××年　　单位：万元

责任中心类型	项　目	责任预算	责任人
收入中心	物流服务收入	4600	A 子公司经理
成本中心	配送部门可控成本	400	配送部门经理
	仓储部门可控成本	1900	仓储部门经理
	行政管理部门可控成本	300	行政管理部门经理
	合　计	2600	A 子公司经理
利润中心	物流利润	2000	A 子公司经理

表 7-4　　A 子公司物流收入责任预算

20××年　　单位：万元

责任中心类型	项　目	责任预算	责任人
收入中心	东北地区收入	800	责任人 A
收入中心	中南地区收入	1000	责任人 B
收入中心	西北地区收入	500	责任人 C
收入中心	东南地区收入	1100	责任人 D
收入中心	西南地区收入	700	责任人 E
收入中心	出口地区收入	500	责任人 F
收入中心	收入合计	4600	A 子公司经理

表 7-5　　A 子公司仓储部门责任预算

20××年　　单位：万元

成本中心	项　目	责任预算	责任人
流通加工组	变动成本		流通加工组负责人
	直接材料	500	
	直接人工	300	
	变动制造费用	100	
	小　计	900	
	固定成本		
	固定制造费用	100	
	成本合计	1000	

续 表

成本中心	项 目	责任预算	责任人
包装组	变动成本		包装组负责人
	直接材料	400	
	直接人工	250	
	变动制造费用	100	
	小 计	750	
	固定成本		
	固定制造费用	100	
	成本合计	850	
库管组	储存成本	50	仓库负责人
	成本费用合计	1900	仓储部门经理

表 7-6　　A 子公司配送及行管部门责任预算

20××年　　单位：万元

成本中心	项 目	责任预算	责任人
行政管理部门	工资费用	150	行政管理部经理
	折 旧	100	
	办公费	20	
	保险费	30	
	费用合计	300	
配送部门	工资费用	200	配送部门经理
	办公费	50	
	折 旧	120	
	保险费	30	
	费用合计	400	

不难看出，上述各表的预算数据之间存在着内在的相互钩稽关系。随着预算数据的逐级分解，预算的物流责任中心的层次越来越低，预算项目越来越具体。这意味着公司的物流总预算被真正落实到具体的责任单位或个人，

使预算的实现有了可靠的组织保证，也意味着公司物流总预算被分解到了具体的项目上，使预算的实现有了客观的依据。

二、物流责任报告

物流业绩评价是以物流责任预算为基础，对物流责任预算的执行情况进行系统的反映，以实际的完成情况同预算目标对比，可以评价和考核各个物流责任中心的工作成果。物流责任中心的业绩评价和考核应通过编制物流责任报告来完成。物流责任报告亦称业绩报告，它是根据会计记录编制的反映物流责任预算实际执行情况，揭示物流责任预算与实际执行差异的内部会计报告。

物流责任报告的形式主要有报表、数据分析和文字说明等，将物流责任预算、实际执行结果及其差异用报表予以列示是物流责任报告的基本形式。在揭示差异时，还必须对重大差异予以定量分析和定性分析。定量分析旨在分析差异产生的原因，并根据这些原因提出改进建议。

在企业物流的不同管理层次上，物流责任报告的侧重点应有所不同。最低层次的物流责任中心的物流责任报告应当最详细，随着层次的升高，物流责任报告的内容应以更为概括的形式来表现。这一点与物流责任预算的由上至下分解过程不同，物流责任预算是由总括到具体，物流责任报告是由具体到总括。物流责任报告应能突出产生差异的重要影响因素。为此，应遵循“例外管理”原则，突出重点，使报告的使用者能把注意力集中到少数严重脱离预算的因素或项目上来。

物流责任报告是对各个物流责任中心执行物流责任预算情况的系统概括和总结。根据物流责任预算，可进一步对物流责任预算执行差异的原因和责任进行具体分析，以充分发挥反馈作用，使上层物流责任中心和本层中心对有关物流活动实行有效的控制和调节，促使各个物流责任中心根据自身特点，卓有成效地开展有关活动以实现物流责任预算。我们可以把物流责任报告与物流责任预算进行比较、进行反馈控制的过程用图 7 - 2 来说明。

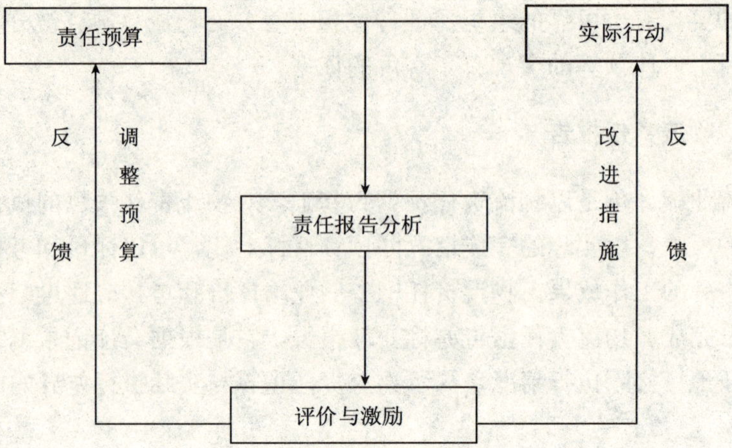

图 7-2　物流责任报告流程图

物流责任中心是逐级设置的，物流责任报告也应自下而上逐级编报，先以前述某公司为例，将其物流责任报告的简略形式列表如表 7-7、表 7-8 所示。

表 7-7　　物流成本中心责任报告

20××年　　单位：万元

项　　目	实际	预算	差异
A 子公司流通加工组可控成本			
变动成本			
直接材料	550	500	50
直接人工	270	300	(30)
变动制造费用	110	100	10
变动成本合计	930	900	30
固定成本			
固定制造费用	95	100	(5)
合　计	1025	1000	25

续 表

项　　目	实际	预算	差异
A子公司仓储部门可控成本			
流通加工组			
变动成本	930	900	30
固定成本	95	100	(5)
小计	1025	1000	25
包装组			
变动成本	760	750	10
固定成本	95	100	(5)
小计	855	850	5
库管组	60	50	10
合计	1940	1900	40
A子公司可控成本			
仓储部门	1940	1900	40
行政管理部门	280	300	(20)
配送部门	390	400	(10)
总　计	2610	2600	10

表7-8　　物流利润中心责任报告

20××年　　　　单位：万元

项　　目	实际	预算	差异
A子公司物流收入			
东北地区	900	800	100
中南地区	1200	1000	200
西北地区	490	500	(10)
东南地区	1000	1100	(100)
西南地区	710	750	10
出口地区	600	500	100
小　计	4900	4600	300

续 表

项　　目	实际	预算	差异
A子公司变动成本			
流通加工组	930	900	30
包装组	760	750	10
小计	1690	1650	40
A子公司贡献毛益总额	3210	2950	260
A子公司固定成本			
仓储部门			
流通加工组	95	100	(5)
包装组	95	100	(5)
库管组	60	50	10
小计	250	250	0
行政管理部门	280	300	(20)
配送部门	450	400	50
小计	980	950	30
A子公司物流利润	2230	2000	230
总公司物流利润			
A子公司物流利润	2230	2000	230
B子公司物流利润	1600	1500	100
合　计	3830	3500	330

为了编制各物流责任中心的物流责任报告，必须进行相应的责任会计核算，也即要以物流责任中心为对象组织会计核算工作，具体做法有两种：一是由各物流责任中心指定专人把各中心发生的成本、收入以及各中心之间的结算和转账业务记入单独设置的责任会计的编号账户内。然后根据管理的需要，定期计算盈亏。因其与财务会计分开核算，称为“双轨制”。二是简化日常核算，不另外设置专门的责任会计账户，而是在传统财务会计的各明细账户内，为各物流责任中心分别设户进行登记、核算，这称为“单轨制”。

三、物流业绩考核

物流业绩考核是以物流责任报告为依据，分析、评价各物流责任中心责任预算的实际执行情况，找出差距，查明原因，借以考核各物流责任中心工作成果，实施奖惩，促使各物流责任中心积极纠正行为偏差，完成物流责任预算的过程。

物流责任中心的业绩考核有狭义和广义之分。狭义的业绩考核仅对各物流责任中心的价值指标，如成本、收入、利润以及资产占用等责任指标的完成情况进行考评。广义的业绩考核除这些价值指标外，还包括对各物流责任中心的非价值责任指标的完成情况进行考核。物流责任中心的业绩考核可以分为年终考核和日常考核。年终考核通常是指一个年度终了（或预算期终了）对物流责任预算执行结果的考评，旨在进行奖惩和为下年（或下一个预算期）的预算提供依据。日常考核通常是指在年度内（或预算期内）对物流责任预算执行过程的考评，旨在通过信息反馈，调节和控制物流责任预算的执行偏差，确保物流责任预算的最终实现。物流业绩考核可根据不同物流责任中心的特点进行。

（一）物流成本中心业绩考核

物流成本中心没有收入来源，只对成本负责，因而也只考核其物流责任成本。由于不同层次成本费用控制的范围不同，计算和考评成本费用的指标也不尽相同，越往上一层次计算和考评的指标越多，考核内容也越多。

物流成本中心业绩考核是以物流责任报告为依据，将实际成本与预算成本或责任成本进行比较，确定两者差异的性质、数额以及形成的原因，并根据差异分析的结果，对各物流成本中心进行奖惩，以督促各物流成本中心努力降低成本。

（二）物流利润中心业绩考核

物流利润中心既对成本负责，又对收入和利润负责，在进行考核时，应以物流收入、贡献毛益和息税前利润为重点进行分析、评价，特别是应通过一定期间实际利润与预算利润进行对比，分析差异及其形成的原因，明确责任，借以对各物流责任中心的经营得失和有关人员的功过做出正确的评价和奖惩。

在考核物流利润中心业绩时，也只是计算和考评本物流利润中心权责范围内的收入和成本。凡不属于本物流利润中心权责范围内的收入和成本，尽管已由本物流利润中心实际收进或支付，仍应予以剔除，不能作为本物流利润中心的考核依据。

（三）物流投资中心业绩考核

物流投资中心不仅要对成本、收入和利润负责，还要对投资效果负责。因此，物流投资中心业绩考核，除收入、成本和利润指标外，考核重点应放在投资利润率和剩余收益两项指标上。

从管理层次看，物流投资中心是最高一级的责任中心，业绩考核的内容或指标涉及各个方面，是一种较为全面的考核。考核时通过将实际数与预算数的比较，找出差异，进行差异分析，查明差异的成因和性质，并据以进行奖惩。由于物流投资中心层次高、涉及的管理控制范围广，内容复杂，考核时应力求原因分析深入、依据确凿、责任落实具体，这样才可以达到考核的效果。

第四节　内部转移价格

企业内部各物流责任中心在物流活动开展过程中既相互联系，又相互独立地开展各自的业务，它们之间会经常相互提供劳务或服务。为了正确评价各物流责任中心的工作成果，区分各自的经济责任，有效调动各自的经营积极性，必须制定科学合理、能客观反映各责任中心工作业绩的内部转移价格。

内部转移价格的制定，理论上必须同时满足下列三个标准：一是对经营业绩的评价提供合理的基准；二是激励基层经理更好地经营；三是促进各分权单位与企业整体之间的目标一致性。但上述标准在实际当中可能会有矛盾，一组适合于评价各物流责任中心业绩的转移价格可能会使其违反企业整体利益，也可能一组使某个物流责任中心长期对整个企业有重大贡献的正确激励转移价格，却令该中心的业绩报告出现赤字。所以，特别应该注意，不同的内部转移价格适用于不同的情况和条件，没有一种适合各种使用目的、最佳的内部转移价格，即使在同一企业内，对于不同的物流责任中心也可能要采用不同的内部转移价格。

下面我们就各种内部转移价格的使用范围、条件及其所引起的行为反应进行讨论。

一、市场价格

以市场价格作为内部转移价格，是基于企业内部各物流责任中心都可以独立自主经营，它们可以自由决定对内部或外部提供物流服务，同时，其服务有市场竞争，这些服务之间的差别极小且有一个客观的市场价格可供利用。

以正常市价作为内部转移价格的显著优点，就是供需双方部门都能按市价买卖它们的供需服务或劳务，内部转移交易时同外部交易一样。另一个优点是企业内两个物流责任中心相互交易，不论市场上是否存在同样的服务或劳务，内部交易都能控制交易的服务或劳务质量、数量、交货时间等，也可以节省谈判成本，提高资金的使用效率。因此，企业管理者为了公司的整体利益，都会鼓励进行内部交易，除非物流责任中心有充分理由说明外部交易（如价格）更有利，否则各物流责任中心之间都应当进行内部交易。以市场价格作为内部转移价格，能正确评价各个物流责任中心的经营成果，并能更好地发挥物流经营活动的主动性和积极性。应注意的是，当外购表面上比内购更为“有利”时，管理者应当考虑外购是否会使部分经营能力闲置，外购收益能否抵补可能出现的经营能力闲置的综合损失。如果能抵补，则允许从外部购入，否则次优方案须服从最优方案。

直接以市场价格作为内部转移价格的主要困难在于，各物流责任中心之间提供的服务或劳务经常难以确定其市价，往往变化较大或无代表性。而从业绩评价的角度来看，用市价作为内部转移价格，则对服务或劳务的售出方极为有利，因为其服务或劳务供应于企业内部，可以节省许多销售、商业信用等费用，这些节约的费用便直接成为其工作成果，但服务或劳务买入的物流责任中心却得不到任何好处而易引致不满。另外企业在进行物流成本决策时，用市场价格作为内部转移价格几乎无用，因为从企业整体观点来看，该决策应以边际成本或差量成本为基础来进行。

尽管以市价作为内部转移价格有各种缺陷，但它适宜于物流利润中心和投资中心组织，且较有利于每个物流责任中心的业绩评价，所以当某项物流服务或劳务有外部市场，供需双方可以自由对外购销的情况下，以市场价格作为内部转移价格不失为一种有效的方法。

二、以成本作为内部转移价格

以物流服务或劳务成本作为内部转移价格是制订转移价格最简便的方法，而用完全成本、变动成本或标准成本等不同的成本概念，则对业绩评价工作会产生不同的影响。

完全成本的成本资料一般情况下现成可用，不必为指定内部转移价格而增加任何费用。但以完全成本作为内部转移价格，会使出售服务或劳务的物流责任中心得不到任何利润，其利润都将反映在买入单位的账上。同时由于出售方的物流成本全数转移给购入单位，故对出售方降低成本缺乏动力和鞭策力。而对于买入单位来说，物流成本无论高低都会全额转来，需要承担不受其控制而由其他责任中心造成的工作效率低的责任。如完全以此为依据对各有关方面工作业绩进行评价则必然会产生一定的偏差，难以取得应有的效果。

为解决上述缺陷，可以采用某种形式的标准（预算）成本。标准（预算）成本可极大地减少低效率问题，有利于明确经济责任，正确评价各自的工作成果。但无论以实际成本还是标准（预算）成本作为内部转移价格，在短期决策上都会遇到出售方的固定成本在买入责任单位会作为变动成本处理，难以解决"目标一致性"问题。

以变动成本作为内部转移价格的主要问题是：①这种转移价格会使买入单位过分有利；②由于对物流责任中心只计算变动成本，因而不能用投资利润率和剩余收益对该中心负责人进行业绩评价，而只能用于成本中心的业绩评价；③如果无限制地将一个物流责任中心的变动成本转移给另一责任中心，不利于激励成本中心经理控制成本。为此，有的企业采用"变动成本加固定数"的办法来制订内部转移价格，这种方法从本质上讲，也就是共同成本的分配问题。

综上所述，以成本作为内部转移价格是一种较为简单和不完善的方法，但对于无市场价格或无外部市场的服务和劳务，从其有利于整体决策的目的来说，仍不失为一种有效和必要的方法。

三、经过协议的市场价格

为解决直接以市场价格作为内部转移价格所存在的缺陷，也可以正常的市价为基础，由各物流责任中心的经理协调来确定一个双方都愿意接受的转移价格作为内部计价、结算的依据。该方法有效执行有一个前提条件：有关服务或劳务应有市场可交易，此市场使供需双方都可决定是否买卖这种服务或劳务，任何通过协议制订的转移价格都显示这种选择权的存在。同时，外部市场的存在可减少协商中讨价还价的余地。

经协商确定内部转移价格无可避免要多花时间，尤其是需要协议的服务或劳务较多时，就更需花费大量的人力、物力，还会出现无休止的争吵而无法取得结果，甚至伤害责任单位间的合作感情。有时责任单位领导之间难以确定转移价格，往往要由企业高层部门决定，使“自治”化为乌有，失去分权的意义，使业绩的评价也成为问题，更难起到激励作用。所以，尽管这种做法在某种程度上可满足“目标一致性”要求，但它同样会使出售方的固定成本在买入单位作为变动成本，限制了转移价格在进行短期决策时的作用。

尽管如此，这种方法在物流服务或劳务有非完全竞争的外部市场、供应方有闲置的经营能力及变动成本低于市场价格、各物流责任中心有自主决策权的条件下，是行之有效的。

四、双重内部转移价格

双重内部转移价格，是指对物流服务或劳务的供需双方分别采用不同的转移价格。如对物流服务或劳务的出售方按协商的市价计价，而对买入责任单位则按卖出方的变动成本计价。如此区别对待，有利于物流服务或劳务的接受方正确决策，避免因内部定价高于外部市价而向外交易，造成企业内部物流经营能力的闲置。同时，也有利于供货方在物流经营中发挥主动积极性。此方法可促使接受方从企业整体的角度作出正确的经营决策，适应不同方面的需要，较好地解决“目标一致性”、“激励”等问题。

这种方法仅在任何单一内部转移价格均无法达到“目标一致性”及“激励”目的，物流服务或劳务有外部市场，企业物流经营能力不受限制且变动成本低于市价的条件下行之有效并对企业有利。

五、共同成本的分配

共同成本也叫服务成本，它是由企业的服务部门（如动力部门、维修部门等）为各物流部门提供服务而发生的成本，因为这些成本使各物流部门共同受益，需由各受益部门共同承担，故称共同成本。

（一）共同成本分配的必要性

共同成本的分配中，对服务部门所发生的变动成本分配给服务使用部门，学术界已达成共识，但对服务部门所发生的间接固定成本分配问题有所争议。反对者主要是从行为结果角度反对分配，主要观点有二：一是服务部门所发生的间接性固定成本对使用服务的部门来说是不可控成本，根据“可控性原则”不应由物流部门负担。二是由于间接性固定成本是各使用者的共同成本，它们对使用者来说毫无差异，而一些重要的决策是依据差别收入和成本数据作出的，如果在用于业绩评价的报告中包括了服务部门所发生的间接性固定成本，将导致经理人员作出错误决策。而支持共同成本分配的一方认为：一方面是由于服务部门作为企业的成本中心向各物流部门提供服务，属于责任单位之间提供劳务，自然要求按某一转移价格进行计价、结算。共同成本的分配，可看做是内部转移价格的一种转化形式，是一种“广义的转移价格”。另一方面，物流部门从服务部门提供的服务中受益，就应负担这些受益的成本。事实上，这些服务若有外界提供，物流部门也必须支付这些费用。共同成本的分配在管理上具有以下优点：首先，可促使使用者对服务部门的监督。把服务成本分配给使用者，将促使使用者对服务部门监督，并与服务部门共同寻求可行的方案。其次，有助于资源的有效运用和合理分配。分配服务成本，将促使使用者认真选择使用何种服务及使用多少，也激励服务部门加强对成本的控制。而共同成本的可控性问题，实际上是相对的。

（二）共同成本分配基础的选择问题

在共同成本的分配中，选择分配基础极为重要。间接成本分配的任何价值都来自于对成本分配赖以进行的各种活动的变量计算，而没有任何价值来自成本分配本身。在分配的基础上存在特定的偏差（选择的分配基础不合理），就会引起有关方面的行为，从而产生严重的影响，其结果往往会导致阻碍“目标一致性”原则的实现。

共同成本的分配作为内部转移价格的一种具体表现形式，是一个较为复杂的问题，渗透在业绩评价中的一些行为问题的考虑，使其难以作出一般性的结论。某一分配基础在某种情况下可导致所期望的行为，而在另一种情况下则可能会引出相反的结果。因此，试图找出一种适合于任何情况的最佳分配基础是不现实的。

在实际工作中，共同成本的分配基础的种类较多，这里介绍常用的两种。

1. 单一使用量比率分配实际成本

以使用部门的实际使用量和服务的实际单位成本为基础，对实际发生的共同成本进行分配，是最常用的分配方式。这一分配基础的优点是：有利于使用部门对服务部门的工作效率进行监督。但同时也存在以下不足：一是服务成本全部分配给各使用部门，实际上是将服务部门的低效率也转嫁给了使用部门，难以对服务部门的业绩进行考核，也不利于调动使用部门控制成本的积极性；二是按实际使用量分配固定成本，使某一使用部门负担的服务成本受其他使用部门的实际使用量多少的影响，易使使用部门采取不利于实现企业整体目标的不良行为。

【例 7-3】 假定某企业有一个维修部门为甲、乙两个物流部门服务，本期甲、乙部门使用维修服务的小时数分别为 7000 小时和 3000 小时，维修部门当期成本为 90000 元。维修成本分配情况详见表 7-9。

表 7-9　　服务成本分配表

使用部门	维修小时（小时）	分配率（%）	维修成本（元）
甲	7000		63000
乙	3000		27000
合计	10000	9	90000

现假定下一期乙部门仍用 3000 小时，而甲部门使用的维修小时数变为 3000 小时。维修部门发生的维修成本与上期相同，则维修成本的分配情况

见表 7－10。

表 7－10　　服务成本分配表

使用部门	维修小时（小时）	分配率（%）	维修成本（元）
甲	3000		45000
乙	3000		45000
合计	6000	15	90000

由表 7－10 可见，虽然乙部门所使用的维修小时数与上期相同，但它所分担的维修成本却比上期多了 18000 元。这说明，这一分配基础，会使一个部门的业绩受另一个部门使用服务量多少的影响，即部门经理可采用减少使用服务项目的办法来将服务成本转移给其他使用部门负担。然而，一些必要劳务耗用不足，如设备延缓维修，使设备带病运转，都会损害企业的长远利益。

2. 双重比率分配预算成本

即按固定比例分配服务固定成本预算数，按使用部门实际使用量和预定分配率分配服务变动成本预算数。运用这一分配方法，应将共同成本按成本性态划分为变动成本和固定成本两部分，并编制成本费用预算，其中变动成本应编制弹性预算。共同成本的分配额通常是预算成本，而不是实际成本，实际成本与预算成本的差异保留在服务部门，以反映其工作效率的高低，并据以评价和考核其工作成果。这一分配基础的优点是：由于只分配预算成本，所以能避免将服务部门的低效率转移给使用部门，并符合可控性原则。但同时也存在以下不足：分配预算固定成本的比例带有一定的主观随意性，会使某些使用部门有可能低估其可利用服务的能量，以达到少负担固定成本的目的。为了避免将不可控的预算服务固定成本分配给使用部门，可采取由上级负担全部预算服务固定成本，只按使用部门实际使用量和预算单位变动成本分配服务变动成本的方法，使各使用部门负担的完全是可控成本，这样能更好地体现可控原则。

【例 7－4】 假定上例中，维修部门的费用预算规定：月固定成本为 18000 元；月正常维修工作量为 9000 小时，变动成本为 63000 元，变动成本预定分配率为7元/小时。设甲、乙两个物流部门对维修服务的正常需要量分别为5000小时和4000小时，则分配固定成本的比例为5∶4。甲、乙两个物流部门当月实际耗用维修小时数分别为：7000小时和4500小时。当月维修成本分配如表7－11所示。

表7－11　　服务成本分配表

项目／部门	固定成本		变动成本			合计
	固定比例	维修成本	实际维修小时（小时）	预定分配率（%）	维修成本	
甲	5/9	10000	7000		49000	59000
乙	4/9	8000	4500		31500	39500
合计		18000	11500	7	80500	98500

第五节　平衡计分法

传统的物流业绩评价系统侧重于静态的财务业绩评价，面对物流活动日益复杂的内外部环境，单纯的财务指标已难以全面评价公司各物流部门的经营业绩。20世纪90年代以来，西方各大公司发现传统的财务经营业绩指标与方法越来越阻碍公司业务（包括物流业务）的发展。例如，管理层为了达到投资利润率和预算利润而故意减少研究费用、设备更新维护费用、员工培训费等，采购部门为了避免发生更不利的价格差异而购买质差价廉的原材料，生产部门为了避免不利的产量差异而增加生产使存货增加，等等。上述重短期利益、部门利益而忽略了客户、员工与公司长远利益的做法迫使一些公司寻求新的业绩评价方法，平衡计分法就是在这种形式下产生和发展起来的一种业绩评价方法。

一、平衡计分法及其内容

平衡计分法是由美国哈佛大学的卡普兰（Robert S. Kaplan）教授和诺顿（David D. Norton）教授率先提出的。针对传统的以财务指标为主的业绩评价系统，它强调非财务指标的重要性，通过对财务、客户、内部作业、创新与学习四个各有侧重又互相影响的方面的业绩评价来沟通目标、战略和企业经营活动的关系，实现短期利益与长期利益、局部利益与整体利益的均衡，如图 7-3 所示。

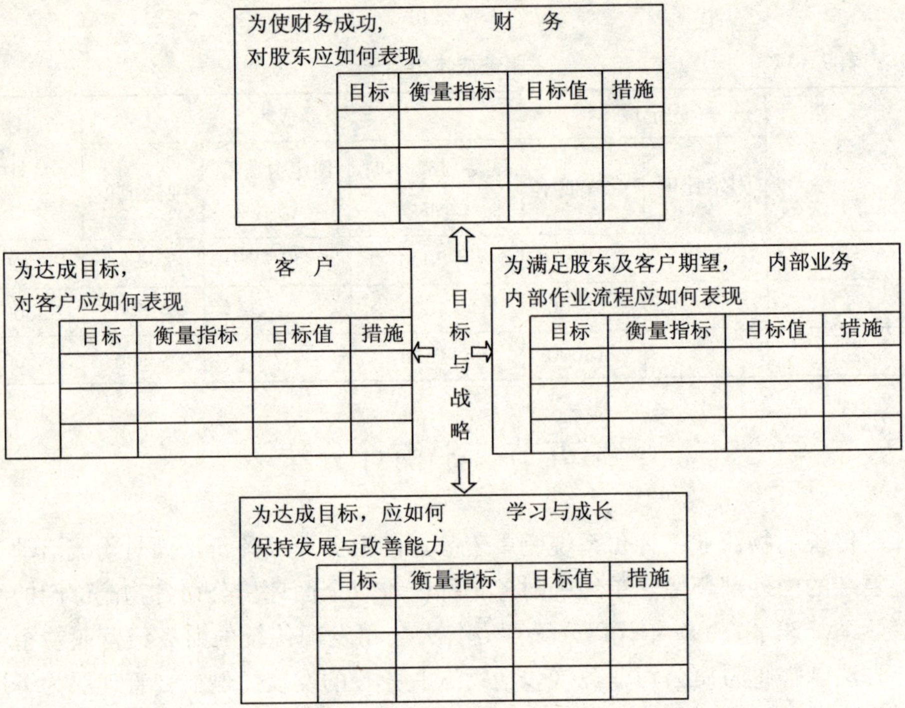

图 7-3　平衡计分法示意图

平衡计分法作为全面评价公司经营业绩的一种评价系统，它平衡了外部评价指标（股东和客户）和内部评价指标（内部业务、创新成长），平衡了成果评价指标（利润、市场占有率）和动因评价指标（新业务开发投资、员工培训、信息系统更新），平衡了客观评价指标（员工流动率、客户抱怨次数）和主观评价指标（客户满意度、员工忠诚度），平衡了短期评价指标（利润）和长期评价指标（客户满意度、员工培训次数），等等。因此，它是一种超越数字的动态与静态相结合的全新业绩评价系统，是 20 世纪 90 年代以来管理会计最重要的发展之一。

借鉴平衡计分法的基本原理，建立与现代企业制度相适应的物流业绩评价体系，可以从股东、经营者等角度，从物流组织效率、竞争能力、盈利能力、职工工作效率等方面，全方位、综合地评价企业物流的核心竞争力，可以反映整个企业物流的运作效率，是融财务管理、企业管理、管理工程三门应用性学科的多学科交叉评价体系。

依照平衡计分法的框架，对物流业绩评价可以从四个方面进行：

（一）财务指标评价

平衡计分法保留有财务方面的内容，是因为财务指标对表述可计量的经济结果的已发生方案是有价值的。财务业绩指标能反映企业物流的策略、业绩对净利的提高是否具有帮助，以及物流战略及其执行对股东利益的影响。由于物流的主要财务目标涉及盈利、股东价值的实现和增长，平衡计分法相应地将其财务目标简单表示为生存、成功、价值增长三个方面，如表 7-12 所示。

表 7-12　财务指标评价

目标	评价指标	可量化模型
生存	现金净流量、速动比率	物流业务进行中的现金流入—现金流出 （流动资产—存货）/流动负债
成功	权益净利率	净利润/平均净资产
增长	相对市场份额增加额	物流业务在规定的评价期内收入增加额/在规定的评价期内同行业总收入的增加额

注：上述评价指标的设计以属于投资中心的物流部门为例。

财务层面的业绩评价涵盖了传统的业绩评价方式，但是财务层面的评价指标并非唯一的或最重要的，它只是企业整体发展战略中不可忽视的要素中的一部分。例如，现代物流的整体发展战略立足于长期发展和获取利润的能力，并非只盯着近期的利润。所以业绩评价的结果，虽然客户、内部及创新学习各层面均有较大的进展，但是财务层面没有令人喜悦的结果，这并不是管理者不重视财务层面的相关因素，而是追求的长久效益和远期发展。

（二）内部业务评价

作为企业赖以生存的一个重要资源就是内部资源，即物流企业具有的内部业务能力，包括产品特性、业务流程、软硬件资源等。企业物流的内部业务业绩来自企业的核心竞争力，即如何保持持久的市场领先地位，较高的市场占有率的关键技术与策略、营销方针等。企业应当清楚自己具有哪些优势，如高质量的产品和服务、优越的区位、资金的来源、优质的物流管理人员等。这是物流业绩评价体系中最能反映其行业特色的方面，需要结合物流特点和客户需求共同确定。具体评价目标和指标如表 7－13 所示。

表 7－13　　　　内部业务评价

目　标	评价指标	可量化模型
价格合理	单位进货价格	每单位进货量价格
可得性	存货可得性	缺货率 供应比率 订货完成率
作业效绩	速度、一致性、灵活性、故障与恢复	完成订发货周期速度 按时配送率 异于合同配送需求满足时间、次数 退货更换时间
可靠性	按时交货率、对配送延迟的提前通知、延期订货发生次数	按时交货次数/总业务数 配送延迟通知次数/配送延迟次数 延期订货发生次数
硬件配置	网络化（采用 JIT、MRP 等物流管理的客户）	使用网络化物流管理的客户数/所有客户数
软件配置	优秀人员（完成常规任务的时间、质量、专业教育程度）	雇员完成规定任务的时间 雇员完成规定任务的差错率 接受过专业物流教育的雇员数/雇员总数

（三）客户评价

企业物流经营活动的开展，不仅仅是为了获得财务上的直接收益，而且还要考虑战略资源的开发与保持。这种战略资源包括外部资源和内部资源两种。其中，外部资源即客户，为企业带来了物流服务产品的市场，这也是企业战略性成长的需求基础。而客户层面业绩的评价，就是对企业赖以生存的外部资源开发和利用的业绩进行衡量。具体来说是指企业进行客户开发的业绩和对从客户处的获利能力的衡量。这种评价主要考虑两个方面，一是客户对物流服务满意度的评价，二是企业的经营行为对客户开发的数量和质量的评价。为使平衡计分法有效地发挥作用，把这些目标转化成具体评价指标如表 7 - 14 所示。

表 7 - 14　　客户评价

目　标	评价指标	可量化模型
市场份额	市场占有率	客户数量 产品销售量
保持市场	客户保持率	保留或维持同现有客户关系的比率
拓展市场	客户获得率	新客户的数量或对新客户的销售额
客户满意	客户满意程度	客户满意率
客户获利	客户获利能力	份额最大客户的获利水平 客户平均获利水平

市场份额反映了物流单位在商品市场上所占的业务比例，市场份额可以通过客户数量、花费的金额或售出的货物量来计算，尤其是对于目标客户群来说，这个指标显示了一个企业在目标市场上的占有情况。根据目标客户所进行的业务量计算的市场份额指标在一定时期内受客户所提供的业务总量的影响，也就是说，由于客户提供给供应商较少的业务，目标客户的业务份额将会减少。企业可以针对每个客户和每个市场份额，计量他们获得多少服务。当企业想把目标客户控制在其生产范围内购买产品及服务时，这样的指标就使企业成为市场的焦点。

保持市场可以通过考察物流单位与客户的关系程度的方法来进行衡量。很明显，在目标客户群里保持或增加市场份额的理想方法是在这个范围里增加现有的客户，以此来计算保留或维持同现有客户关系的比率。

拓展市场可以用物流单位赢得新客户及业务的比率来衡量。企业在寻求扩大业务的过程中，通常是想增加其目标范围内的客户，客户获得既可以用新客户的数量来计算，也可以通过在目标范围内对新客户的总销售额来计算。

保持市场和拓展市场指标都是结果指标，它们显示了物流活动是否成功地满足了客户的需要，因此客户满意度指标是这些结果指标中最为关键的，企业目前运行得怎样，或者退而言之，它与客户的关系怎样，都反馈在客户满意程度指标上。

客户获利能力的指标能揭示哪些客户是不获利的。例如，新赢得的客户很可能是不获利的，因为，企业为获得一个新的客户必须进行大量的促销活动，这笔活动经费应当从销售大量产品与服务的盈余中扣除。获利能力的生命周期决定是保留还是放弃目前不获利的基础。

（四）创新与学习的评价

虽然客户层面和内部层面已经着眼于企业发展的战略层次，但都是将评价观点放在物流活动现有的竞争能力上，而创新与学习层面则强调了企业不断创新并保持其竞争能力与未来的发展势头，因此无论是管理阶层还是基层职员都必须不断地学习，不断地推出新的物流产品和服务，并且迅速有效地占领市场。

对于业务不断地学习和创新会不断地为客户提供更多价值含量高的产品和服务，减少运营成本，提高企业物流的经营效率，扩大市场，找到新增附加值的机会，从而增加股东价值。物流创新和学习的评价目标和指标如表 7－15 所示。

表 7－15　　创新与学习的评价

目　标	评价指标	可量化模型
信息系统方面	员工获得足够信息	成本信息及时传递给一线员工所用时间
员工能力管理方面	员工能力的提高，激发员工的主观能动性的创造力	员工满意率 员工保持率 员工的培训次数
调动员工积极性	激励与能力指标	员工建议数量 员工建议被采纳或执行的数量
业务学习创新	信息化程度、研发投入	研究开发费增长率 信息系统更新投入占销售额的比率/同业平均更新投入占销售额的比率

二、平衡计分法的运用程序

第一，确定公司物流目标及策略。公司物流目标要简单明了，且对每一部门都有意义。

第二，成立平衡计分委员会或小组。该组织负责解释公司物流目标及策略，负责建立四类衡量指标。

第三，确定最重要的业绩衡量指标。根据不同时期公司物流的具体目标，灵活确定评价指标。

第四，公司内沟通与教育。利用刊物、电子邮件、公告栏、标语、会议等多种形式，让各层管理者知道公司物流的使命、目标、策略与评价指标。

第五，制定评价指标具体数字标准，并纳入计划、预算之中。

第六，制定与平衡计分法相配套的奖励制度。如某公司每年将奖金（或薪金的10%）与平衡计分法相结合，其中财务指标奖金额占50%。该公司与平衡计分法挂钩的各类指标的奖金权重如表7－16所示。

表7－16　某公司平衡计分法项目权重

类别权重	评价指标	权重
财务（60%）	利润（与竞争者比较）	18.0
	投资报酬率（与竞争者比较）	18.0
	成本降低率（与计划比较）	18.0
	新市场销售成长率	3.0
	现市场销售成长率	3.0
客户（10%）	市场占有率	2.5
	客户满意度	2.5
	经销商满意度	2.5
	经销商利润	2.5
内部业务（10%）	订货完成率	10.0
创新、学习（20%）	员工工作环境与满意度	10.0
	员工技能水平	7.0
	信息系统更新率	3.0

第七，不断采用员工意见，修正平衡计分表并改进公司物流策略。

三、平衡计分法的综合评价

与传统业绩评价方法相比较，平衡计分法的特点和进步之处主要体现在以下几个方面：

第一，它将企业物流的目标与战略具体化，加强了内部沟通。设计平衡计分法首先要分析企业物流目标和基本战略对于物流经营活动各方面的基本要求，并由此确定各方面工作的着眼点，使其有利于保证物流目标与战略在具体的物流活动中的实现。另一方面，由于从物流业绩评价体系构建的方法上加强了内部沟通，也就使各个层次的具体职员能更好地理解企业物流的目标和战略，有助于促进内部决策目标的一致。

第二，以客户为尊，重视竞争优势的获取和保持。如前所述，客户是企业的重要资产，显然，如何确认、增加和保持这项“资产”的价值，对于竞争优势的获取和保持都是非常重要的。平衡计分法将客户的服务满足和满意程度作为单独的一个方面来加以考核，并通过内部过程、学习和创新来保证和促进这种业绩，不仅从观念上促进了企业物流内部各个层次对于客户“价值”的重视，而且提供了贯彻企业物流竞争战略的具体方式。

第三，重视非财务业绩计量，促进了结果考核和过程控制的结合。传统的业绩评价大多是财务业绩评价，即根据财务结果来评价工作业绩。这种评价利用了财务性指标所具有的结合性、可比性以及财务结果对于股东的意义，因而在业绩评价中有重要地位。但它的缺陷是显而易见的：①财务指标大多以一定期间已实现的会计收益为基础进行计算，作为考核指标，极易导致决策者的短期行为；②财务指标只是对结果的考评，而难以实现对过程的控制。平衡计分法在业绩评价体系中综合运用财务指标和非财务指标，有效地促进了结果考核和过程控制的结合，使业绩评价更具有改进意义。

第四，利用多方面考核所具有的综合性，促进了短期利益和长期利益的平衡。企业物流战略目标往往具有长期性，而财务业绩评价，特别是采用单一指标进行业绩评价时，往往使具体的经营人员容易更多地关注短期利益，不重视，甚至因此损害长期利益。平衡计分法利用非财务指标与财务指标的结合，以及几个方面综合考核所具有的相互制衡作用，促进了短期利益和长期利益的平衡。

必须指出，作为一种业绩评价方法，平衡计分法并非十全十美，它的一个主要缺点是：它遵循非线性的系统思想，行为与结果之间的关系并不非常明确，因而很难在各个方面之间建立起牢固的因果关系。

本章小结

物流业绩评价是将企业整个物流过程划分为各种不同形式的责任中心，明确每个责任中心的权责，建立起一种以责任中心为主体，责、权、利相统一的机制，通过信息的积累、加工、反馈而形成的物流系统内部的一种控制系统。

物流责任中心按照职责范围不同可以分为物流成本中心、物流利润中心和物流投资中心。不同的物流责任中心，其物流业绩评价与考核的内容不同。

在物流利润中心和物流投资中心，制定合理的内部转移价格是计算各责任中心有关考核指标的基础。内部转移价格的制定方法主要有：市场价格、协商价格、双重价格和成本转移价格。另外，共同成本的合理分配在内部转移价格制定中也具有重要的意义。

平衡计分法是针对传统的以财务指标为主的业绩评价系统的局限性而产生的，它强调非财务指标的重要性，通过对财务、客户、内部作业、创新与学习四个各有侧重又互相影响的方面的业绩评价来沟通目标、战略和企业经营活动的关系，实现短期利益与长期利益、局部利益与整体利益的均衡。

思考题

1. 简述物流业绩评价的基本步骤。
2. 物流责任中心有哪些类型？如何对其业绩进行考核？

3. 什么是内部转移价格？内部转移价格在物流业绩评价中有何作用？

4. 企业制定内部转移价格时应考虑哪些因素？

5. 什么是平衡计分法？如何运用平衡计分法对企业物流业绩进行考核与评价？

案例

安利公司——储运中心是成本中心

若把商务活动简化成一个简单的方程式，即“销售收入－成本＝利润”，那么商品从原材料采购到成品销售的物流费用则应属于成本。确保物流费用的合理、经济，也就提升了公司的利润。

安利（中国）公司成立于1992年，投资近1亿美元，目前公司员工逾2000人。安利产品的销售方式主要通过“自设店铺＋雇用推销人员”，2001年度安利（中国）公司在大陆的销售额达40亿元人民币。安利（中国）能够取得这么骄人的业绩，其中良好的后勤物流运作起着举足轻重的作用。那么安利（中国）日用品公司的物流是怎样运作的呢？本刊记者最近采访了该公司储运部仓库及运输经理艾道祥。刚从澳大利亚悉尼大学获得工商管理硕士（MBA）的他，在物流行业已摸爬滚打了12年。他认为物流活动是有效配合公司实施市场营运战略的重要手段，物流配送是直接实现公司营销战略不可缺少的一环。制造业的物流不是利润中心，它不能为生产企业直接创造利润，应是属于产品的成本范畴，是制造企业必须掏钱投资的一块。因此产品物流费用越合理、经济，即节约产品成本开支，无形之中提高了产品的利润水平，公司、产品的结构就会处于良性循环状态，就能够保证产品利润最大化。

一、高效率、低成本的仓库作业

安利在全国拥有近3万平方米的仓库面积，其中广州本仓的面积达1万平方米，另外，北方区、华东区都有几千平方米的区域物流中心。作为负责全国产品调配计划的广州本仓储运中心发挥着非常巨大的作用。安利的物流部门主要的功能是建设补货、配送渠道，确保库存、运输、包装、安全等方面的管理。安利（中国）储运中心有员工 60 多人，相当重视对物流设备、设施的投资，主要的储运设施、设备多从国外进口，如各式进口电瓶叉车、进口高层货架、打包机、可升降收/出货平台及运输车辆等。由于考虑仓库面积有限，但又必须满足频繁进出货的需要，仓库容量必须往纵向发展。安利采用进口的多层立体货架来提高仓库的利用率，同时配合木质托盘进行叉车等机械作业。在近万平方米的储运中心必须放下近 8000 个托盘，面对平均每月 7000 多次托盘及货品的进出，还必须按照货物"先进先出"的原则，要求必须随时清楚了解每一个托盘的具体情况，如托盘的具体位置、装什么产品、何时进仓库等。储运中心为解决以上种种问题，经过一番研究，对所有的货架货位进行 N 维定位，用 A、B、C、D 等代表货架的层数，用 01、02、03 等代表货架的行列，用 1、2、3 等数字代表第几个货位。通过这三个因素来确定一个坐标，这样把所有的坐标都输入电脑存档，装卸人员只要在现场把每次存放的托盘坐标号转递给电脑录入员即可，管理人员通过电脑就可以纵览仓库内所有的货物情况，达到用机械盘点的效果，极大地提高了商品盘点的效率与准确性。立体货架采用叉车作业，最大限度地利用了仓储空间；同时，安利储运中心也保留了部分手工作业，处理仓内一部分收货、移货、打包、出货任务，在保证仓库运作效率、保障客户需求的同时，也节约了运作成本。

贯彻四个"Right"满足顾客要求安利的物流目标是配合公司的市场营销战略。对于一个公司来说最重要的是市场与销售，针对公司产品在市场销售的快慢，调节产品流通速度，并不断提升物流运行效率，确保准确、及时地为全国所有的店铺提供货品。同时，在满足客户及消费者需求的情况下，控制合理的物流成本。为最好地服务顾客，安利物流部门贯彻四个"Right"，即"To get the Right products to the Right place at the Right time and the Right cost（以'正确的'成本费用，把'正确的'产品在'正确的'时间送到'正确的'地点)"。

高效率、快速反应的物流运作除了讲究物流管理软件系统化之外，还要讲究技术设备硬件方面的投入，但最主要还是人，只有这三方面结合在一起才能提高运作效率。安利坚持首先满足客户的需求，再降低物流运作成本的原则。

目前，安利采用店铺加推销人员的经营模式，在全国26个省、市、自治区共开设58间店铺，分别在北京、上海、广州设有办事处。按照这种销售网络体系，安利把全国的物流配送渠道划分为三个区域，即华南区域包括广州、成都、重庆、武汉、江西、湖南、贵阳、云南、广东、广西、海南等26家店铺；华东区包括山东、河南、浙江、安徽、福建、上海等18家店铺；北方区包括东北和华北共14家店铺，并在北京和沈阳设有外仓，产品从广州本仓发送到北京、沈阳外仓之后，再辐射到北方区各个城市。产品运输的形式主要有海运、陆运及海陆联运、空运快递等形式，当某个店铺需要进货或补货时，安利（中国）储运中心首先会充分考核当地区域库存空间、区域销售业绩、运输时间等因素来选择最合理的运输方式，只要能够及时满足各地店铺需要，尽量用成本最低的运输方式。流通的库存，对安利来说是不会增加成本，这部分费用是由第三方物流公司承担。安利的目标是做到用最少的物流费用达到最好的物流效率。

二、电子商务完善物流配送系统

安利为了进一步完善库存管理，提高物流运作效率，投资9000多万元人民币，建设公司内部和外部信息网络，实现了公司办公自动化。使生产销售、库存、文件处理、通信联络、信息反馈有机衔接。目前安利的产品销售渠道主要通过店铺的形式，还开展家居送货业务，即客户在安利店铺订货，并申请由安利送货上门。这种情况一般在同一城市内可实现；若客户在异地订货，就通过零担方式送货上门。安利所有的产品配送除在广州、深圳、珠海、肇庆、惠州、东莞等珠三角范围内由安利的车队运输之外，其他地方的配送都是由第三方物流公司来承担，而核心业务如库存计划、调配指令则主要由安利来统筹管理。目前已有多家大型的第三方物流公司承担安利全国大部分的配送业务。同时安利还开展基于VRU/Internet电子商务配送服务业务，客户可通过电话语音、网站、电传订货，该项业务已在北京、上海、广州三地区开通，通过这种方式，订单形成后24小时内可送货到客户手中。

由于国内消费水平不高，这种电子商务目前在国内并不普及，配送成本很高，业务量并不大。安利只在这三个城市开展电子商务配送业务是经过对市场潜力的分析，综合成本因素，并考虑到提升客户服务水平等而实行的分步策略。

三、严把运输管理关

运输费用在整个物流费用中占有非常大的比例，同时又是具有不可控制性及风险性大的重要环节。安利对第三方物流公司有严格的考核标准：第一是考查第三方企业的运输资格，必须是二证一照齐全，即《运输许可证》、《税务登记证》和《营业执照》，这些证照国家行政机关都已有严格考核。第二是核查营运人的运作实力，包括公司的资产、投入资本、办公场所、停车场所、营运车辆、运载能力、营运管理能力、交货处理能力、灵活应变能力等。只有具备一定的实力，才具有竞争优势。安利在第三方物流商方面的选择标准趋向行内最大的或比较大的物流企业。第三是核查承运人的竞争能力及业内信誉，主要体现在费率、到货准时率、交货及货损率，相互沟通、诚信等客户服务情况。

第八章　作业成本法在物流成本管理中的应用

学习目的

物流作业成本法是企业有效地确定和控制物流成本的一种方法。通过本章的学习，了解物流作业成本法对传统物流成本计算方法的改善；熟悉在物流作业成本法下成本计算的基本思路和基本步骤；掌握确定物流作业的原则和基本方法；掌握物流作业成本动因的选择；了解物流作业管理的基本程序、思路与方法。

第一节　物流作业成本法

一、作业成本法产生的时代背景

任何理论和方法的产生都不是偶然的，而是众多因素综合作用的结果。作业成本法的产生也不例外。20 世纪 70 年代以来，世界科学技术和社会经济环境发生了重大变化。这些变化对企业成本计算方法产生了一定的影响。

（一）技术背景

20 世纪 70 年代以来，世界科学技术日新月异地发展。在高新技术蓬勃发展的新形势下，以美国和日本等为代表的发达国家的企业纷纷将高新技术应用于生产领域。建立在高新技术基础上的生产，其基本特征是在电子技术革命的基础上形成的生产高度电脑化、自动化，包括电脑数控机床、机器人、电脑辅助设计、电脑辅助制造的广泛应用，以至电脑一体化制造系统的形成。它从产品订货开始，直到设计、制造、销售等所有阶段，所使用的各种自动化系统综合成一个整体，由计算机统一进行调控。上述高新技术在生产领域的广泛应用改变了企业产品成本结构，使得直接材料成本和直接人工成本比重下降，而制造费用比重却大幅度上升。如何科学合理地分配制造费用成为一个重要问题。

（二）社会背景

高新技术在生产领域的广泛应用极大地提高了社会生产力，促进了社会经济的发展。随着可支配收入的增加，人们对消费提出越来越高的要求，并且其行为变得更具有选择性。这种社会需求的变化，必然对企业提出新的、更高的要求，要求企业具有较高的灵活反应能力，及时向消费者提供多样化和富有个性、日新月异的产品，以适应消费者多样化和快速多变的需求。与此相适应，对消费者多样化、日新月异的需求迅速作出反应的顾客化生产——柔性制造系统取代传统的、以追求“规模经济”为目标的大批量生产就成为历史的必然。客观地说，传统成本计算法适应于产品品种单一化、常规化和数量批量化的企业。然而，经济的发展，富裕社会的形成，破坏了传统成本计算法赖以存在的社会环境。

二、作业成本法的基本思想

作业成本法建立在“作业耗用资源，产品耗用作业”这两个前提之上。根据这样的前提，作业成本法的基本思想可以概括为：依据不同成本动因分别设置成本库，再分别以各种产品所耗费的作业量分摊其在该成本库中的作业成本，然后，分别汇总各种产品的作业总成本，计算各种产品的总成本和单位成本。由此可见，作业成本计算首先将企业所耗用的资源通过资源动因分配到作业，形成作业的成本，然后再将作业的成本通过作业成本动因分配到成本对象，形成成本对象的成本。通过这一过程，作业成本计算改进了传统的成本分配方法采用单一成本分配基础（例如：直接人工小时、机器小时等）的弱点，力图找到资源耗用与成本对象之间的因果关系，从而得到更加精确的产品成本。

三、作业成本法在企业物流成本管理中的意义

可以毫不夸张地说，作业成本法的引入和逐步完善给企业物流成本管理

和计算带来一场新的革命，对企业管理将产生多方面深远的影响。用于管理决策的传统成本计算法主要有两种：一是完全成本法，二是变动成本法，这两种成本计算法所提供的成本信息均缺乏相关性，难以适应物流成本管理的需要，其表现是多方面的。

第一，传统的成本计算法造成了所谓的“物流费用冰山说”。一般情况下，企业会计科目中，只把支付给外部运输、仓库企业的费用列入成本，实际这些费用在整个物流费用中犹如冰山一角。因为企业利用自己的车辆运输、利用自己的库房保管货物和由自己的工人进行包装、装卸等费用都没列入物流费用科目内。传统的会计方法没有显现各项物流费用，在确认、分类、分析和控制物流成本上都存在许多缺陷。

第二，在现代的生产特点下，传统物流成本计算法提供的物流成本往往失真，不利于进行科学的物流控制。现代生产特点是生产经营活动复杂，产品品种结构多样，产品生产工艺多变，经常发生调整准备，使过去费用较少的订货作业、物料搬运、物流信息系统的维护等与产量无关的物流费用大大增加，投入的所有资源也随其成倍增加。基于这种无意识的假定，成本计算中普遍采用与产量关联的分摊基础——直接工时、机器小时、材料耗用额等。这就是所谓的“数量基础成本计算”的由来。这种计算方法使许多物流活动产生的费用处于失控状态，造成了大量的浪费和物流服务水平的下降。这种危机在传统的制造企业表现尚不明显，然而在先进制造企业，在高科技时代的今天，它却是致命的。

第三，传统的成本计算法通常并不能提供足够的物流量度。(1) 传统的成本计算法不能满足物流一体化的要求。物流活动及其发生的许多费用常常是跨部门发生的，而传统的成本计算是将各种物流活动费用与其他活动费用混在一起归集为诸如工资、租金、折旧等形态，这种归集方法不能确认运作的责任。(2) 传统成本科目的费用分配率存在问题。将传统成本会计的各项费用剥离出物流费用，通常是按物流功能分离的，在分配物流成本中却存在许多问题，很难为个别活动所细分。比如人工费分配率由于每个人花费在物流活动上的精力很难确定，而难以估计。(3) 传统的成本计算法不能对物流和供应链改造工程活动进行物流成本核算。

作业成本概念的提出深化了人们对成本的认识。传统成本理论认为：成本是对象化的费用，是生产经营过程中所耗费的资金总和。传统成本理论的成本概念揭示了成本的经济实质（价值耗费）和经济形式（货币资金），但没有反映出成本形成的动态过程。作业成本法有效地弥补了这一不足，它把企业生产经营过程描述为一个为满足顾客需要而设计的一系列作业的集合。其中，作业推移的过程也是价值在企业内部逐步积累、转移，直到最后形成转移给顾客的总价值（即最终产品成本）的过程。作业成本法通过作业这一中介，将费用发生与成本形成联系起来，形象地揭示了成本形成的动态过程，使成本的概念更为完整、具体。

与传统成本制度相比，作业成本计算采用的是比较合理的方法分配间接费用。该方法首先汇集各作业中心耗用的各种资源，再将各作业中心的成本按各自的成本动因分配到各成本计算对象。归根结底，它是采用多种标准分配间接费用，是对不同的作业中心采用不同的成本动因来分配间接费用。而传统的成本计算只采用单一的标准进行间接费用的分配，无法正确反映不同产品生产中不同技术因素对费用发生的不同影响。作业成本法将直接费用和间接费用都视为产品耗用作业所付出的代价而同等对待。对直接费用的确认和分配，与传统成本计算方法并无差别；对间接费用的分配则依据作业成本动因，采用多样化的分配标准，从而使成本的可归属性大大提高。因此，从间接费用的分配准确性来说，作业成本法计算的成本信息比较客观、真实、准确。从成本管理的角度讲，作业成本管理把着眼点放在成本发生的前因后果上，通过对所有作业活动进行跟踪动态反映，可以更好地发挥决策、计划和控制作用，以促进作业管理的不断提高。

四、物流作业成本计算

物流作业成本计算是以作业成本法为指导，将物流间接成本和辅助资源更准确地分配到物流作业、运作过程、产品、服务及顾客中的一种成本计算方法。一般来说，物流作业成本计算需要经过以下几个阶段：分析和确定资源，建立资源库；分析和确定作业，建立作业成本库；确定资源动因，分配资源耗费至作业成本库；确定成本动因，分配作业成本至成本对象。

（一）分析和确定资源，建立资源库

资源指支持作业的成本、费用来源。它是一定期间内为了生产产品或提

供服务而发生的各类成本、费用项目，或者是作业执行过程中所需要花费的代价。通常，在企业财务部门编制的预算中可以比较清楚地得到各种资源项目。例如发出订货单是采购部门的一项作业，那么相应办公场地的折旧、采购人员的工资和附加费、电话费、办公费等都是订货作业的资源费用，但一般说来，资源可以分为货币资源、材料资源、人力资源、动力资源以及厂房设备资源等。

企业各项资源被确认后，要为每类资源设立资源库，并将一定会计期间的资源耗费归集到各相应的资源库中。资源库设置时，有时需要把一些账目或预算科目结合组成一个资源库，有时需要把一些被不同作业耗用的账目或预算科目分解开来。

（二）分析和确定作业，建立作业成本库

作业是企业为了某一特定的目的而进行的资源耗费活动，是企业划分控制和管理的单元，是连接资源和成本对象的桥梁。企业经营过程中的每个环节或每道工序都可以视为一项作业，企业的经营过程就是由若干项作业构成的。作业有三个基本特征：①作业是投入产出因果连动的实体。从微观层面看企业经营过程，无论是销货收款，还是内部工序间交接，工人操作机器，或者收发人员登记文件，无一不是资源投入和效果产出的实实在在的过程；②作业贯穿于公司经营的全过程，构成包容企业内部和连接企业外部的作业链；③作业是可量化的基准。作业是计算成本过程中的一个元素，必须具有可量化性，同时又是计算成本的客观依据。

物流作业是一个组织活动对物质资料实体的物理性移动，包括场所位置的转移和时间的占有的实际操作过程。物流作业包括运输作业、储存与保管作业、包装作业、装卸搬运作业、流通加工作业、信息处理等。由这些作业构成物流整体作业，从而实现物流功能。

物流作业的划分不一定与企业的传统职能部门相一致。有时，作业是跨部门的，而有时一个部门则能完成好几项不同作业。作业的划分应当粗细得当，划分过细就会使作业总数过多，由此必然导致成本计算工作量过大，同时企业为此所付出的代价势必过高。反之，如果作业划分过粗，1个作业中含有多种不相关业务，必然会使产品成本计算结果的准确性大大降低。因此，作业的确定应遵循成本效益原则。经验表明：①一般在每个传统的组织单位或部门中都应有 2～10 个功能明确的作业。有时，一个小的部门可能只有 1 个作业。有时，1 个作业跨越好几个部门。在一个典型的部门中如果有 10 个以上的作业，这时可能就需要将一些作业合并。相反，如果一个中型或大型部门只定义了 1 个作业，这时就应分解它；②不同的人执行的作业不能被合并；③1 个作业一般不超过 5～15 个密切关联的业务；④如果 1 个作业只有 1 项业务，则说明作业划分过细；⑤如果 1 个作业含有不相关的业务，则应把它分解出去。

与传统的成本系统采用简单的数量成本动因不同，由于作业成本系统采用多个成本动因来分析企业的成本，而且它们可能与产量没有直接关系，因此作业成本系统需要对作业进行层次的划分。对此，各国学者提供了一些划分方法供实务界采纳，如杰佛·米勒和汤姆·沃尔曼把作业分为逻辑性作业、平衡性作业、质量作业和变化作业四个层次；罗宾·库珀则把作业分为单位作业、批别作业、产品作业、过程作业四类。这些分类理论性较强，但缺乏实务操作性。确认作业层次的理论依据是作业特性，实务依据是作业贡献于产品的方式和原因即成本动因，据此，可以把作业分为以下三大类别：

（1）不增值作业。不增值作业是指那些不直接对企业创造价值行为作出贡献的作业，属于企业希望消除而且能够消除的作业。

（2）专属作业。专属作业是指为某种特定产品或劳务提供专门服务的作业。专属作业资源耗费价值应直接由该特定的产品或劳务负担。

（3）共同耗用作业。共同耗用作业是指同时为多种产品或劳务提供服务的作业。共同耗用作业按其为产品或劳务服务的方式不同又可分为：①数量动因作业。即使每种产品或劳务的每个单位都均衡受益的作业。如包装作业，产品完工后，每件产品都需要包装，且耗费的资源相同，使每件产品都得到了均衡的受益。②批别动因作业。即服务于每批产品或劳务并使每一批产品或劳务都均衡受益的作业。如分批获取订单的订单作业、分批运送原材料或产品的搬运作业等。③工时动因作业。即资源耗费与工时成比例变动的作业，每种产品按其所耗工时吸纳作业成本。如机加工作业等。④价值管理作业。即指那些负责综合管理工作的部门作业。如作业中心总部作为一项作业就是价值管理作业。

通过对作业层次的揭示，作业成本系统能够指出不同层次作业的动因

(不同层次的作业的成本习性不同)，因而它较准确地描述了成本发生的因果关系。区分不同层次的作业可以帮助管理人员确定各个作业的成本动因以衡量各种产品或劳务所耗用的作业，它还可以帮助管理人员了解作业产生的根本原因，从而改善作业绩效。

（三）确定资源动因，分配资源耗费至作业成本库

作业确认后，要为每一项作业设立一个作业成本库，然后以资源动因为标准将各项资源耗费分配至各作业成本库。所谓资源动因是指资源被各项作业耗用的方式和原因，它反映了作业对资源的耗用情况因而是把资源库价值分解到各作业成本库的依据。

确立资源动因的原则是：第一，某一项资源耗费能直观地确定为某一特定产品或劳务所耗用，则直接计入该特定产品或劳务的成本中，此时资源动因也是成本动因，该动因可以认为是“终结耗费”，材料费往往适用于该原则；第二，如果某项资源耗费可以从发生领域区划为某项作业所耗，则可以直接计入该作业成本库，此时资源动因可以认为是“作业专属耗费”，各作业中心发生的办公费适用这一原则；第三，如果某项资源耗费从最初耗用上呈混合耗费形态，则需要选择合适的量化依据将资源分解并分配到各项作业，这个量化依据就是资源动因。

（四）确定成本动因，分配作业成本至成本对象

成本动因是指作业被各种产品或劳务耗用的方式和原因，它是作业成本库成本分配到成本对象中去的标准，也是将作业耗费与最终产出相沟通的中介。

选择成本动因时，应主要考虑以下几个原则：

（1）选定的成本动因与实际作业耗用之间的相关性。作业成本计算的核心思想是根据每种产品耗用的作业成本动因量来将作业成本分配给产品，这实际上是以产品耗用成本动因的数量作为产品耗用的作业的计量标准。因此，成本分配的准确性依赖于作业的耗用与成本动因的耗用之间的关联关系，由此成本动因可分为三种类型：交易性成本动因、延续性成本动因和精确性成本动因。

交易性成本动因计量作业发生的频率，例如设备调整次数、订单数目等。当所有的产出物对作业的要求基本一致时，可以选择交易性成本动因。

例如处理一次订货，所需要的时间和精力与订货的数量无关，即可以订货次数作为成本动因。如果不同数量的产品或劳务要求的作业耗用的资源显著不同时，则应采用更为准确的计量标准，即延续性成本动因，它反映完成一次作业所需的时间。例如加工工艺流程简单的产品每次所进行的设备调整时间较短，而加工工艺流程复杂的产品所需的设备调整时间较长，如果都以设备调整次数为成本动因的话，则可能导致作业成本计算的不实，此时以设备调整所需的时间为成本动因更为合适。但是，如果每单位时间里进行设备调整耗费的人力、技术、资源等存在显著差异时，则需要采用精确性成本动因，即直接计算每次执行每项作业所耗费的资源的成本。例如新产品刚开始生产时所进行的设备调整，可能要求单位时间里投入特殊的人力和质量测定工具，而成熟产品单位时间所需要的资源耗用量可能较少，此时，以每次调整的资源成本为成本动因则是适当的。

（2）计量成本动因的成本。物流作业成本核算系统通过使用比以数量为基础的成本系统多的成本动因以得到准确性较高的成本结果。为了减少与成本动因有关的计量费用，应尽量采用数据容易获得的成本动因，这主要是通过替换掉不能直接得出作业耗用的成本动因实现的。例如，加工小时数这个成本动因可由加工次数来替换，若每次加工的时间基本相同，这个替换是可以接受的。

在以作业为基础的成本系统的设计中，用作业次数的成本动因代替作业时间的成本动因是一个很重要的方法，因为计算次数的成本动因比较容易取得。例如订货的次数、装船的次数、检查的次数等，每进行一次作业，就可计数一次。

（3）成本动因采用所诱致的行为。成本动因的选择应有助于激励业绩的改进。成本系统的设计可能对管理者产生有利或不利的行为影响，成本动因选择时应考虑这个因素的存在。例如以联系的供应商数作为向供应商询价作业的成本动因，有可能使得管理者减少询价次数，从而丧失了联系到有利的（高质量或低成本）供应商的机会。反过来，以材料搬运次数作为存货处理作业的成本动因时，有可能促使管理者采取减少搬运次数，从而减少处理成本的行为。

（4）三个因素的互相作用。相关程度、计量费用和行为作用三者是互相作用的。设计者的目的是设计能提供效益最大、费用最低的最优系统，因此，一个使用起来昂贵、有较低的相关联性但却能带来有利行为的成本动因，在行为作用起主要作用的情况下，是可以选择的。例如，若行为的目的是减少配送过程时间，可以选择配送过程时间作为成本动因，即使作业与配送过程时间之间存在较少的相关联性。相反，一个计量起来昂贵，能带来有害行为但却有较高相关联性的成本动因，在误差代价起主导作用的条件下，也可以被选择。

（五）计算物流作业成本

作业成本动因选定后，就可以按照同质的成本动因将相关的成本归集起来，有几个成本动因，就建立几个成本库。建立不同的成本库，按多个分配标准（成本动因）分配间接费用是作业成本计算优于传统成本计算之处。

物流作业成本计算是将成本库归集的作业成本按成本动因分配到各成本计算对象上。物流作业成本的计算分配有两种方法：两阶段法和多阶段法。两阶段法较为简单，首先将明细账中的资源成本按资源动因分配到不同的作业上，而后将这些在作业上归集的成本按成本动因分配到产品上，如图8-1所示。

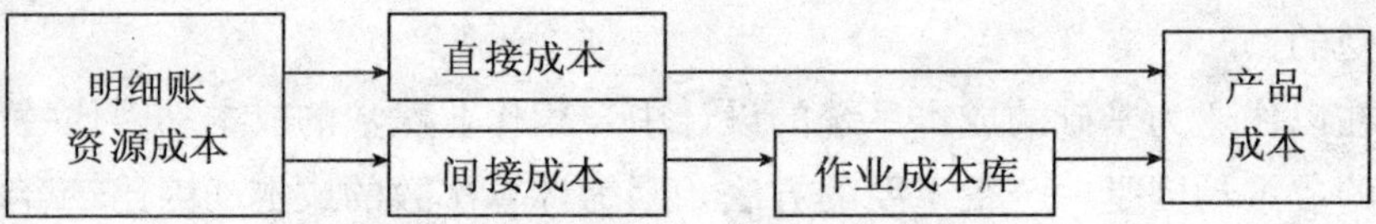

图8-1　物流成本计算的两阶段法

多阶段法则认识到有些作业并不直接为最终产品或劳务所耗用，而是为其他多个产品或劳务所耗用，它试图更准确地反映成本在组织里流动的实际情况，强调作业和作业，以及产品和作业之间的关系。例如搬运装卸，可能为产品的加工服务，也可能为其他作业服务，而其他作业又是为产品生产服务的。通过多阶段分配，可以归集其他作业对搬运装卸作业的耗用，再计算产品耗用的搬运装卸作业和其他作业。多阶段法如图8-2所示。

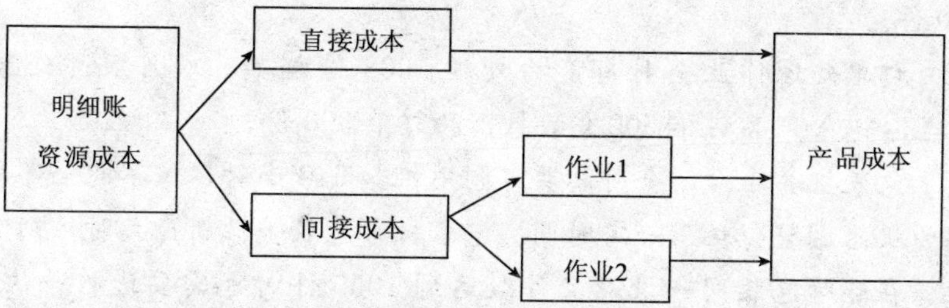

图 8－2 物流成本计算的多阶段法

无论采用何种分配计算方法，各作业成本库的作业成本在成本计算对象之间分配时，都应通过确定成本动因分配率以计算各成本计算对象的物流作业成本。其分配计算公式如下：

$$\text{成本动因分配率}=\frac{\text{某作业中心发生的作业成本}}{\text{该作业中心可提供的作业量}}$$

$$\text{某成本计算对象应分配的某项作业成本}=\begin{matrix}\text{该产品实际耗用的}\\\text{该项作业的成本动因数}\end{matrix}\times\begin{matrix}\text{成本动因}\\\text{分配率}\end{matrix}$$

某成本计算对象的作业成本＝该成本计算对象分配的各项作业成本之和

需要指出的是，由于各成本计算对象实际耗用的某项作业的成本动因数之和一般小于该作业中心可提供的作业量，因此按上述方法计算出来的各产品应分配的某项作业成本之和一般都小于该作业中心发生的作业成本，二者的差额即为未耗用的资源成本。未耗用的资源成本的确定有利于分析企业资源配置的合理性，为企业优化作业链—价值链提供依据。

五、物流作业成本计算举例

【例 8－1】 某生产性企业产销 A、B 两种产品。这两种产品的生产工艺过程基本相同，两者的区别主要表现在所提供的物流服务上：A 产品实行的是大批量低频率的物流配送服务，每批数量为 4000 件。B 产品实行多频率小额配送服务，每批数量为 10 件。该企业采用作业成本法计算产品的物流成本，所涉及的作业主要有七项：①订单处理；②挑选包装；③包装设备调整；④运输装卸；⑤质量检验；⑥传票管理；⑦一般管理。

其他有关资料具体如下：

(1) 本月该企业共销售 A 产品 5 批，共计 20000 件，B 产品 140 批，共计1400件。

(2) 订单处理作业全月有能力处理1008份订单。本月实际处理订单800份，其中A产品订单500份，B产品订单300份。

(3) 包装机共4台，全月总共可利用机器640小时，但不能全部用于包装，因为机器调整会耗用一定时间。包装机每包装一批新产品时，则需要调整一次。在连续包装同一批产品件数达到1000件时也需要进行一次调整。每台包装机调整一次需要24分钟。包装机如果用于包装A产品，每件需1.5分钟，如果用于包装B产品，每件则需2分钟。

(4) 运输装卸作业全月总共能够提供840工作小时的生产能力，其中用于A产品运输装卸，每批需120小时；B产品运输装卸，每批则需0.4小时。

(5) 质量检验：A、B两种产品的检验过程完全相同。该企业全月有能力检验800件产品。对于A产品，每批需要随机抽样10件进行检验；对于B产品，每批需要随机抽样3件进行检验。

(6) 该企业进行传票管理作业是采用计算机辅助设计系统来完成的。该系统全月总共能提供840个机时。本月用于A产品传票管理的机时数为168，用于B产品传票管理的机时数为420。

(7) 一般管理：本月人员及设施等利用程度为75%。

(8) A产品每件耗用直接材料1.5元，B产品每件耗用直接材料1.8元。

采用作业成本计算法计算上述两种产品物流成本的基本步骤如下：

1. 确认和计量企业本月所提供的各类资源价值，将资源耗费价值归集到各资源库中。本月该厂所提供的各类资源价值情况如表8－1所示。

表8－1　企业所提供的各类资源价值　单位：元

资源项目	工　资	电　力	折　旧	办公费
资源价值	23400	4800	24400	8500

2. 确认各种主要作业，建立作业成本库。主要作业有：订单处理、挑选包装、包装设备调整、运输装卸、质量检验、传票管理、一般管理共七

项。为每项作业分别设立作业成本库，用于归集各项作业实际耗用的资源。对于包装设备调整作业和挑选包装作业，首先将两者合并一起计算各项资源耗用量，然后再按机器调整所耗用的机器小时数与可用于包装产品的机器小时数之间的比例进行分配。

3. 确认各项资源动因，将各资源库中所汇集的资源价值分配到各作业成本库中。

（1）工资费用的分配。工资费用耗用的动因在于各项作业“运用职工”，因此，应根据完成各项作业的职工人数和工资标准对工资费用进行分配。分配结果如表8-2所示。

表8-2　　工资资源的分配

资源＼作业	订单处理	包装及设备调整	运输装卸	质量检验	传票管理	一般管理	合计
职工人数	2	4	5	4	4	3	
每人月工资额（元）	800	1200	1000	1250	1000	1000	
各项作业月工资额（元）	1600	4800	5000	5000	4000	3000	23400

（2）电力资源价值的分配。电力资源耗用的原因在于“用电”，其数量多少可以由用电度数来衡量。已知每度电的价格为0.5元。具体分配结果如表8-3所示。

表8-3　　电力资源的分配

资源＼作业	订单处理	包装及设备调整	运输装卸	质量检验	传票管理	一般管理	合计
用电度数（度）	400	3200	2500	2800	360	340	9600
金额（元）	200	1600	1250	1400	180	170	4800

（3）折旧费与办公费的分配。折旧费用发生的原因在于各项作业运用了有关的固定资产。因此，可根据各项作业固定资产运用情况来分配折旧费

用。这种运用通常具有“专属性”，即特定固定资产由特定作业所运用。各项办公费也具有“专属性”，其分配方法与折旧费的分配大体相同。有关分配结果如表 8－4 所示。

表 8－4 **固定资产折旧费及办公费的分配** 单位：元

资源＼作业	订单处理	包装及设备调整	运输装卸	质量检验	传票管理	一般管理	合计
折旧	2500	5600	4000	7700	2400	2200	24000
办公费	1200	1400	600	1900	1600	1800	8500

为了将包装机调整与包装两项作业所耗用资源价值分开，需要计算包装机调整所耗用的机器小时数。包装机调整次数：A 产品需要 20 次，B 产品需要 140 次，总调整次数为 160 次，需要耗用机器小时数共计 160×24/60＝64（小时），占包装机总机器小时数的 10%。包装机可用于包装的机器小时数为 640－64＝576（小时），占包装机总机器小时数的 90%。将上述“包装及设备调整”栏目中的数字乘以 10%即得包装设备调整所耗用的资源价值量，其余 90%即为包装作业所耗用的资源价值量。将上述有关结果汇总，即得表 8－5。

表 8－5 **资源向各作业间的分配** 单位：元

资源＼作业	订单处理	包装调整	包装	运输装卸	质量检验	传票管理	一般管理
工资	1600	480	4320	5000	5000	4000	3000
电力	200	160	1440	1250	1400	180	170
固定资产折旧	2500	560	5040	4000	7700	2400	2200
办公费	1200	140	1260	600	1900	1600	1800

4. 确定各项作业的成本动因。有关结果如表 8－6 所示。

表 8-6　　各项作业成本动因

作　业	作业成本动因
订单处理	订单处理份数
包装调整	包装调整次数
包装	开动机器小时数
运输装卸	工作小时数
质量检验	检验件数
传票管理	计算机时数

对于“一般管理”这项作业，其成本动因比较复杂，因此在计算 A、B 两种产品耗用该项资源成本时，予以另行处理。

5. 计算有关作业成本动因分配率。计算结果如表 8-7 所示。

表 8-7　　作业成本动因分配率的计算过程

作　业	订单处理	包装调整	包装	运输装卸	质量检验	传票管理
作业成本（元）	5500	1340	12060	10850	16000	8180
提供的作业量（工作小时）	1008	160	576	840	800	840
作业动因分配率（%）	5.46	8.38	20.94	12.92	20.00	9.74

6. 计算 A、B 两种产品实际耗用的资源价值。

本月运输装卸作业实际耗用工作小时为 656，其中：运输装卸 A 产品耗用 5×120=600（工作小时），运输装卸 B 产品耗用 140×0.4=56（工作小时）。

本月包装机实际耗用机器小时数为 546.67，其中：包装 A 产品耗用 20000×1.5/60=500（机器小时），包装 B 产品耗用 1400×2/60=46.67（机器小时）。本月检验产品总数 470 件，其中对 A 产品抽样 5×10=50（件），对 B 产品抽样 140×3=420（件）。

根据上述有关结果即可求出 A、B 两种产品实际耗用的资源价值。计算结果如表 8－8 所示。

表 8－8　　A、B 两种产品实际耗用的资源价值

作　业	作业分配率（%）	实际耗用作业成本动因数			实际耗用资源（元）	
		A 产品	B 产品	合计	A 产品	B 产品
订单处理	5.46	500	300	800	2730	1638
包装调整	8.38	20	140	160	168	1173
包　装	20.94	500	47	547	10470	984
运输装卸	12.92	600	56	656	7752	724
质量检验	20.00	50	420	470	1000	8400
传票管理	9.74	168	420	588	1636	4090
一般管理	0.13	23756	17009	40765	3088	2211
合　计					26844	19220

注1：该表中数字的小数部分（除分配率外）均作了四舍五入处理。

2：一般管理作业的数据参见下面的计算过程。

A、B 两种产品所耗用的“一般管理”作业成本的计算过程如下：

A、B 两种产品实际耗用的“一般管理”作业成本之和为 7170×75%＝5377.5（元）

可按 A、B 两种产品其他各项作业所耗用的资源成本之和的比例分配，其中：

A 产品耗用其他各项作业成本之和为：

2730＋7752＋168＋10470＋1000＋1636＝23756（元）

B 产品耗用其他各项作业成本之和为：

1638＋724＋1173＋984＋8400＋4090＝17009（元）

“一般管理”作业成本分配率＝5377.5/（23756＋17009）×100%＝13%

A 产品实际耗用的一般管理作业资源成本＝23756×0.13≈3088（元）

B 产品实际耗用的一般管理作业资源成本＝17009×0.13≈2211（元）

7. 计算 A、B 两种产品的物流总成本及单位成本。

A 产品直接材料＝20000×1.5＝30000（元）

B 产品直接材料＝1400×1.8＝2520（元）

A 产品物流总成本＝30000＋26844＝56844（元）

B 产品物流总成本＝2520＋19220＝21740（元）

8. 计算未耗用资源。计算过程及有关结果如表 8 - 9 所示。

表 8 - 9　　未耗用资源

作　业	分配率（%）	未耗用作业动因数	未耗用资源成本（元）
订单处理	5.46	1008－800＝208	1136
包装调整	8.38	0	0
包　装	20.94	576－547＝29	607
运输装卸	12.92	840－656＝184	2377
质量检验	20.00	800－470＝330	6600
传票管理	9.74	840－588＝252	2454
一般管理			1793
合　计			14967

注：一般管理作业成本的 25%，即 7170×25%＝1793（元）为未耗用资源成本。

9. 将上述有关结果汇总，即得 A、B 两种产品物流成本计算单，如表 8 - 10所示。

表 8 - 10　　A、B 两种产品物流成本计算单　　单位：元

	耗用资源价值	A 产品		B 产品		未耗用资源成本
		单位成本	总成本	单位成本	总成本	
直接材料	32520	1.50	30000	1.80	2520	0
订单处理	5500	0.14	2730	1.17	1638	1136
包装设备调整	1340	0.01	168	0.84	1173	0
包装	12060	0.52	10470	0.70	984	607
运输装卸	10850	0.39	7752	0.52	724	2377
质量检验	16000	0.05	1000	6.00	8400	6600
传票管理	8180	0.08	1636	2.92	4090	2454
一般管理	7170	0.15	3088	1.58	2211	1793
合　计	93620	2.84	56844	15.53	21740	14967

注：由于计算过程中采用了四舍五入，所以使得“A 产品总成本”、“B 产品总成本”及“未耗用资源成本”三栏数字之和与“资源提供量”一栏数字不完全相等。

六、物流作业成本计算法与传统成本计算法比较

作业成本法是一种全新的成本计算方法，与传统的完全成本法和变动成本法相比，物流作业成本计算主要有以下一些特点：

（一）对物流间接成本的分配更为合理

与传统物流成本计算方法相比，物流作业成本计算的分配基础（成本动因）发生了质变，它不再采用单一的数量分配基准，而是采用多元分配基准；并且集财务变量与非财务变量为一体，尤其特别强调非财务变量（如订单处理次数、运输距离、质量检验次数等）。因此，物流作业成本计算法所提供的成本信息比传统成本计算法准确得多。

（二）"作业"是物流成本作业计算法的基本成本计算对象

传统成本法主要是以物品实体或物流过程和功能为成本计算对象，而作业成本法以"作业"作为最基本的成本计算对象，其他成本计算对象的成本计算均通过作业成本进行分配。正是由于作业成本计算法可以提供各项作业耗费的成本信息，因此能使管理人员开展作业管理并改善作业链成为可能。

（三）物流作业成本计算法是更广泛的完全成本法

传统的完全成本法将许多成本项目列作期间费用，采用在发生的当期"一次性扣除"，而不加以分配。在作业成本法下，对于营销、仓储、回收等领域发生的成本，只要这些成本与特定产品相关，则可通过有关作业分配至有关的产品或其他成本计算对象中，这样所提供的成本信息更有利于企业进行定价的相关决策。

（四）所有的成本均是变动的

在变动成本法下，有相当一部分成本，因其在一定的范围内不随业务量（产量或机器小时等）的变化而变化而被划分为固定成本。但是，从作业成本法的观点看，这部分成本虽然不随业务量的增加而增加，但却会随其他因素的变化而改变，这些因素包括产品销售批次、机器设备的调整、企业经营能力的增减等。作业成本法将所有的成本均视为变动的，这有利于企业分析物流成本产生的原因，进而落实控制和降低成本的方法和措施。

虽然物流作业成本计算有前述许多优点，但是该方法并非完美无缺。例如，它需要更多的簿记工作和信息系统的支持，从而会产生更多的成本。至

于作业成本法的其他缺点，可在前面的相关论述中发现。

七、物流作业成本计算法的灵活运用

物流作业成本计算为企业改善物流管理、提高盈利能力和竞争能力提供了重要手段。作业成本法在实际运用过程中具有较大的灵活性，对于一个特定的企业而言，在物流活动开展过程中作业成本法如何运用才属于合理，这主要取决于企业运用成本信息的目的。

（一）物流作业成本法运用的灵活性

在前面的论述过程中不难发现，物流作业的划分、成本动因的选取都具有一定的灵活性。此外，物流作业成本法在运用过程中还有其他一些灵活性。

1. 期间费用范围的确定

在运用作业成本法时，期间费用范围的确定应视具体情况而定。如果企业提供物流成本信息的目的在于从长远的观点寻求物流成本的持续改善，那么，在计算物流成本时，就应只把有意义的资源耗费价值计入成本计算对象，而将无益于产品或劳务形成的资源耗费价值计入期间费用。例如，只将增值作业耗费价值计入物流成本，而非增值作业耗费价值计入期间费用。或者，只将实际耗用的经营能力成本计入物流成本，而将空闲的经营能力成本计入期间费用。反之，如果提供成本信息主要目的在于满足短期决策，那么，可以不必采取上述做法。另外，当某项费用不能按明确的因果关系分配至有关的成本计算对象（如作业、产品或劳务）时，该项费用既可以计入期间成本，也可以选择某种分配标准，将其分配至有关的成本计算对象。究竟如何界定期间费用的范围，取决于管理人员的主观判断及成本信息的主要用途。

2. 成本计算对象的选取

为了满足管理决策的不同需要，可以选择不同的成本计算对象计算成本。表 8－11 对于不同决策目的给出了相应的成本计算对象。

表 8-11 成本计算对象的选取

目　的	成本计算对象	成本计算对象示例
确定价值较高的资源	资源	动力资源
确定成本较高的作业	作业	包装作业
确定不盈利的物流服务	物流服务方式	多频率小额物流
确定对其销售不能盈利的客户	客户	甲公司
确定成本较高的经营过程和作业	经营过程	挑选过程
确定不盈利或成本较高的营销渠道	营销渠道	户外广告
确定不盈利或成本较高的销售渠道	销售渠道	乙经销店

总之，作业成本法在物流成本管理中的运用能否起到应有的作用，在很大程度上取决于我们对其如何利用。如果运用不当，就难以发挥出其应有的作用。

（二）物流作业成本法灵活运用举例

掌握物流作业成本法的基本原理后，我们可以将其灵活运用，以便获得不同类型的物流成本信息，进而改善物流经营管理。下面以分析企业向特定客户销售的获利能力为例，说明作业成本法在改善企业物流管理方面的作用。

在作业成本法下，以客户作为成本计算对象进行物流成本计算，能分析企业向特定客户销售的获利能力。企业通常用毛利来衡量一笔交易的获利性高低，但实际上许多毛利较高的交易涉及大量不因销售量而变的费用，如货款管理、售后服务和送货等费用，从而使净毛利水平大大降低。为了确定对其销售不能盈利的客户，可以选定有关的客户作为成本计算对象，利用作业成本法计算相应成本，该类成本我们称为“客户成本”。客户成本不仅包括各经营环节所发生的物流成本，还包括生产环节所发生的生产成本。客户成本计算完毕后，再将所有与客户相关的收入和成本进行比较，这种分析能使管理人员了解各客户对企业盈利水平的影响，有助于企业选择合适的客户类型。

市场竞争的日益激烈迫使企业改变经营战略，由原来以产品生产为核心转向以市场为核心，这就要求企业以满足客户的需求为导向，一切战略都必须围绕着客户展开。通常，企业利润中有相当大的比例来源于少数客户。例如，75%的利润来源于 30%的客户，而对另外 70%的客户销售所获得的利润只占企业利润的25%。企业向一特定客户销售产品或提供劳务时会发生很多与该客户相联系的物流成本，如现金折扣、数量折扣、包装费、运输费等。传统成本计算法不将每个客户作为成本计算对象来计算与其相关的成本，也不对特定客户销售的获利情况进行分析，运用作业成本法便可以克服这种缺陷。

下面举例说明如何运用作业成本法计算企业向某些特定客户销售的获利能力。

【例8-2】 某企业一季度向甲、乙、丙三个客户销售，有关资料如表8-12所示。

表8-12　　甲、乙、丙三个客户的有关资料

客户名称	甲客户	乙客户	丙客户
购买产品名称	A产品	B产品	C产品
销售额（元）	220000	280000	160000
订单数（份）	25	120	70
购买数量（件）	500	800	750
购买产品总体积（立方米）	50	60	40
送货次数（次）	28	50	70
每次送货距离（公里）	10	20	15
平均未收回货款（元）	100000	200000	32000

其他有关资料如下：

（1）该企业销售毛利（即销售额－产品销售成本）为25%。

（2）数量折扣条件：如果每月购买额超过8万元，则有2%的折扣。只有乙客户有资格取得数量折扣。

（3）现金折扣条件：10天之内付款，折扣率为3%，30天之内付款，折扣率为1%；本季度甲、乙、丙客户所获得的现金折扣分别为5000元、2000元和8500元。如客户放弃现金折扣，则应在45天之内付款。

（4）销售佣金按销售额的5%支付。

（5）每次送货费用为每公里5元。

（6）该企业资金的机会成本为20%。

（7）各项与客户相关作业的成本资料如表8-13所示。

表 8－13　　与客户相关作业的成本资料

作　业	成本动因	成本动因分配率
订单处理	订单数量	15 元/份
包装	产品购买件数	1.5 元/件
发货	产品购买件数	0.8 元/件
仓储	占用体积	3.2 元/立方米
货款管理	订单数量	20 元/份

根据上述资料，利用作业成本法即可求出上述三客户成本及企业向其销售所取得的净毛利与净毛利率。有关计算过程及结果如表 8－14 所示。

表 8－14　　客户净毛利及净毛利率的计算

	甲客户		乙客户		丙客户	
	金额（元）	%	金额（元）	%	金额（元）	%
销售额	220000	100	280000	100	160000	100
减：产品销售成本	165000	75	210000	75	120000	75
销售毛利	55000	25	70000	25	40000	25
减：客户直接成本						
销售佣金	11000	5.0	14000	5.0	8000	5.0
运费	1400	0.6	5000	1.8	5250	3.3
占用资金成本	5000	2.3	10000	3.6	1600	1.0
现金折扣	5000	2.3	2000	0.7	8500	5.3
数量折扣	0	0.0	5600	2.0	0	0.0
减：作业成本耗用						
订单处理	375	0.2	1800	0.6	1050	0.7
包装	750	0.3	1200	0.4	1125	0.7
发货	400	0.2	640	0.2	600	0.4
仓储	160	0.1	192	0.1	128	0.1
货款管理	500	0.2	2400	0.9	1400	0.9
客户成本合计	24585	11.2	42832	15.3	27653	17.4
客户净毛利及净毛利率	30415	13.8	27168	9.7	12347	7.6

注：产品成本按作业成本法确定。

通过对上述类型的计算结果进行分析，企业可以获得许多有用的信息。例如，最大的客户（即购买量最多的客户）通常会在许多方面提出较高的要求，如折扣率、赊账期、送货等，虽然其净毛利较高，但往往不会有最高的净毛利率。对于较小的客户而言，由于其购买批量较少，所以相应净毛利率往往较低，有时甚至为负数。它表明，企业向这类小客户销售不但不能获得利润，反而会发生亏损。传统的成本系统无法准确提供企业向每个客户销售获利情况的准确资料，因此，不少企业往往并没有意识到对某些客户的销售是得不偿失的。

如果能对每个客户及时提供上述信息，企业就可以实行“客户结构管理”，将有关资料进行分类汇总，得到类似表 8－15 所示的客户结构信息。以 A 类客户为例，上述矩阵的含义是：A 类客户的每个客户产生的销售额都在 10 万元以上，且客户净毛利率都在 20%以上。该类包含 3 个客户，占客户比例的 1.5%；该类客户平均净毛利率为 22.3%，平均每个客户的净毛利为 2.25 万元。

利用上述有关信息，管理人员可以改善客户结构，使得处于矩阵右下角类型的客户向矩阵左上方转变。例如，某个客户的包装费过高，企业可以通过改变包装（如对零售商采取大批量简单包装）来降低客户成本。或者，对于个别小客户，如果进一步分析结果表明该客户不存在大幅度增加购买力的潜力，而该客户的净毛利较低，或为负值，则应坚决改变对这类客户的销售条件（如限制过低的购买批量），甚至不惜失去该客户。

上述分析方法同样适用于分析企业在某类市场销售的获利能力。其中，市场的分类可以按地区（如北方市场和南方市场）、消费者类型（如成人市场与儿童市场）等标准划分。

表 8－15　　客户结构信息

销售额 / 客户净毛利率	10 万元以上	1 万～10 万元	1 万元以下
20%以上	A　3（1.5%） 22.3% 2.25 万元	B　25（12.5%） 21.8% 1.20 万元	C　20（10%） 23.1% 0.24 万元

续 表

客户净毛利率＼销售额	10万元以上	1万～10万元	1万元以下
10%～20%	D　10（5%） 15.6% 2.02万元	E　55（27.5%） 15.7% 0.91万元	F　28（14%） 16.4% 0.13万元
10%以下	G　17（8.5%） 7.8% 1.12万元	H　10（5%） 8.2% 0.55万元	I　32（16%） 4.1% 0.04万元

第二节　物流作业管理

作业成本法虽然起源于成本计算的精确性动机，但其意义已完全超越了成本计算精确性要求的层面，深入到企业作业链—价值链重构，乃至企业组织机构设计问题。但是，作业成本法只是认识作业链—价值链的手段，作业管理才能改造和优化作业链—价值链。因此，从作业成本计算发展到作业管理就成为必然。

一、作业成本法的二维观念

作业成本法具有二维观念，一是“成本分配观”，它可以概括为：资源→作业→成本对象。二是“过程观”，它可以概括为：经营过程分析→作业→持续改善。如图8－3所示。

成本分配观提供了关于资源、作业及成本对象的有关信息，它是以“成本对象引起作业需求，而作业需求引起资源需求”为基本依据，将资源首先分配至作业，再由作业分配至成本对象。过程观提供的是“何种因素引起作业以及作业完成效果如何”的信息，企业可以利用这些信息不断优化经营过程，从而实现持续改善。作业管理体现了作业成本法的过程观，其目的在于对作业链—价值链进行持续改善，以便使企业获得竞争优势。

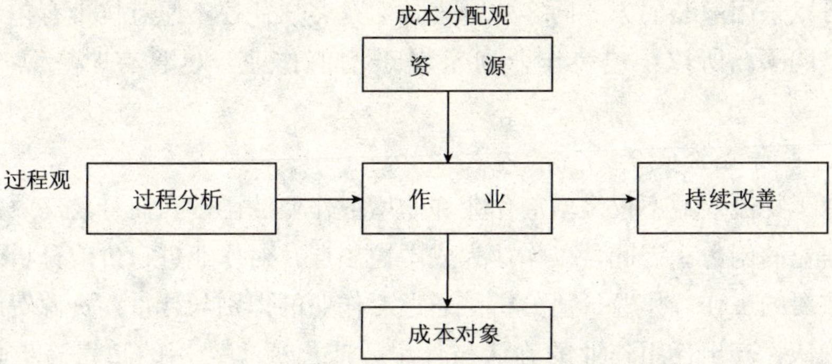

图 8-3　作业成本法的二维观念示意图

二、作业过程分析

实行作业分析的目的在于认识企业的作业过程，以便从中发现持续改善的机会和途径。作业过程分析主要有：

（一）区分增值作业与非增值作业

作业按其是否具有增值性可以分为两类，一是增值作业（Value Added Activity），二是非增值作业（Non－Value Added Activity）。

增值作业的基本特点在于它能增加传递给客户的价值，企业如果消除了这类作业就会影响客户愿意支付的价格。增值作业有两种类型：一种是给客户带来价值的作业，如包装和及时送货等；另一种是保证物流正常运转的必不可少的作业，如付给物流员工工资虽不能为客户直接带来什么利益，但却是物流所必需的作业。

非增值作业是指对增加客户价值没有贡献的作业，客户不会因为企业消除这类作业而降低所愿意支付的金额。非增值作业的判断标准是：企业把该作业消除后仍能为客户提供与以前同样的效果。在企业物流活动开展过程中有许多非增值作业，例如：①存货的存储、分类、整理和搬运；②产品因质量问题所进行的返修、重复检测；③等待工作等。对于非增值作业来说，物流应考虑的不是如何使它们更有效率，而是如何消除这些非增值作业。

值得强调的是，我们不能根据一项作业在经营过程中是否具有可消除性来判断其是否属于非增值作业。例如，原材料搬运作业通常不能完全消除，但该作业属于非增值作业。相反，某些产品的包装这项作业具有可消除性，企业可以采用散装的方式向客户销售，但是客户往往不愿意按带有包装产品的价格购买。所以，包装作业通常属于增值作业，尽管有时它具有可消除性。

（二）作业价值分析

由于物流效益不仅是增值作业和非增值作业的函数，而且是高效作业和低效作业的函数。因此，以作业为成本控制点，对作业进行价值分析就成为一项重要的工作。作业价值分析是通过对作业的识别与计量，资源费用的归集与确认，产出耗用作业的确认与计量，产出成本费用的归集等步骤和方法，分析评价作业的有效性和增值性，以提高作业效率、减少资源耗用、增加产出价值的一种分析方法。作业价值分析从分析层次上可以分为资源动因价值分析、成本动因价值分析和作业综合分析三部分。

作业价值分析的最终目的是提高产出对客户的价值，因此可以用产出价值为标的。产出价值的大小与作业效率和作业价值成正比，影响作业效率的因素有作业量和资源耗用，影响作业价值的因素有产出功能和作业量，作业价值分析模型如下：

产出价值＝作业效率×作业价值

其中：

作业效率＝作业量/资源费用

作业价值＝产出功能/作业量

由模型可知：一定的作业量，耗用的资源费用越少，作业效率越高，产出价值越大；资源费用一定，完成的作业量越多，作业效率越高，产出价值越大；完成一定的产出功能，耗用的作业量越少，作业价值越大，产出价值越大；一定的作业量，提供的产出功能越强，作业价值越大，产出价值越大。

1. 资源动因价值分析

资源动因价值分析是通过对作业的识别、计量和作业耗用资源费用的确认与归集，分析评价各项作业有效性的方法。资源动因价值分析的程序是：①调查物流活动从采购、入库、储存、挑选整理、包装、检验、运输到客户的全过程；②在熟悉物流流程的基础上识别、计量作业，并将作业适当合并或分解，建立作业中心；③归集资源费用到各相应的作业；④分析作业耗用资源的情况，确定作业的有效性。

由于作业成本库是根据资源动因一项一项分配汇集而成的，所以对资源动因进行分析首先可以揭示作业成本的资源项目，即作业成本要素；再通过作业成本要素和作业相应关系的分析，揭示哪些资源是必需的，哪些可以减少，哪些需要重新配置，最终确定如何降低作业耗用资源的数量，进一步降低作业成本，提高作业效率。资源动因价值分析的过程正是判断作业耗用资源必要性、合理性的过程，即评价作业有效性的过程。

2. 成本动因价值分析

成本动因价值分析是通过产出对作业耗用的确认、计量，作业成本库费用的分配与产出成本的归集，分析评价各项作业增值性的方法。成本动因价值分析的程序是：①从构成作业成本库的各项作业中，选择代表作业，计量成本动因分配率；②确认并计量各产出耗用的代表作业；③计算、归集各产出的作业成本；④分析各作业对产出的贡献，确认作业的增值性。成本动因价值分析重在揭示哪些作业是必需的，哪些作业是多余的，应该减少，最终确定如何减少产出耗用作业的数量，从总体上降低作业成本和物流成本。利用成本动因价值分析的结果可以判断产出耗用作业的情况，可以评价作业的价值。确定是否为增值作业时，结合成本动因价值分析对每项作业开展细微的分析。增值作业必须同时满足以下条件：①该作业的功能是明确的；②该作业能为最终产品或劳务提供价值；③该作业在企业整个物流作业链中不能去掉、合并或被代替。如果有一个条件不符合，该作业就不是增值作业。

3. 作业的综合分析

在进行了资源动因价值分析和成本动因价值分析后，还应分析各项作业之间的联系，这就是作业的综合分析。物流的各种作业相互联系，形成作业链。作业链上的各个作业好比是链环，作业之间的联系好比是链结。无"环"就无法形成"结"，无"结"也形不成链。所以不但要分析链上的各个作业，还要分析各作业之间的联系。即使链上的每个环都是增值高效作业，也可能由于"结"的问题，影响整个作业链的效率和价值。理想的作业链应是作业与作业之间环环相连，无断开和重叠，作业之间的等待、延误应最小。

进行了作业价值分析，明确了作业的价值和效率，才能寻求改进机会。通过作业价值分析可以用以下几种方式降低成本：①减少作业所需要的时间和资源，改善增值作业的效率或在短期内改进非增值作业，直至消除；②消除非增值作业（包括非增值高效作业和非增值低效作业）；③当其他条件相同时，选择成本最低的作业；④利用资源集成原理，尽量实现资源共享与作业共享；⑤利用作业成本计算提供的信息，编制资源使用计划，重新配置未使用资源。

（三）作业执行效果分析

分析作业执行效果目的在于对作业的执行过程实施控制，以寻求降低作业成本的机会。作业效果的优劣，可以从以下三个方面加以衡量：①作业的成本高低；②完成作业的必要时间；③工作质量的好坏。以订货作业为例，可以考虑：1）一次订货的平均成本；2）一次订货需耗用的时间；3）一个月内发生的订货过失次数等。

三、经营过程改善

物流作业管理的目的之一在于企业物流经营过程的持续改善。作业分析为实现这一目的提供了必要的信息，利用这些信息，企业可以从以下方面着手进行物流经营过程的持续改善。

（一）重构作业链

重构作业链是一项较为复杂的过程改善措施，大致包含以下内容：

1. 尽量消除非增值作业

消除非增值作业是改善物流经营过程的最重要的环节。企业应对所有不必要的作业予以消除，对于那些无法彻底消除的非增值作业，应最大限度地降低其成本及所耗用的时间。

（1）储存。储存仅增加存货成本，并不增加客户价值，减少储存可以采用适时生产管理模式。

（2）移动。在企业内部移动零部件、原材料、在制品，同样也不会增加客户价值，因此需要合理进行厂内布局、车间布局以减少移动作业。

（3）等待。等待作业不增加客户价值，因此可以通过加强部门间协作以降低等待时间。

（4）原材料入库检验。原材料检验属于非增值作业，完全取消不会对物流或客户的收益造成影响，客户并不要求企业去检验进货，他们只关心产品的质量如何。因此，企业如联系到能承诺提供高质量材料的供应商，该项作业也可消除或减少。

（5）产品质量检验。检验产品质量的作业，只是消极的预防措施，它不会增加客户的价值，因此可以说“质量是制造出来的，不是因检验而生的”。通过实行全面质量管理制度，可以有效降低质量检验作业和成本。

2. 合并被划分过细的相关作业

对于那些被划分得过细的，却又关系密切、属性基本相同的作业应予以合并，以便减少成本动因的数目，降低系统的复杂性和实行成本，提高作业过程的总体效率。例如，可将“出库计划”、“出库管理”、“出库调度”等作业合并为“出库协调”作业。不同作业是否有必要进行合并，应视拟合并的各项作业的复杂程度、相互之间的相关程度以及能否适应管理的要求。

3. 作业分解

如果某个作业包含了不同类的业务，而这些业务中的每一项又具有一定的复杂性，那么，就应将该作业按业务的性质进行拆分，以便能提高作业效率。例如，“材料采购作业”中包含了“购货”、“验货”和“收货”三种不同性质的业务，因此可以按上述三种不同业务类型，相应分解为三项不同的作业。

4. 改善作业流程

作业流程的改进原则上应使整个作业过程时间最短，并且成本最低。例如，通过改变作业地点布局来缩短在产品间的传递距离，从而实现降低整个作业的时间耗用。通过增设“材料处理”作业，使得一系列加工作业效率大大提高，同时次品率又可大幅度减少，废品损失成本大幅度降低。

（二）合理配置资源

在企业物流活动开展过程中，资源总体利用效果未能最优化的原因在于不同作业的产出水平相差较大，致使个别作业利用率接近饱和，而其余作业利用率却与达到饱和状态相距甚远，由此造成人员空闲、机器设备闲置等资源浪费现象。企业只有首先明确各项作业利用率，才能从根本上改善资源总体利用效果。利用作业成本法，企业易于获得作业利用率的有关信息，进而找出“饱和”作业和“过剩”作业。例如，利用本章例 8－1 中的信息，很容易计算出各项作业的资源利用率。有关结果如表 8－16 所示。

表 8-16　　资源利用率的计算

作　业	分配率（%）	未耗用作业动因数	作业利用率
订单处理	5.46	1008－800＝208	800/1008＝79.37%
包　装	20.94	576－547＝29	547/576＝94.97%
运输装卸	12.92	840－656＝184	656/840＝78.10%
质量检验	20.00	800－470＝330	470/800＝58.75%
传票管理	0.97	840－588＝252	252/840＝70%
一般管理	—	—	75%

通过对表 8-16 的分析，容易发现“包装”作业的资源利用率接近饱和状态，而其他作业则存在明显的闲置，特别是“质量检验”作业，有近一半能力未能利用。这表明，“包装”作业是“饱和”作业，而“质量检验”作业是“过剩”作业。包装作业成为充分利用整个经营能力的“瓶颈”，可以从以下几个方面着手解决：①改进物流服务方式，降低物流活动中需要耗用的包装作业；②提高包装效率；③增加包装设备。

（三）优化作业

优化作业的目的在于降低作业单位产出成本，缩短作业时间和提高作业质量。实行作业优化可按以下步骤进行：

1. 选择优化潜力较大的作业

企业物流的经营过程包含许多作业，在对物流作业进行优化时，应重点选择那些潜力较大的作业实施优化。属于这类作业的主要有：①无法彻底消除的非增值作业；②成本较高的增值作业；③作业时间较长的增值作业；④对其他作业影响较大的作业。

2. 缩短作业周期，降低作业成本

作业周期的缩短有利于增加客户的满意度，同时可提高作业产出能力，有利于降低作业成本。缩短作业周期的途径主要有：①提高作业人员的熟练程度；②改善作业方式；③优化作业安排；④与其他相关作业相协调；⑤进行技术设备更新。

3. 提高作业质量水平

作业质量水平的提高有利于增加客户价值，同时也有利于降低物流成本。为此，企业可以从以下方面着手：①以人为本，树立质量第一的企业文化理念；②提高作业人员的业务水平；③加强设备维护；④进行设备更新。

四、物流作业管理对企业管理的重大开拓

虽然企业物流活动本身就是一系列作业的集合体，作业管理贯穿于企业物流管理过程的各个环节。但是，作业管理必须突出重点，不能平均使用力量，应该把重点放在物流系统设计、适时生产系统和全面质量管理等基本环节上。

（一）物流系统设计

物流系统是一种适当地将市场需要的库存分配到各物流点的系统，包括库存配置和货物移动。物流系统设计是构建企业内部作业链的首要环节，在相当大的程度上决定了后续作业。物流系统设计对物流功能的实现、物流服务方式的确定、物流作业的流程和物流成本乃至企业整体作业链—价值链都具有关键性的影响。据估计，物流作业成本有60%～80%在物流系统设计阶段就已经确定了。物流系统一旦投入运转，降低成本的潜力就不大了。成本虽然发生于物流活动过程，但是其根源却在物流系统的设计。对于物流成本管理而言，影响物流系统设计的早期因素正是赢得真正竞争优势的地方。因此，在物流系统设计阶段，必须认真考虑物流系统设计方案对物流成本乃至物流整体作业链—价值链的影响。

物流系统设计是企业物流活动最重要的作业动因和成本动因。物流成本是由物流作业引起的，不同物流系统设计方案所需的作业不同，各种作业的耗费也不同。要降低物流成本，就必须从物流系统设计开始，应用价值工程和作业成本计算所提供的信息，根据客户的要求，进行作业分析，修订物流系统设计，使物流系统在保证满足客户服务要求的前提下，尽量选用成本较低的作业，消除一切不必要的作业，降低作业耗费，把物流系统设计深入到作业与价值的平衡上，优化企业物流的作业链—价值链。

（二）适时生产系统

物流系统设计，只是解决了如何组织物流活动问题，如何把物流系统设计变为现实，还要解决如何组织生产经营问题。在物流系统设计阶段尽量消除一切不必要的作业只是一个开端，要把它落到实处还需要保持企业整体生产经营过程的各个环节相互协调，环环相扣，准确无误地运转，真正消除一切不必要的作业，这就要求企业建立适时生产系统。

适时生产系统（Just-In-Time Production System）是最近20年来高新

技术广泛应用于生产领域，在生产高度电脑化、自动化的基础上形成的新的生产管理系统，其目标就是消除一切不必要的作业。例如，与存货有关的储存、维护、归类、整理等作业，因存货质量问题、供产销各阶段的停工待料或脱销等问题而引起的作业就是不必要的作业。适时生产系统要求企业在供产销的各个环节尽量实现“零存货”（Zero Inventory）。也就是说，在供应阶段，企业所需要的原材料、外购件能保质保量“适时”供生产使用；在生产阶段，各个生产环节密切配合，协调一致，前一道工序按后一道工序的要求“适时”地、保质保量地提供半成品；在销售阶段，按客户的要求，保质保量，“适时”地将产品送到客户手中。总之，通过适时生产系统，力求消除一切不必要的作业，从而达到优化企业物流作业链—价值链的目的。

适时生产系统的运用，对企业生产现场控制系统提出了变革的要求。在传统的企业管理下，企业是采用由前往后的“推进式”（Push Through）生产现场控制系统。整个生产过程从供应阶段开始，由原材料仓库依次向各生产工序供应原材料，通过加工形成在产品、半成品，继续转入下一道生产工序，由它们继续进行加工，如此由前往后顺序推移，直至最终完成全部生产工序，形成可以对外销售的产品，转入成品仓库等待销售。在这种生产现场控制系统下，前面生产工序居于主导地位，后续生产工序只能被动地接受前面生产工序转移而来的加工对象，并对之进一步加工。“推进式”生产现场控制系统，在企业生产经营的各个环节，存在大量的存货。在这种生产现场控制系统下，各个环节存在适量的存货是必要的。只能在这个前提下，研究和确定最佳存货置存量。众所周知的经济订货批量（EOQ模型）就是传统企业管理思维下的产物。

在作业管理下，企业采用由后往前的“拉动式”（Pull Though）生产现场控制系统。整个生产过程以市场需求为导向，从销售阶段开始，以最终满足客户需求为起点，根据客户订货所提出的产品数量、质量和交货时间等特定要求作为组织生产的依据，由后往前逐步推移，全面安排生产活动。这样，前一道生产工序只能严格按照后续生产工序所要求的在产品、半成品的数量、质量和交货时间组织生产，前一道生产工序生产什么、生产多少、质量要求如何以及交货时间，只能根据后续生产工序提出的具体要求来进行。与传统的企业管理思维相比，前后生产工序的主、客位置颠倒过来，后续生产工序处于主动地位，而前一道生产工序则处于被动地位。这样，由于整个生产系统按照适时生产系统进行，企业在各个生产经营环节实现了“零存货”。在这里，存货掩盖了企业管理中实际存在的问题，存货是浪费资源之祸首，应该尽量消除存货的存在。可见，在作业管理下，经济订货批量计算公式应用的基础和条件已不复存在。总之，在传统企业管理下，生产是按照“供应阶段→生产阶段→销售阶段”模式进行的，而在作业管理下，生产则是按照“销售阶段→生产阶段→供应阶段”模式进行的。

（三）全面质量管理

全面质量管理（Total Quality Control）是为了达到使客户完全满意且能在最经济的水平上进行生产、提供服务之目的，相应的使企业各部门在质量开发、质量保持及质量改善上所作的努力形成的卓有成效的体系。它包括了关注客户的满意程度、员工的参与度和持续的质量改进。通过其实施，对产品从设计、生产到使用的全过程都加强了质量控制，参与人员由专业的质检人员扩大到生产工人。

全面质量管理也是一种观念，它要求消除不能增加产品价值的一切浪费、缺陷和作业。全面质量管理强调客户满意，并把管理重点放在满足客户需求上。企业实行作业管理，必须把全面质量管理贯穿于其中。这是因为，适时生产系统要求供、产、销各环节实现零库存，这就要求生产经营各环节相互协调，运行流畅，保证高质量。这就不能按传统质量管理那样对产品的质量采用随机抽样的办法，质量管理的重点放在事后进行检验和修复，而应当实施全面质量管理，确保原料、在产品和产成品的零缺陷。否则，某一环节的缺陷将会使生产造成混乱，并引起连锁反应，导致大量的非增值作业出现，使适时生产系统崩溃，其损失是无法估量的。为了避免这种情况的出现，必须辅之以“全面质量管理”，从供应商的选择开始，到产品的设计、生产流程的确定、产品的生产、销售，各个阶段都要严格把好质量关，使之达到“零缺陷”（Zero Defects），从而消除因质量问题而引起的一切不必要作业，优化企业的作业链—价值链。

总之，物流系统的设计是企业物流活动最重要的成本动因，适时生产系统是没有任何浪费地执行各种作业，而全面质量管理则是没有任何缺陷地执行各种作业。物流系统设计、适时生产系统和全面质量管理，三位一体，缺一不可。它们三者只有同步进行，相互配合，才能相得益彰，优化企业物流的作业链—价值链。因此，物流作业管理必须把重点放在物流系统设计、适时生产系统和全面质量管理等基本环节上。

（四）物流经营周期时间

物流经营周期时间是衡量整个企业物流作业链效率的重要依据。当今的社会，时间就是生命，时间就是财富，时间就是市场份额。因此，时间已经成为一个重要的竞争因素。企业从物流系统设计直至产品最终交给客户的整个过程就是物流经营周期时间。企业以市场需求为导向，缩短物流经营周期时间，就可以增加物流服务数量或降低物流成本或者二者兼而有之，从而提高企业的获利能力和竞争能力。当物流经营周期时间分解成各个不同的时间段时，它便转化为与各种产品、客户订单或者批产品相联系的易于管理的各个过程。这些过程由一系列耗用诸如工资、薪金、津贴、工具、存货、折旧等资源的各种作业组成。因此，缩短物流经营周期时间，优化作业链，企业可以在不增加物流经营能力和保证及时交货的情况下，提高物流服务的竞争优势。物流经营周期时间如图 8-4 所示。

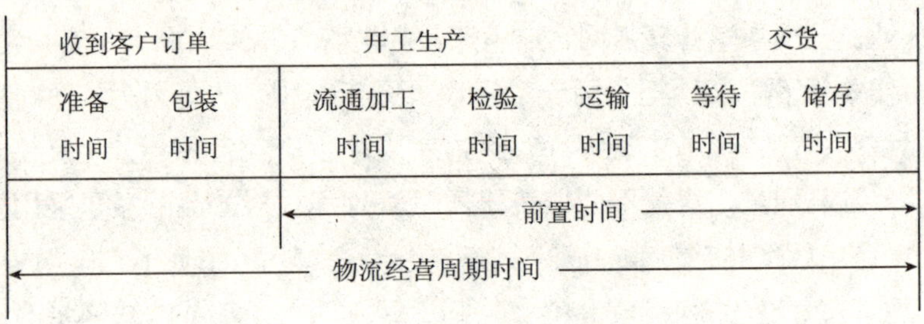

图 8-4　物流经营周期时间

根据图 8-4，我们可以看到：时间是最基本的经济资源，它是度量企业物流作业链效率的一把尺子，有助于理解物流经营周期时间内所耗费的资源是否增加了价值以及在多大程度上增加了价值。虽然物流经营周期时间包括准备时间、包装时间、流通加工时间、检验时间、运输时间、等待时间和储存时间，但是，并不是所有的时间都可以增加客户的价值，只有包装时间和流通加工时间可以增加价值。由此，作业管理下的“增值作业和非增值作业”可以表述为下面的等价形式：整个物流经营周期时间可以分为增加价值的时间和不增加价值的时间。作业管理的目的就是要使不增加价值的时间为零。由此我们不难看到，一项作业是增加价值的作业，当且仅当该项作业是在增加价值的时间内进行的。如此，一切作业耗费的资源大多数可以转化为时间来表述。例如，前述的工资实际上就是企业为了取得职工劳动时间而支付给工人的劳动报酬。如果特定的非增值作业消除了，缩短了物流经营周期时间，实质上，就等于改善了服务，提高了质量，既对客户反应的时间改善了，而在产品质量上又能完全符合客户的要求。如果高质量的服务和优质的产品得到客户的首肯，客户自然愿意为企业的产品或服务支付较高的价格。自然，企业也因此从客户手中得到更多的利润。因此，作为适时生产系统的延伸，物流经营周期时间是衡量整个企业物流作业链效率的重要依据，如何对之进行科学管理显得日益重要。

（五）以人为本的柔性管理

企业物流管理既是科学又是艺术，柔性管理（Flexible Management）体现了企业物流管理的艺术层面。柔性管理是在尊重人格独立和个人尊严的前提下，在提高全体员工对企业的向心力、凝聚力与归属感的基础上，所实行的分权化民主管理。其最大特点在于它主要不是依靠外力而是依靠从内心深处激发每个员工的内在潜力、主动性和创造精神，使他们心情舒畅、不遗余力地为企业不断开拓进取，创造出优异业绩而努力。因此，从本质上说，柔性管理是一种以人为本的管理，也可称为“人性化管理”。

如前所述，物流作业管理的目标是从为客户提供满意的产品和服务而获得更多的利润。企业要使客户（外部顾客）满意，首先要以员工（内部顾客）满意作为基础和条件。只有员工（内部顾客）满意，才能达到持续改善之理想境界，消除一切非增值的作业，从而优化企业物流的作业链—价值链。在作业管理下，企业物流管理的重点从过去强调对员工行为的控制转移到让员工知情并使他们自我解决问题和持续改善作业链—价值链，由此导致企业物流管理从过去的命令—控制观念转向知情—改善观念。对此，传统的“以规章制度为本”的刚性管理难以胜任。

为了充分发挥企业每个员工的自主性和开拓、创新精神，优化企业物流乃至整体的作业链—价值链，物流作业管理必须辅之以柔性管理，改变传统企业管理的权力结构，从原来纵向的专制独裁式集权化管理转向横向的分权化民主管理，以作业链及其背后的“员工链”作为管理权力的基点，确立全体员工的主体地位，赋予他们充分的自主权、知情权和发言权，即以人为本，以员工满意作为外部顾客满意的基础和条件，满足外部顾客的意愿。因此，作业管理形成企业内部新的权力结构有助于将柔性管理的原理落到实处。从某个层面看，作业管理就是以人为本的柔性管理。作业管理以人为本推演和设计企业组织框架和运转机制，从而导致企业再造工程的兴起。

综上所述，物流作业管理把管理的重心深入到作业水平，以“作业”作为企业物流管理的起点和核心，比传统的以“产品或服务”作为物流管理的起点和核心在层次上大大地深化了。物流管理把管理的重心深入到作业水平而形成的作业管理是在物流管理上的一个重大的革命性变革，它预示着物流管理的发展趋势。

本章小结

物流作业成本法大致由两部分组成，一是作业成本计算法，二是作业管理。作业成本计算法能够克服传统成本计算法的许多缺点，它的运用能为企业提供许多战略管理所需要的成本信息。作业管理是作业成本法在企业管理中的具体运用，作业管理方法的出现为企业实行战略管理提供了有力的手段。

物流作业成本法的基本原理可以概括为“产品耗用作业，作业耗用资源”，主要成本计算步骤为：确认资源及作业；根据资源动因，将各项资源耗费计入各项作业成本库；根据成本动因，将作业成本分配至各有关产品。作业成本法在物流管理中的重要应用就是实行物流作业管理，通过围绕作业成本的分析，管理人员可以改善企业物流活动的作业链，从而有效地降低物流成本。

思考题

1. 随着当代高新科学技术的发展和社会经济环境的重大变化，企业生产经营的内外部环境和条件发生了哪些重大变化？这些变化会对企业成本计算方法产生哪些影响？

2. 与传统成本计算方法相比较，作业成本法的优点是什么？

3. 在作业成本法下，企业物流成本的计算是怎样进行的？

4. 作业有哪些种类？物流作业的确定要考虑哪些因素？

5. 如何理解从作业成本计算发展到作业管理是历史的必然？

6. 简述作业管理的基本特点及其在管理上的重大开拓。

案例

某销售型物流企业作业成本法的实施案例

本案例中的销售型物流企业是指向上游供应商买断商品，再转售给下游零售门市商店的企业，属于商品批发型流通企业性质。在这种类型企业中，物流的合理组织非常重要，也是企业取得竞争优势的重要手段，而物流成本在其整个企业经营成本中也占有非常大的比重，因此有效的物流成本管理对于企业来说是十分重要的。

该销售型物流公司的仓库布置如下图所示。

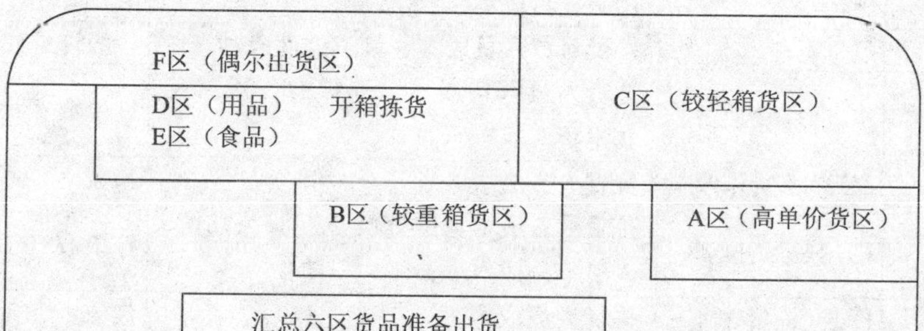

该销售型物流公司仓储平面布置图

该物流公司在作业成本制度的实施上主要从以下几个方面展开。

一、作业的确定

根据实际了解该公司物流作业流程，以及分析各种相关资料，可归纳出下述作业来涵盖该公司的整个物流处理程序，如下表所示。

该销售型物流企业的作业划分表

作业序号	作　业	累计成本	成本动因
1	采购处理	采购人员成本、采购处理成本、采购设备的折旧及维护	采购次数（笔数）
2	进货验收	进货验收人员成本、验收设备的折旧及维护	验收托盘数（ABCDE 区）
3	进货入库作业	进货人员成本、叉车设备折旧及维护	托盘数（ABCDE 区）
4	仓储作业（ABCDE 区）	仓库管理人员成本、储存仓库的租金、折旧费用、维护费用、财产税、杂项费用（包括拣货储存区的空间费用）	所占空间、体积
5	人工补货(DE 区)	开箱人员成本、搬运人员成本、设备折旧及维护	补货箱数(DE 区)
6	叉车补货（BC 区）	叉车驾驶员成本、叉车折旧、维修费用、托盘成本	补货托盘数（BC 区）
7	EOS 作业	接受订单人员成本、订单处理成本	一般订单数
8	BC 区拣货准备	拣货人员等待成本、拣货设备折旧及其维护	订单数
9	BC 区拣货作业	拣货人员成本	箱数
10	DE 区拣货准备	拣货准备成本、拣货设备折旧及维护、人员等待成本	订单数
11	DE 区拣货作业	拣货人员成本	包数
12	A 区拣货	拣货人员成本、拣货准备成本	拣货次数
13	出货作业	车辆调配、油料、车辆维修折旧、司机成本	拣货次数
14	营销管理作业	人员成本、文具用品费用、电脑设备、通信费用、教育培训费用	营业金额

二、成本对象的选择

在作业成本制度的实施中，成本对象的选择可以随着分析目的的不同而有所不同。如果分析目的是探讨每一个便利店的成本水平，则成本目标一定是各个便利店；如果这里设定研究的是每一种商品的物流成本，则成本目标就定义为商品。从理论上讲，我们可以把该公司所经销的所有商品都定义为成本对象，但由于该公司经销的商品种类多，这样做不太符合实际，除非在分摊作业成本时不按照“实际”成本动因使用量，而是利用“标准”成本动因量，否则，仅收集每种商品的成本动因使用量便是一大问题。即使使用“标准”成本动因量进行成本分摊，我们也仍需要知道每一种商品的“实际”使用量，以便事后的评估考核使用，因此，商品有必要进行一定的合并。

虽然该公司经销的商品种类繁多，但其流程大致按不同区位的商品而有所不同，因此可以把商品分成A、B、C、D、E、F六大类，而F区中商品因属于非经常性销售项目，建议将其排除，所以在分析中真正涵盖的商品只有五大类。因此，最终用来计算成本分摊的商品被分为A、B、C、D、E五大类。该公司作业成本制度下的成本分摊二阶段模式如下图所示。

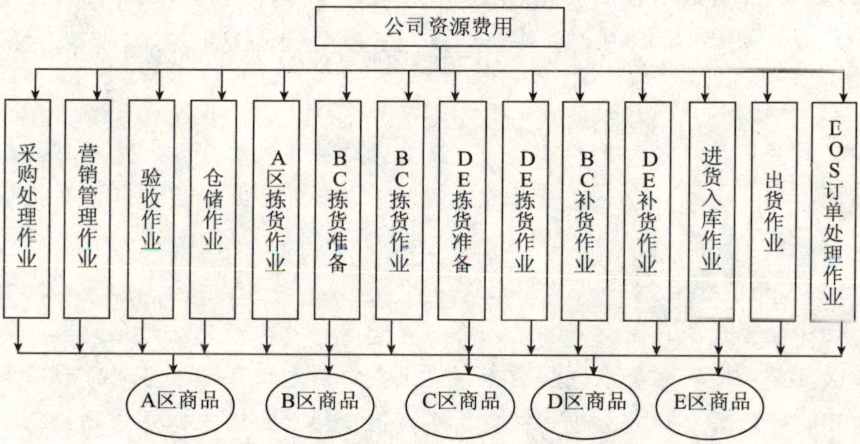

公司作业成本分摊二阶段模式

三、作业成本分析

由于人工成本以及折旧费等都是按月计算的，因此，公司每月都要根据上图中的作业，累计计算各项作业的成本，再按照各成本对象的成本动因耗用量，将作业成本分摊到各区域的商品中。

（一）采购处理作业

采购处理是公司对外的采购作业，由于每个区域商品的采购频率不同，所以在分摊采购成本上也应该有所区别。根据实地研究观察，采购处理作业的成本动因选择为每个区域的“订单笔数”。每种产品采购一次，不管其每次的订货量或订货金额为多少都视为一笔。采购处理作业的成本主要是人事成本和订单服务费用。月末采购处理作业的成本分摊系数计算公式为：

$$\text{每笔采购处理作业成本}=\frac{\text{采购处理成本总额（人事成本＋折旧费＋订单服务费＋耗材）}}{\text{（A 区＋B 区＋C 区＋D 区＋E 区）订单总笔数}}$$

（二）验收作业

该作业为对外采购商品入库前的检验工作，由于每一个区域的商品采购量不同，采购量越大则验收成本越高，因此，应按照采购量的多少作为验收成本分摊的动因，而托盘数的多少反映了采购量的多少，因此以托盘数作为验收入库作业的成本动因。月末验收作业的成本分摊系数的计算公式为：

$$\text{每托盘货物验收作业成本}=\frac{\text{验收成本总额（人事成本＋折旧费＋耗材）}}{\text{（A 区＋B 区＋C 区＋D 区＋E 区）托盘数}}$$

（三）进货入库作业

该作业是指将对外采购商品搬入仓库的作业，入库成本当然也与采购量成正比，从而也可以以托盘数作为进货入库作业的成本动因。计算公式与上面类似。

（四）仓储作业

由于仓库作业人员都承担着入库、补货等作业，因此，这里的仓储作业成本主要是仓库的租金（包括仓储设施的折旧）。由于每个区域的面积已经事先固定，除非仓库布置重新改变，否则很少变动。因此，仓储作业的相对成本动因为每个商品区域所分配的库存面积。仓储作业成本的期末分摊系数的计算公式为：

$$\text{单位面积仓储作业成本}=\frac{\text{仓储作业成本总额（人事成本＋折旧费＋耗材）}}{\text{（A 区＋B 区＋C 区＋D 区＋E 区）总面积}}$$

（五）补货作业

该作业是指将商品由仓库搬运至拣货等待区，以有利于拣货的进行。由于B、C区的商品属于重型商品，因此补货需要用叉车，而D、E区的商品属于轻型商品，补货作业由人工完成，因此在成本结构上存在着很大的差异，尤其在机器的折旧与维护成本上，B、C区的补货作业成本要高出D、E区很多。由于B、C区的补货大多以叉车将整托盘商品搬运至拣货区，因此其对应的成本动因为“托盘数”；而D、E区的补货作业则为人工搬运，因此，可以用“补货搬运箱数”作为D、E区补货作业的成本动因。

（六）拣货准备以及拣货作业

A区商品的拣货作业比较简单，一般而言是由卡车司机在出货时按照拣货单直接到A区仓库领取，而B、C区以及D、E区所涉及的作业就比较麻烦，B、C区内的商品有轻有重，D、E区内的商品种类多样化，因此在作业划分时有必要将拣货作业区分成两段，前段称为拣货准备作业，后段称为真正的拣货作业。

就“拣货作业”而言，每个区域商品的搬运动因都是“拣货次数”。但是每区使用的销售单位有所不同，A区商品销售按“条”计，B、C区商品销售按“箱”计，而D、E区商品销售则按“包”计。此外，每个区域的拣货作业成本的构成也不同，A区以人事成本为主；B、C区除人事成本外，则需要计算拣货搬运设备的折旧和维修成本；而D、E区除人事成本外，也要包括传送带的折旧和维修费用。

B、C区和D、E区的商品需要经过“拣货准备”作业，此项作业是拣货作业的规划设计以及拣货单的准备工作，以使得拣货作业更加具有效率。拣货准备作业成本以人事成本为主，其成本动因为“订单张数”，也就是假设每一张订单所耗用的拣货准备成本不会因订单内容或订购数量而影响其准备成本。

（七）出货作业

出货作业包括拉货上车、运输、卸货以及车辆维修与指派等作业。从理论上讲，该作业应该进行更进一步的细化，但由于该公司在该作业的成本资料追踪与归集上有困难，因此只好将这些作业合并为一项出货作业。出货作业的成本主要包括司机的成本以及外包车辆的费用、内部车辆的维修费、折旧费、保险和油料费等。出货作业的成本与运输量有关，由于等待出货的商品均放置在托盘上，因此合理的出货作业成本动因应选择为“出货托盘数”。

（八）营销管理作业

这是指行政管理部门的支持性作业，由于管理成本必须分摊到三个物流中心，而这里只讨论一个物流中心，因此，这里只需摊提部分的营销管理成本。营销管理费用的分摊以“销货金额”作为成本动因，其理由是营销管理成本往往是按照销售额的固定百分比提取的，随着公司业务量和销售金额的提高，公司的营销管理费用也会随之提高。

（九）EOS订单处理

EOS是处理各便利店向公司订购的作业，其作业成本包括人事成本、EOS机器的折旧与维护费用。随着商品订货项目的增加，EOS的成本也会随之增加，因此，EOS订单处理作业成本以“订单笔数”作为成本动因。

划分了作业，明确了每项作业耗用的资源成本并进行日常的统计工作，再按照前面所示的二阶段成本分摊模型，就可以按照既定的成本对象来进行公司作业成本的计算，并在此基础上开展相应的作业价值分析以及客户的获利能力分析。

参考文献

1. ［日］菊池康也著．丁立言译．物流管理．清华大学出版社，1999

2. ［美］道格拉斯·兰伯特等著．张文杰，叶龙等译．物流管理．电子工业出版社，2003

3. ［美］詹姆士·R. 斯托克，道格拉斯·M. 兰伯特等著．邵晓峰等译．战略物流管理．中国财经出版社，2003

4. ［美］唐纳得·鲍尔索克斯，戴维·J. 克劳斯著．林国龙，宋柏，沙梅译．物流管理——供应链过程的一体化．机械工业出版社，1999

5. ［美］Gary Conkins．作业成本管理．辽宁人民出版社，2002

6. 王之泰．现代物流学．中国物资出版社，1995

7. 王之泰．物流工程研究．首都经济贸易大学出版社，2003

8. 崔介何．企业物流．中国物资出版社，2002

9. 何明珂．物流系统论．中国审计出版社，2001

10. 刘志学．现代物流手册．中国物资出版社，2001

11. 邓凤祥．现代物流成本管理．经济管理出版社，2003

12. 王平心．作业成本计算理论与应用研究．东北财经大学出版社，2001

13. 阎培金，王成．企业物流内控精要．中国经济出版社，2001

14. 宋华，胡左浩．现代物流与供应链管理．经济出版社，2000

15. 马士华，林勇，陈志祥．供应链管理．机械工业出版社，2000

16. 胡怀邦．现代物流管理学．中山大学出版社，2001

17. 屈冠银．电子商务物流管理．机械工业出版社，2003

18. 吕柄泉，叶悉平，黎腾芳．现代生产企业物流运作管理．湖南科学技术出版社，2003